戦前期 北海道政党史研究

北海道拓殖政策を中心に

井上敬介 著

北海道大学出版会

北海道大学は、学術的価値が高く、かつ、独創的な著作物の刊行を促進し、学術研究成果の社会への還元及び学術の国際交流の推進に資するため、ここに「北海道大学刊行助成」による著作物を刊行することとした。

二〇〇九年九月

目　次

序　章　課題と視角……1
第一章　政党政治の確立と北海道第一期拓殖計画……13
——政党間競合の視角から——
序　節　13
第一節　星亨の札幌演説と北海道政治の始動　14
第二節　桂園体制と北海道第一期拓殖計画策定　17
第三節　政党間競合の激化と北海道第一期拓殖計画改訂問題　21
第四節　原敬内閣と北海道第一期拓殖計画改訂　30
第五節　護憲三派内閣と北海道第二期拓殖計画　39
結　節　49
第二章　北海道第二期拓殖計画策定と二大政党……59
——自作農創設問題を中心に——
序　節　59
第一節　北海道第二期拓殖計画策定開始と二大政党の北海道支部　61
第一項　二大政党の北海道支部の北海道第二期拓殖計画案　62
第二項　護憲三派内閣崩壊と北海道第二期拓殖計画策定の延期　64
第二節　北海道農地特別処理法案と北海道拓殖計画調査会　66
第一項　二大政党の北海道支部と北海道農地特別処理法案　66

第二項　憲政会政権と北海道拓殖計画調査会　70
第三項　北海道第二期拓殖計画の完成と北海道農地特別処理法案の不成立　75
結　節　78

第三章　田中義一内閣と北海道第二期拓殖計画……87
——北海道政治の二大政党化——
序　節　87
第一節　北海道第二期拓殖計画改訂問題と一党支配回帰路線　90
第一項　北海道第二期拓殖計画改訂案と田中義一　90
第二項　北海道における第一回普通選挙と二大政党　93
第三項　普通選挙下における第九期道議選と二大政党　98
第二節　北海道第二期拓殖計画改訂案の混迷と北方党路線　102
第一項　政友会北海道支部の反逆と北方党路線の可能性　102
第二項　北海道拓殖調査会と新拓殖計画案　107
結　節　109

第四章　立憲民政党政権と北海道政治……119
——戦前二大政党制と地域開発——
序　節　119
第一節　民政党政権の成立と北海道政治の二大政党化　121
第一項　政権交代と北海道会の混乱　121

第二項　北海道における第二回普通選挙と安達内相の誤算　123
第二節　民政党政権期における北海道第二期拓殖計画問題と二大政党の北海道支部　126
第一項　民政党政権の動揺と北海道第二期拓殖計画改訂の気運　126
第二項　「北方拓発」の登場と民政党政権の崩壊　131
結　節　134

第五章　斎藤実内閣期における北海道政治……139
——災害対策と地域開発——
序　節　139
第一節　一九三二年の災害と北海道政治の転換　141
第一項　北海道における第三回普通選挙と二大政党　142
第二項　凶作水害善後対策道民大会と北海道第二期拓殖計画改訂問題　145
第二節　北海道復興対策の限界と北海道第二期拓殖計画改訂運動の本格化　151
第一項　一億円融資案と治水計画独立案　151
第二項　第二次北海道更生道民大会と北海道更生要策　155
第三項　大同団結運動と北海道政治　160
結　節　163

第六章　岡田啓介内閣期における北海道政治……173
序　節　173
第一節　岡田啓介内閣の成立と北海道第二期拓殖計画改訂問題　175

第一項　岡田啓介内閣成立直後の政友会と木下成太郎　175
第二項　北海道拓殖政策と住民重視型総合開発　178
第二節　一九三五年の北海道第二期拓殖計画改訂運動　181
第一項　内閣審議会問題と政友会北海道支部　182
第二項　北海道拓殖計画改訂意見と北海道拓殖調査準備委員会　188
第三項　北海道拓殖調査準備委員会決定案と北海道拓殖計画調査会　192
結　節　196
第七章　政党解消過程における二大政党の北海道支部……203
序　節　203
第一節　日中戦争以前における二大政党の北海道支部　204
第一項　北海道における第四回普通選挙と二大政党　205
第二項　林銑十郎内閣期における政友会の北海道支部の粛党運動　208
第三項　北海道における第五回普通選挙と二大政党　211
第二節　日中戦争と二大政党の北海道支部の解散　216
第一項　北海道生産力拡充協議会と政友会の派閥対立　216
第二項　北海道綜合計画と二大政党の北海道支部の解散　221
結　節　226
結　章……235
第一節　政党間競合と北海道拓殖政策　235

第二節　戦前の政党政治における中央と北海道　239
終　節　二大政党の北海道支部の北海道開発構想　240
あとがき　243
人名索引　*4*
事項索引　*1*

序章　課題と視角

本書は、政党（立憲政友会と立憲同志会、憲政会、立憲民政党）と北海道拓殖政策（一八九九〜一九四〇年）という視角から、戦前日本の政党政治における中央と地方との関係の一端を明らかにするとともに、政党の北海道開発構想を再評価することを目的としている。

戦前日本の政党政治は、二大政党制と同義語ではない。政党政治を確立させた原敬の理想は永久に続く政友会政権、すなわち、政友会の一党優位政党制であり、憲政会への政権禅譲は念頭になかった。[1]その意図は原死後の政友会分裂と憲政会の政治的成長によって破綻し、日本は第一次加藤高明（護憲三派）内閣成立を機に、二大政党制へと移行した。護憲三派の分裂以降、野党化した政友会から見れば、二大政党制の完成は屈辱でしかない。[2]田中義一政友会内閣下の第一回普通選挙（一九二八年二月）において、政友会は一党優位政党制への回帰を求めたが、民政党の予想外の反撃によって失敗し、二大政党制は浜口雄幸民政党内閣の下で絶頂期を迎える。一転して、戦前最後の政党内閣となった犬養毅政友会内閣下の第三回普通選挙（一九三二年二月）において政友会は圧倒的多数を獲得し、民政党は大敗した。岡田啓介内閣下の第四回普通選挙（一九三六年二月）において民政党が勝利するまで、衆議院における政友会の圧倒的優位は継続された。この間の政治状況は政友会の一党優位政党制に近い。政党内閣の崩壊以降、中央政治において政民両党と政権との距離は変動するが（斎藤実内閣は政民両党が与党。岡田内閣は民政党が与党、政友会が野党）、民政党に対する政友会の圧倒的優越という衆議院の勢力状況に変化はなかった[3]。

他方、政党内閣復活と結びついた政界再編成の試みが政民両党の政治家によってなされていた。斎藤内閣末期においては、政友会反主流派を中心に大同団結運動が展開され[4]、岡田内閣期においては民政党の富田幸次郎が同党主体の強力政党を結成するため、宇垣新党運動を展開した。第四回普通選挙以降の日本は二大政党制的な政治状況となり、第二次近衛文麿内閣期の一九四〇年八月、政党解消を迎える。一九三六年の二・二六事件以降、衆議院第一党の民政党は町田忠治総裁の下、二大政党制的な政治状況の維持を前提に、政策中心政党を希求した[5]。他方、政友会中島派の近衛新党運動（一九四〇年六月）の根底には大政友会への回帰志向があり、彼らは近衛新党の対抗政党として、町田の民政党を措定していた[6]。

このように、戦前日本の政党政治の歴史は、二大政党制と一党優位政党制との「鍔迫り合い」の歴史であった。この点は、戦後の自由民主党の一党優位政党制の背景として重要であるばかりではなく、現在の日本の政治体制を考える上でも有効だろう。

戦前日本において一党優位政党制はどのようにして、二大政党制に比肩する有力な政治体制となったのか。この疑問を解決するためには、政党の力の源泉である地方政治の実態分析が不可欠である[7]。中央における代議士の政治行動の背景には、選挙地盤からの地方利益要請がある。筆者は『立憲民政党と政党改良』において、民政党の全体史の解明を試みたが、地方政治状況の検討という課題を残している[8]。政党と地方政治の関係を対象とした研究には、升味準之輔氏と有泉貞夫氏の先駆的業績がある[9]。地方政治における政党史の研究は多くの蓄積を得てきたが、政党の地方支部や地方議会の実態は不透明な箇所が多い[10]。従来の研究では、党勢拡張のために一地域への鉄道敷設を競い合う政党の一面が強調される傾向にあり、地域全体の開発に対する政党の寄与に関してはほとんど着目されてこなかった[11]。地方における政党の災害対策に関しても、その実態が未解明のままである。全体的に見て、地方政治と政党の研究は多くの課題を残している。

こうした現状を踏まえ、本書は北海道という視角から、戦前日本の政党政治について考察する。北海道政治のアクターとして、政党（政友会と同志会、憲政会、民政党）の北海道支部（主として、北海道選出代議士、北海道会議員）及び北海道庁を考察の中心に据える。その上で、北海道政治の動向だけではなく、中央の政治状況の変動（政友会の一党優位政党制、二大政党制、非政党内閣）との関係を重視する。明治期の北海道政治史研究には永井秀夫氏の先駆的業績があり、近年には前田亮介氏が明治期の中央政治史における北海道問題の重要性を明らかにしている[12]。他方、昭和戦後期の北海道総合開発政策に関しては、山崎幹根氏や平工剛郎氏によって研究が進められている[13]。だが、本書が対象とする明治後期から昭和戦前期までの北海道政治は、検討対象とされていない。ゆえに、政党がどのようにして北海道に影響力を浸透させ、地方支部が発展していったのかがわからない。戦後の北海道総合開発政策の淵源を探る観点からも、戦前の北海道政治の解明は不可欠である。一九四九年三月、第三次吉田茂内閣の下で首相諮問機関として北海道総合開発審議会が設置されたが、会長は戦前期において北海道選出政友会代議士として活躍した板谷順助（参議院議員）だった。板谷ら北海道選出代議士は吉田首相の協力を得て、一九五〇年五月の北海道開発庁の設置に尽力した[14]。戦前の北海道政治史の検討は、戦後の北海道総合開発政策の歴史的背景を解明する作業の一環でもある。

本書が北海道という地域を対象とする理由は、府県にはない独自の政策課題、北海道拓殖政策（拓殖とは「拓地殖民」の略称）が存在するからである。戦前期の北海道には、府県から移民を受け入れるという国家的役割があった。本書では、府県からの移民奨励及び保護を最優先させる北海道開発政策を北海道拓殖政策と定義する。この場合、社会基盤（道路、港湾、鉄道）の整備は、あくまで、北海道に移民を定住させるための手段となる。北海道拓殖政策は、北垣国道長官の「北海道開拓意見」(一八九三年)を嚆矢とし、園田安賢長官の「北海道十年計画」(一九〇一～一九〇九年)に継承された。[15] 本書が対象とする北海道拓殖政策は、北海道第一期拓殖計画(一九一〇～一九二六年)と北海道第二期拓殖計画(一九二七～一九四六年)である。[16] 第一期拓計と第二期拓計は従来の北海道史において、道庁及び官僚による主導的役割が強調される一方で、政党の関与については等閑視されてきた。[17] これに対して、本書は、政党政治の確立とともに北海道政治の主導権が道庁から政党へと移行したこと、政党内閣崩壊にともなう道庁の復権以降も政党が北海道政治において重要な役割を果たしていたことを明らかにする。

まず、考察の前提として、道庁の日本の国家制度上における位置づけについて整理したい。発足時点(一八八六年)の道庁は首相の指揮下に置かれ、トップは長官と呼ばれ、府県の知事とは異なる強力な職権を有していた。当初、道庁は地方行政以外にも、集治監や屯田兵の業務を所管する独自の職権を有していた。だが、一八九〇年、道庁は他府県と同様、内相の指揮下に置かれた。一八九五年には集治監が内務省直轄に移行し、一八九六年には屯田兵司令部が廃止されて第七師団(陸軍省)の所管となった。[18] 地方議会との関係から見ると、当初は府県に比べて道庁長官の権限が強く、北海道会(一九〇一年設置)の地位は低かった。府県会には副議決機関として府県参事会(緊急の場合には府県会に代わる議決権を有し、知事の提出議案について意見を述べられる)を有したが、道会には設置されなかった。だが、一九二二年の北海道会法改正によって、道参事会が設置され、長官の専決議決権は参事会に移譲された。[19] 国有未開地処分権や二級町村長の任免権など、独自の権限の一部は残されたが、道庁長官の職権は府県知事に近いものとなったのである。人事面から見ると、道庁長官は府県知事と同様、内相が任命する。内務省が政党の影響下に置かれるようになると、道庁長官の任命は知事と同様、政党によって掌握された。財政面から見ると、園田長官が策定した北海道十年計画は北海道の経営費を地方費(道会が議決機関)と国費に分け、国費を行政費と拓殖費とに分けた。その目的は国費依存状態から脱却することにあったが、道庁の行政は時代とともに拓殖費中心となり、中央の政府への依存度は高くなった[20]。右のように、戦前期の道庁は政党内閣が成立すれば、政党の意向に左右される不安定な行政機構だったのである。

次に、北海道拓殖政策は一般的にどのような期待を受けていたのか、概観する。北海道十年計画時代の一九〇六年九月二三日、『読売新聞』の社説は「北海道拓殖事業」と題し、北海道の資源の中で、「鉱山」と「材木」に注目している[21]。一九〇七年八月一一日の『東京朝日新聞』は「新殖民地」として、胆振、後志、石狩、天塩、北見地方を取り上げている[22]。第一期拓計開始直後の一九一三年、『東洋経済新報』の石橋湛山は「北海の開拓」の中で「内は開拓することを思わずして、唯だ、徒らに外に伸びんとせるものなり。豈、斯くの如き謬想に基ける運動の事実に当って蹉跌せざる道理あらん。果然、我が移民は豪州に於いて阻まれたり、北米に於いて排斥せられたり、又、所謂、大陸発展政策に於いて失敗の跡の歴々として覆うべからざるものを生ぜり」、「今日、北海の開拓に最も欠けたるものは第一に交通機関の不備なり、第二に移民地設備の全く無きことなり」と述べている[23]。石橋は日本の勢力圏外への移民送出が優先された結果、国内の北海道拓殖政策が停滞したことを批判していた。一九二六年五月二六日、政権与党の憲政会の政務調査会は北海道に対して、七〇万人以上の人口増加と食糧増産を期待している[24]。憲政会の内ケ崎作三郎は、「北海道第二期拓殖の理想」の中で「毎年、七十五万人の人口増加に依て、悩まされつつある日本国民は、北海道に於て、人口問題と食糧問題を同時に解決し得ることを思はなければならない。北海道は内地人口の密度からすれば、優に一千万の人を養ふことが出来るであらう。又数百歩の水田を起すことも出来るであらう。海外発展は今日の国状からして急務なれども、北海道の拓殖は更により急なるものがある」、「北海道には、尚ほ、無尽蔵の宝がある。大森林、大炭山、大漁場、大平原がある。されば、港湾の築港及び改修、治水事業、道路の修繕、鉄道の促進等の如きは、思ひ切て之を断行すべきである」と述べている[25]。内ケ崎も石橋と同様、北海道拓殖政策を日本の勢力圏外への移民に優先させていたのである。

第一期拓計時の北海道は道庁の権限縮小（行政の府県化）と並行して、鉱山及び森林資源の獲得、府県からの移民の受け入れ地（日本の勢力圏外への移民に比して、外交上の摩擦が生じないという利点がある）、食糧供給地など、様々な期待を担わされていた。行政の中心の道庁が府県に近い権能しか持たないにもかかわらず、北海道は同時代人から、あまりに大きな国家的使命を担わされていたのである。北海道拓殖政策という国策を遂行するため、道庁が政党の助力を必要としたのは必然であり、政党は、党勢拡張の思惑から北海道政治への進出を開始した。その結果、政党は他の地方にはない北海道拓殖政策という国家的課題に直面することになった。石橋が指摘した北海道における交通機関の整備は、地方鉄道敷設を基軸とする政友会の積極政策と融合した。同志会（憲政会、民政党）もまた、北海道への党勢拡張に成功した。政党の北海道支部は、道庁にとって、中央の本部や政党内閣のツールとしての役割を発揮した。北海道は戦前において政党の重要性が最も高い地域だったのである。

だが、第二期拓計時において、北海道拓殖政策は、国策としての地位を著しく低下させていた。北海道への移民増加のピークは第一次世界大戦後の一九一九年であり、第二期拓計が開始された一九二七年には、減少に転じていた。田中義一内閣期に顕著となる国策としての満州問題の重視や浜口内閣期における昭和恐慌の発生、二大政党間の競合の激化は北海道拓殖政策を危機的状況に追いやった。さらに、斎藤実内閣期の一九三二年八月、北海道は前年から続く凶作に水害が追い打ちをかけ、未曽有の危機に直面した。空知、上川、十勝、根室、網走支庁では、米作、畑作ともに収穫皆無の地域が続出した[26]。坂口満宏氏が指摘しているように、拓務省は一九三一年から凶作補助を開始し、北海道からのブラジル移民は飛躍的に増大していた[27]。第二期拓計を管轄する内務省はブラジル移民の増加を深刻に受け止めず、同省の出先機関の道庁は北海道拓殖政策の継続を選択した。他方、有権者の流出を含むブラジル移民の増大は、政民両党の北海道支部にとって党勢縮小に直結する緊急事態だった。一九三二年一二月一七日、北海道帝国大学教授の高岡熊雄（翌年、同大総長）は「ブラジル移民と満蒙移民」という講演の中で、「北海道を開拓しまするのは、単に北海道を開拓するのみが唯一の目的ではなくして、海外に発展するに適する人を養成するも亦、大切な天職であるのであります」、「若し、一度、津軽海峡を渡りて北海道に足を入れたならば、二度と北海道より足をふみ出す事が出来ないものであるとしたならば、府県から北海道に移り来る者も少なくなると思ひます。北海道よりして海外に移りたるものは他に優りて成功すると云ふ事が広く知れ亘るときは北海道と云ふ植民学校に入学するものが増加して、自然と北海道の開発が進歩するであらうと思ひます」と述べ、ブラジル移民と満蒙移民の必要性を主張している(28)。高岡の場合、北海道は府県からの移民にとって最終的な移住地ではなく、ブラジル及び満蒙に向かう中継地点にすぎない。石橋や内ケ崎の論説と高岡の論説を比較すると、北海道拓殖政策の地位低下は明らかだろう。

一九三二年から一九三五年にかけての北海道は移民の受容地ではなく、ブラジル移民の送出地となっていた。このことは、政党内閣崩壊後の北海道が転換期にあったことを示している。永井秀夫氏は第二期拓計について「戦後の新しい北海道開発に連なるような要素はいくつか見出すことができるのである」、「戦時体制下の過程をもふくめて、「産業と体制の再編期」と呼ぶことができるかもしれない」と評している(29)。本書は永井氏の視角を踏まえ、戦後の北海道総合開発政策への連続性という観点から、一九三二年以降の北海道政治を積極的に捉えなおす。北海道からのブラジル移民が増加した結果、政民両党の北海道支部は国策としての北海道拓殖政策を放棄し、地域開発政策のレベルにおいて、移民偏重ではない、住民生活重視の北海道総合開発構想を発信する。例えば、一九三五年八月の北海道拓殖調査準備委員会において、北海道選出政友会代議士の東武は総務委員の一員として「自分は今回、農漁疲弊状態調査のため、釧根地方を視察したが、道庁の部課長も、もう少し、農漁民の実情を見て彼等の生活に即した施設を行つて貰ひたい。従来の拓計は土木中心であつたが、今後は、道民の生活安定、生活内容完全主義樹立に重心を置き、やつてゆかねばならない」と主張している(30)。北海道拓殖政策に対する束の本質的批判が地域住民の生活条件改善要求と一体の関係にあることがわかる。この背景には、一九三二年八月から継続して行われていた政民両党の北海道支部の災害対策があった。さらに、政民両党の北海道支部は、地域住民からの要請の取りまとめと北海道開発構想の立案に着手した[31]。本書では戦後の北海道総合開発政策への連続性という観点から、政党内閣崩壊以降における政民両党の北海道支部の北海道開発構想と政治行動について、道庁との関係を中心に検討する[32]。そのことを通して、一般的に否定的なイメージで捉えられる傾向にある政党内閣崩壊以降における政民両党の影響力を再評価する作業の一助とする。さらに、本書では一九三四年の大同団結運動や一九三九年の政友会分裂に着目し、北海道政治の動向が中央政治に重要な役割を果たしたことを明らかにする。

右のことを前提に、本書では三つの時代区分を行う。そのことを通して、北海道と政党の関係の変遷を検討する。

第一に、日本の政党政治の発展過程において、北海道拓殖政策が国策として重視されていった時代である。第一章では、政党の北海道進出が開始された一八九九年七月から第一期拓計の終点の一九二五年五月までを対象とし、政党政治確立過程における北海道政治史を概観する。第二章では、第一次加藤高明(護憲三派)内閣及び憲政会単独政権(第二次加藤内閣、第一次若槻礼次郎内閣)下における第二期拓計策定の政治過程(一九二五年五月〜一九二七年四月)を対象とする。

第二に、日本の二大政党制の絶頂期において、北海道拓殖政策が国策としての地位を低下させていった時代である。第三章では、田中義一内閣期(一九二七年四月〜一九二九年七月)を対象とする。第四章では、浜口雄幸内閣の成立から第二次若槻内閣の崩壊まで(一九二九年七月〜一九三一年一二月)を対象とする。

第三に、政党内閣崩壊以降において、政民両党の北海道支部の政治的重要性が増大し、戦後の北海道総合開発政策の土壌を形成していった時代である。第五章では、犬養毅内閣の成立から斎藤実内閣の崩壊まで（一九三一年一二月～一九三四年七月）を対象とする。第六章では、第二期拓計改訂運動が高揚した岡田啓介内閣期（一九三四年七月～一九三六年二月）を対象とする。第七章では、岡田内閣下における第四回普通選挙から第二次近衛文麿内閣下における政党解消まで（一九三六年二月～一九四〇年八月）を対象とする。

（1）小山俊樹『憲政常道と政党政治』思文閣出版、二〇一二年、一六〇、一六一頁を参照。
（2）憲政会に関しては、奈良岡聰智『加藤高明と政党政治』山川出版社、二〇〇六年を参照。
（3）近年の研究においては、政党内閣期だけではなく、中間内閣期の政治過程の分析も進められている（村井良太『政党内閣制の展開と崩壊　一九二七～三六年』有斐閣、二〇一四年）。
（4）坂野潤治『近代日本の国家構想』岩波書店、二〇〇九年（初版一九九六年）。
（5）富田と町田の動向に関しては、拙著『立憲民政党と政党改良』北海道大学出版会、二〇一三年を参照。
（6）伊藤隆『近衛新体制』中央公論社、一九八三年、雨宮昭一『近代日本の戦争指導』吉川弘文館、一九九七年。
（7）近年、清水唯一朗氏は中央政局と地方における政党支持の関係から、二大政党制の有効性を検討する視角を提示している（清水唯一朗「立憲政友会の分裂と政党支持構造の変化」坂本一登・五百旗頭薫編『日本政治史の新地平』吉田書店、二〇一三年）。
（8）前掲・拙著『立憲民政党と政党改良』。
（9）升味準之輔『日本政党史論』（第四巻）（第五巻）東京大学出版会、一九六八年、一九七九年、有泉貞夫『明治政治史の基礎過程』吉川弘文館、一九八〇年、同「昭和恐慌前後の地方政治状況」『年報・近代日本研究（六）政党内閣の成立と崩壊』山川出版社、一九八四年。
（10）代表的な先行研究として、宮崎隆次「政党領袖と地方名望家」、山室建徳「一九三〇年代における政党基盤の変貌」日本政治学会編『近代日本政治における中央と地方』岩波書店、一九八四年、伊藤之雄『大正デモクラシーと政党政治』山川出版社、一九八七年、季武嘉也「戦前期の総選挙と地域社会」『日本歴史』（五四四）一九九三年、浅野和生「政友会分裂の地方への波及状況と大麻唯男初立候補の事情」、同「戦前期における地方選出代議士の選挙区での活動」、同「戦前期熊本における中央型政治家と地方型政治家」大麻唯男伝記研究会編『大麻唯男』（論文編）櫻田会、一九九六年、源川真希『近現代日本の地域政治構造』日本経済評論社、二〇〇一年、奥健太郎『昭和戦前期立憲政友会の研究』慶應義塾大学出版会、二〇〇四年、菅谷幸浩「戦前二大政党時代における立憲民政党の支持基盤とその地方的展開」『学習院大学大学院政治学研究科政治学論集』（二四）二〇一一年、手塚雄太『近現代日本における政党支持基盤の形成と変容』ミネルヴァ書房、二〇一七年。

（11）例外的に、東北振興と政友会の密接な関係について、白鳥圭志「戦前東北振興政策の形成と変容」『歴史学研究』（七四〇）二〇〇〇年がある。

（12）永井秀夫『日本の近代化と北海道』北海道大学出版会、二〇〇七年、前田亮介『全国政治の始動』東京大学出版会、二〇一六年。

（13）山崎幹根『国土開発の時代』東京大学出版会、二〇〇六年、平工剛郎『戦後の北海道開発』北海道出版企画センター、二〇一一年。

（14）北海タイムス社編『戦後の北海道』（道政編）北海タイムス社、一九八二年、三九、四〇頁。

（15）関秀志・桑原真人・大庭幸生・高橋昭夫編『新版北海道の歴史』（下）北海道新聞社、二〇〇六年、一〇五～一〇七頁。

（16）本書では、北海道第一期拓殖計画を「第一期拓計」、北海道第二期拓殖計画を「第二期拓計」と呼ぶ。

（17）北海道編『新北海道史』（第五巻・通説四）北海道、一九七五年、三三二頁。第二期拓計の内容を道庁側の史料から論じた研究として、榎本守恵氏の論文がある（榎本守恵「北海道第二期拓殖計画　その成立の意義」和歌森太郎先生還暦記念論文集編集委員会編『明治国家の展開と民衆生活』弘文堂、一九七五年）。榎本論文を継承し、道庁を中心に第二期拓計を扱った概説書として、田端宏・桑原真人・船津功・関口明編『北海道の歴史』山川出版社、二〇〇〇年、前掲『新版北海道の歴史』（下）が挙げられる。北海道政治史の通史としては、清水昭典・十亀昭雄・蓮池穣・山本佐門『地域からの政治学』（増補新版）窓社、一九九六年がある。

（18）前掲『新版北海道の歴史』（下）九八頁。

（19）鈴江英一「北海道会の開設と政党の活動」北海道史研究協議会編『北海道史事典』北海道出版企画センター、二〇一六年、三三三頁。前掲『新版北海道の歴史』（下）二〇四、二〇五頁。

（20）桑原真人「拓殖政策の展開」前掲『北海道史事典』三三七頁、前掲『新版北海道の歴史』（下）一〇七、二〇五頁。

(21) 社説「北海道拓殖事業」『読売新聞』(一九〇六年九月二三日)。
(22) 『東京朝日新聞』(一九〇七年八月一一日)。
(23) 石橋湛山「北海の開拓」(一九一三年五月二五日、六月五日、一五日) 石橋湛山全集編纂委員会編『石橋湛山全集』(第一巻) 東洋経済新報社、一九七一年、一四一、一四七頁。
(24) 『東京朝日新聞』(一九二六年五月二七日)。
(25) 内ケ崎作三郎「北海道第二期拓殖の理想」『憲政公論』(一九二六年六月号) 二八、二九頁。
(26) 北海道庁『北海道凶荒災害誌』北海道社会事業協会、一九三七年、五五三頁。
(27) 坂口満宏「日本におけるブラジル国策移民事業の特質」『史林』(九七―一) 二〇一四年、一六一～一六四、一六九頁。
(28) 高岡熊雄「ブラジル移民と満蒙移民」(一九三二年一二月一七日) 六頁、『経済学農政学研究資料』(三六)、北海道大学附属図書館北方資料室所蔵「高倉文庫パンフレット」(高倉パンフ　259-10)。
(29) 前掲・永井『日本の近代化と北海道』二六頁。
(30) 北海道大学附属図書館所蔵マイクロフィルム『北海タイムス』(一九三五年八月二三日)。本書では、以降、『北タイ』と略記し、年月日のみ表示する。
(31) 北海道政治の事例は、民政党総裁の町田忠治が企図した政策中心路線(前掲・拙著『立憲民政党と政党改良』一九七、一九八頁)に先行している。
(32) 本書では、「立憲政友会北海道支部」を「政友会支部」、「憲政会北海道支部」を「憲政会支部」、「立憲民政党北海道支部」を「民政党支部」と呼ぶ。

第一章　政党政治の確立と北海道第一期拓殖計画
――政党間競合の視角から――

序　節

本章は、北海道政治と北海道第一期拓殖計画（第一期拓計）という視角から、日本の政党政治の確立過程（一八九九〜一九二四年）における地方政治の実態の一端を明らかにすることを目的としている。その際、立憲政友会と原敬を考察の中心とする。[1]

北海道政治史に関する先行研究は明治前期に集中し、明治後期から大正期における蓄積が少ない。[2]このため、政党政治の確立期における北海道政治の実態は不明瞭な箇所が多い。第一の課題は、北海道と政党政治の始点がどこなのかということである。船津功氏と前田亮介氏は一八九一年段階において、自由党の板垣退助が札幌の演説において、専ら政党無用論を唱え、政党間競合という内地政党の弊害がない「殖民地」の意義を称え、党勢拡張を目的とした東北遊説との違いを強調していたことを明らかにしている。[3]政党指導者が北海道への党勢拡張を否定したのは、北海道が府県からの移民の受け入れ地だったからだった。第二に課題となるのは、共通問題としての北海道拓殖政策が存在するがゆえに、明治後期以降の北海道が中央政治における政党間競合の激化から無縁であり続けたのか、どうかということである。『新北海道史』の評価は「いわゆる政党内閣時代の影響は北海道にもあらわれているが、このことは政党が北海道政を支配したということを意味するわけではなく」、「この時期の道政はやはり国策の一部としての拓殖を中心として動いており、北海道拓殖を主導したのは官僚であった」というものである。同時に、「道政の出発点から地盤を培ってきた政友系の勢力ははなはだしく劣勢に陥ることはなかった」と指摘している(4)。第三に課題となるのは、北海道政治において、政友会の競合政党が無力だったのか、どうかということである。

本章では、日清戦後経営期(第一節)、桂園体制期(第二節)、大正初期(第三節)、原内閣期(第四節)、護憲三派内閣期(第五節)という時代区分を行った上で、各時代における北海道の政治状況と選挙結果を検討し、三つの課題の解決を試みる。

第一節　星亨の札幌演説と北海道政治の始動

本節では一八九九年七月の星亨の札幌演説を中心に、日清戦後経営期の北海道政治を検討対象とする。日清戦争後の一八九七年、府県からの北海道移民は第一のピークを迎え(5)、政友会は北海道への党勢拡張を開始した。一九〇一年七月五日、北海道における政友会支部は函館と札幌に発足した。『北海道毎日新聞』は政友会支部の発会式について、「六月二十八日、発会式を執行することに決定し、本部特派員の将に出発せんとする前日に至り、吾党の先輩、星亨、刺客のため刺殺せらる、此の凶変のため再会の延期をなし、終に本日、この盛典を挙くるに至りたり。而して党支部に属する現在会員は一千三百十九人にし、内、旧憲政党より引継ぎの人員九百二十六人、政友会組織以来、入会せられたるもの、三百九十三人にして、近時、続々、入会申込者の数を増加し来り、ますます、隆盛に趨かんとす」と報じている。(6)

ここで着目したいのは、北海道における政友会の党勢拡張と星亨との関係である。一八九九年七月二三日、星は憲政党（政友会の前身）の札幌支部の発会式において「余は憲政党総務委員長として、茲に北海道十一州の首府たる札幌に、我党支部の組織され、斯くの如くの盛大なる発会式を挙ぐるに至りしを喜ぶ。本来、支部は本部の手足と為りて、能く其命令の下に働く者なり。而して、多数党員の意向の存する所を集め、之れを本部に致す者なれば、政党の根拠は支部に在りと云ふも不可なし。実に、支部の一盛一衰は本部の党勢に至大の影響あると知らば、党支部所属の党員諸君たるもの、奮励一番せざるべけんや」と演説している。さらに、星は歓迎会において「我が党は山県内閣と離るるも、第二の伊藤内閣と提携し、何処までも政府との結縁絶へず、百事、意の如くならずと云ふことなし。我が党の利益や思ふべし」、「諸君にして、地方の為すあらんと希がはば、宜しく天下有力の政党に依り、以て為すべし」と述べている。(7) 同年四月の東北演説会において、星は地方利益要求を積極的に喚起し、この実現を政府と提携する我党に期待させることで憲政党の党勢拡張を企図するという戦略を示していた。(8)

星は、北海道と東北を均質的に認識していた。すなわち、北海道を「殖民地」と認識して政党の影響力の外に置いていた板垣退助に対して、星は北海道への積極的な党勢拡張を企図した。依然として、北海道拓殖政策は途上にあったが、星は政党内閣制の実現のため、北海道を政党の影響下に置くことを優先させた。星の主導によって、北海道は移民の受け入れ地でありながら、他の地方と同様に政党政治と結びつくことになったのである。

右のことは、北海道における政治的権利の拡大と一体の関係にあった。一九〇〇年三月二九日の衆議院議員選挙法改正によって、従来の小選挙区制は大選挙区制に改められた。この結果、人口三万人以上の四二市が独立選

表1　第7回総選挙

選挙区	当選代議士名	所属	当選回数	経　歴
札幌区	森源三	中政	1	農学校長
小樽区	高橋直治	政	1	小樽区長
函館区	平出喜三郎	政	1	道議(1)

表2　第8回総選挙

選挙区	当選代議士名	所属	当選回数	経　歴
札幌区	対島嘉三郎	無	1	札幌区長
小樽区	高野源之助	無	1	道議(1)
函館区	内山吉太	政	1	実業家

表3　第9回総選挙

選挙区	当選代議士名	所属	当選回数	経　歴
札幌区	浅羽靖	無	1	札幌区長
小樽区	金子元三郎	無	1	小樽区長
函館区	内山吉太	政	2	実業家
札幌支庁	中西六三郎	政	1	道議(1)
函館支庁	松井源内	無	1	寿都町議
根室支庁	柳田藤吉	政	1	道議(1)

「政」は政友会,「中政」は政友会系中立,「無」は無所属。「農学校長」は札幌農学校長,「道議」は北海道会議員,町議は町会議員。道議のかっこ内は当選回数を示す。

出所）北海道編『新北海道史年表』北海道出版企画センター，1989年，宮川隆義編『歴代国会議員経歴要覧』政治広報センター，1990年，北海道議会事務局政策調査課編『道議会百十年小史』北海道議会事務局，2011年より作成。

挙区となり、衆議院議員選挙法の適用外とされていた北海道においても、都市部(札幌、小樽、函館の三区)のみ、代議士の選出が可能となった。さらに、一九〇一年四月一日の北海道会法、北海道地方費法の施行によって、北海道に地方議会(北海道会)が設置された。同年八月一〇日には第一期道会議員選挙が行われ、初の道議三五名が誕生した。北海道からの代議士選出と道会設置に尽力したのは、星であった[9]。表1から明らかなように、一九〇二年八月一〇日の第七回総選挙(第一次桂太郎内閣下で実施)において、北海道から代議士三名が初選出された。ここに、衆議院議員の選出資格を有さない、地方議会が存在しないという北海道の政治的無権利状態は解消された。一九〇三年三月一日の第八回総選挙(第一次桂内閣下で実施)において、北海道選出代議士は三名だったが(表2を参照)、同年六月三〇日の勅令によって、旧三県(札幌、函館、根室)の郡部から新たに三代議士の選出が定められた。翌一九〇四年三月一日の第九回総選挙(第一次桂内閣下で実施)において、北海道から六代議士が選出された。表3から明らかなように、政友会の対抗政党の憲政本党は議席を獲得しておらず、桂園体制初期の北海道において、政友会の党勢拡張は成功していたと言えるだろう。

本節において明らかにしたように、北海道政治史における星の役割は、政党政治と北海道とを連結させたことにあったのである。

第二節　桂園体制と北海道第一期拓殖計画策定

本節では桂園体制期の北海道政治を対象とし、原敬を中心とする政友会及び同党の対抗勢力と第一期拓殖計画策定作業との関係について考察する。

日露戦争後の一九〇八年、北海道移民は第二のピークを形成し[10]、北海道は政党間競合の舞台となる。政友会の対抗勢力の台頭が顕著になるのは、一九〇八年五月一五日の第一〇回総選挙（第一次西園寺公望内閣下で実施）である。同選挙では原内相の下で政友会が一八七議席を獲得し、衆議院第一党として議席数を増大させている。表4から明らかなように、北海道では桂首相の片腕の大浦兼武の影響下にある代議士の進出が目を引く。まず、浅羽は当該期の北海道選出代議士の中心的存在であり、星の時代には憲政党札幌支部長を務めた経歴を有する。浅羽が大同倶楽部に所属していることは、かつての政友会の支持勢力が大浦に取り込ま

表4　第10回総選挙

選挙区	当選代議士名	所属	当選回数	経　歴
札幌区	浅羽靖	大同	2	札幌区長
小樽区	渡辺兵四郎*2	無	1	道議(1)
函館区	小橋栄太郎	中大	1	道議(2)
札幌支庁	東武	政	1	道議(2)
函館支庁	横田虎彦*1	大同	4	弁護士
根室支庁	白石義郎	政	2	道議(2)

*1　横田は1909年6月に失職，政友会の遠藤吉平(道議(1))が初当選。
*2　渡辺は1909年12月に失職，政友会の高橋直治が2度目の当選。
「政」は政友会，「大同」は大同倶楽部，「無」は無所属，「中大」は大同倶楽部系中立。「道議」は北海道会議員。道議のかっこ内は当選回数を示す。
出所）北海道編『新北海道史年表』北海道出版企画センター，1989年，宮川隆義編『歴代国会議員経歴要覧』政治広報センター，1990年，北海道議会事務局政策調査課編『道議会百十年小史』北海道議会事務局，2011年より作成。

れたことを示している。大同倶楽部の横田は大阪府から選挙区を変更して当選し、大同倶楽部系中立の小橋は同年一二月に戊申倶楽部に入党している。全国的に見ると、大同倶楽部の獲得議席数はわずか二九議席であり、憲政本党の七〇議席に遠く及ばない。しかし、北海道政治における政友会の対抗政党は憲政本党ではなく、大同倶楽部だった。

政友会は北海道における二度の補欠選挙によって二議席(遠藤と高橋)を加え、四議席となった。ここで着目したいのは桂園体制期の北海道において、政友会の絶対的優位が崩れていたことである。小林寅吉(小樽区の政友会員)は、一九一〇年一月一七日の原宛書簡の中で「北海道選出政友会代議士(高橋直治一名ヲ除ク)ハ悉ク官僚党ニ款ヲ通ジ、名ハ政友会員ナルモ実ハ桂、大浦等ノ走狗ナリ。其主ナルモノハ東武、白石義郎ニシテ、浅羽靖(大同派)、小橋栄太郎(戊申派)ト気脈ヲ通ジ、遠藤吉平モ亦、之等ト行動ヲ共ニシ居レリ。東、白石ノ政友会代議士ハ、北海道経営案ヲ通過セシムモ、必ラズ反噬ヲナシテ官僚党ニ走ルベシ。之レ平素、大浦等ニ款ヲ通ジ居ルニ徴シテ明カナリ。只、今日ニ於テ政友会ニ籍ヲ置クハ、経営案ノ通過ヲ欲スルタメナリ」、「北海道問題ニ対シ、政友会ガ俄カニ同情ヲ注グハ却ツテ同会ノ勢力ヲ殺グノ結果ヲ生ズベシ」と述べている(11)。小林の報告によると、北海道選出政友会代議士は高橋を除き、すべて大浦の影響下に置かれていたと言う。原としては政友会の統制上、東らの態度は許容できなかっただろう。

では、なぜ、北海道選出政友会代議士は大浦と共闘する必要があったのだろうか。まず、桂園体制は対立の回避を第一としており、東や白石が桂首相や大浦を敵対勢力と措定しにくい政治状況だった。これに加えて、東や白石には政友会執行部に対する不信感があったのではないだろうか。伏見岳人氏が指摘するように、第一次西園寺内閣期の一九〇七年段階において、原内相は日露戦後の財政難を理由に、北海道選出政友会代議士の地方利益要請を抑制していた(12)。

本章が着目したいのは、原宛小林書簡中にある「北海道経営案」である。園田安賢長官が策定した北海道十年計画は日露戦争によって行き詰まり、一九〇六年一二月に道庁長官に就任した河島醇は、北海道拓殖事業の再建に尽力していた。第一〇回総選挙直後の一九〇八年一一月二〇日、河島長官は「北海道経営ニ関スル建議」を第二次桂内閣に提出した(13)。二三日の政友会札幌支部大会は「本会は富源開発、国力増進の国是に基づき、本道拓殖を促進せんがため、速かに其対策を確立せんことを期す」ことを決議している(14)。本来、北海道拓殖政策は地域全体の課題であり、政友会の政策に包摂されるものではない。一九〇九年二月二七日、北海道選出代議士六名が結束して「北海道拓殖政策確立ニ関スル建議案」を議会に提出していることは、北海道拓殖政策問題の超党派的性格を示している(15)。北海道拓殖政策を解決する政治主体を政友会に限定する必要はないのである。一九〇九年八月一日、後藤新平逓相兼鉄道院総裁が二〇日間かけて北海道を視察した際、白石、浅羽、遠藤、小橋が案内役として協力している(16)。一〇日には「北海道拓殖事業案」(後年の第一期拓計)に関して河島長官が内務省との折衝を開始しており(17)、白石らが北海道拓殖政策問題の解決を第二次桂内閣に期待していたことは明らかだろう。

一九〇九年一〇月一九日、第二次桂内閣は北海道拓殖費に関する閣議決定を行い、第一期拓計は一九一〇年四月から実行されることになった。第一期拓計には毎年度の支出の最高限度額が五〇〇万円を超過しないという制限が定められていた。これは日露戦後不況時において、第二次桂内閣が確定歳出入主義を採用していたことと関係している(18)。だが、一五年間で七〇〇〇万円を拓殖費として投入する計画は、従来の十年計画が行き詰まっていたことを考慮すると、画期的なものであったと言える。第一期拓計が第二次桂内閣下で完成した結果、政友会の影響力は北海道から後退したのである。

大浦系(大同倶楽部、中央倶楽部)の実態を解明した季武嘉也氏は一九一一年一月の桂首相の「情意投合」宣言以来、官僚勢力の政友会への依存と吏党(大浦系)の切り捨てが進行したことを指摘している(19)。しかし、北海道に関

表5　第11回総選挙

選挙区	当選代議士名	所属	当選回数	経　歴
札幌区	浅羽靖*1	中央	3	札幌区長
小樽区	高橋直治	政	3	小樽区議
函館区	平出喜三郎	中政	2	函館区議
札幌支庁	東武	政	2	道議(2)
函館支庁	内山吉太	政	3	実業家
根室支庁	木下成太郎	政	1	道議(2)

＊1　浅羽の死去にともなう1914年11月の補欠選挙の結果，同志会の松田学が初当選。

「政」は政友会，「中央」は中央倶楽部，「中政」は政友会系中立。「道議」は北海道会議員，区議は区会議員。道議のかっこ内は当選回数を示す。

出所）北海道編『新北海道史年表』北海道出版企画センター，1989年，宮川隆義編『歴代国会議員経歴要覧』政治広報センター，1990年，北海道議会事務局政策調査課編『道議会百十年小史』北海道議会事務局，2011年より作成。

して言えば、「情意投合」宣言以降も大浦系の影響力は健在だった。表5から明らかなように、一九一二年五月の第一一回総選挙(第二次西園寺内閣下で実施)において、政友会は二一一議席を獲得し(立憲国民党九五議席、中央倶楽部三一議席)、北海道では全六議席中、五議席を獲得した(平出は後年、政友倶楽部に入党)。一見すると、政友会の大勝であるが、同選挙においても北海道選出政友会代議士と大浦との関係は解消されていない。

小林から唯一の政友会代議士と評価されていた高橋は、一九一三年五月一六日の原(第一次山本権兵衛内閣の内相)宛書簡の中で「昨年ノ総選挙以前ヨリ、木下君ハ政友会員ナルニ拘ラズ、内山、佐藤ノ競争ニ対シ、当時反対党タリシ、佐藤ヲ援助シタルモノナリ」、「佐藤君ヲ中央倶楽部ヨリ、政友会ニ入会サセタルモ、木下君等ノ策略ニシテ、函館ニ於テハ佐藤君ガ次点者トシテ、若シ当選スルガ如キコトアリトモ、政友会ノモノニアラザルベシトマデ噂致居候」、「木下、小橋両君ハ大浦ノ切ツテ切ラレヌ間柄ノ児分」と述べている[20]。政友会の内山は函館郡部から当選し、中央倶楽部の佐藤槌之丞は次点で落選した。高橋によると、木下は政友会候補でありながら、選挙戦において佐藤を応援し、政友会に入党させたのだと言う。高橋は刑事事件の被告となった内山の失職と佐藤の繰り上げ当選という事態を警戒していた。内山は一九一四年一二月二五日に失職したが、補欠選挙が実施される以前に議会解散となり、佐藤の繰り上げ当選は実現しなかった。

本節において指摘したように、桂園体制期の北海道政治において、政友会の最大の対抗勢力は大浦系政党であり、多くの北海道選出政友会代議士は、大浦の影響下に置かれていた。当該期は北海道拓殖政策の解決が政党間競合に優先される時代だった。北海道拓殖政策は政友会の党勢拡張の妨げとなったのである。

第三節　政党間競合の激化と北海道第一期拓殖計画改訂問題

本節では大正政変から原内閣成立までの北海道政治に着目し、政友会の対抗政党（立憲同志会、憲政会）の動向の検討を通して、第一期拓計問題が政党間競合に従属していったことを明らかにする。

一九一二年一二月、第二次西園寺内閣は陸軍の二個師団増設要求によって崩壊、第三次桂内閣が成立し、大浦は内相に就任した。同内閣打倒のための第一次護憲運動は北海道にも波及した。一九一三年一月一七日、札幌区では札幌記者倶楽部の主催で、「北海道記者大会」と「道民大会」が開催された。道民大会の熱狂について『北海タイムス』は「傍聴者は殆んど尺寸の余地なきまでに詰込み、数凡そ二千五百を算ふ。而して満員の結果、入場し得ざるもの、数百名は外に在りて容易に去らず、遂に入口の扉を突破して、潮の如く雪崩れ入り、気早の連中は窓口より飛込むなど、喧噪、甚だしきより、三井徳宝、安田仙蔵の両氏は戸外に出て、劇場前の群衆に対し、決議文を朗読して、吾々は出来得る限り、諸君の入場を希望するも、遺憾ながら、最早其余地なし、諒せられたしと慰撫して、帰宅を促せるも、熱狂せる多くの者は更に立ち去る気色なく、斯くして演説の終る頃まで持続せり」と報じている。直後の政談演説会において、道議の松実喜代太は「今は憲政の危機と云はんより、寧ろ、憲法は破壊されつつあるなり。彼等の暴戻は恰も藤原氏の如し。彼等聞かずんば、弾丸硝薬あるのみ」と演説している(21)。

道民大会が第三次桂内閣打倒の姿勢を鮮明にする渦中において、問題となったのが六名の北海道選出代議士の立場である。道議の三井徳宝は「棺桶を携へて江戸に上れ」という演題で「閥族覆滅の実を挙げんとせば、単に大会を開き、空騒ぎに終るのみにては不可なり。宜敷、選出代議士を督励して勇敢に行動せしめ、若し、吾人の意図と反せば之を斬るべし」と主張している[22]。第二節において検討したように、桂園体制期の東や木下は政友会の党員でありながら、桂や大浦との関係を深めていた。だが、政友会が倒閣運動に同調したことで、北海道選出政友会代議士は桂や大浦との協調関係を再検討する必要に迫られた。仮に、彼らが桂首相の新党工作に同調すれば、三井ら道議だけではなく、北海道の選挙民をも敵にすることになるだろう。道民大会の決議は、第一に「衆議院が区々の政策に拘泥することなく、劈頭、内閣の不信任を表白せらるることを要望する事」、第二に「本道選出代議士を督励し、決議の精神に基づき、其努力を求むる事」、第三に「議会解散の場合には、決議に努力したる代議士の再選に全力を傾注する事」、第四に「憲政擁護大会に本会の意志を発表する事」、第五に「本会代表者を全国憲政擁護大会へ出席せしむる事」を挙げている。桂首相が議会解散と総選挙を選択し、東や木下が桂新党に合流した場合、北海道の選挙民の多くは彼らに投票しなかったのではないだろうか。

一月二三日には北海道選出代議士が東京に参集し、在京道民大会が開催された。同大会の宣言には「吾人北海道民は茲に見る所あり、憤然起て、偽党を撲滅し」、「偽党に赴むき、若くは其嫌ひあるものは全然、排斥し、以て社会的制裁を明らかならしむる事」とある。この時、東は「東北人士は又も大正維新に当て時勢を解せず、河野広中如き、官閥に降を入れんとするものあれど、東北は知らず、北海道に於いては官閥に一指も染めしむるものにあらず」と演説し[23]、旗幟を鮮明にした。他方、北海道選出代議士の中で唯一、桂新党(同志会)に合流することになる浅羽は孤立した。『北海タイムス』は在京道民大会の「当夜、懇親会の事にて浅羽氏も出席せしが、開会に先立ち退出したり」と報じている[24]。前引の原宛高橋書簡(同年五月一六日)から明らかなように、大正政変以降も木下と大浦の関係は続いており、北海道選出政友会代議士と大浦系との関係が直ちに清算されたわけではない。だが、道民大会の決議の結果、東や木下は桂打倒を掲げる必要に迫られ、同志会に参加する道は絶たれることになった。

一九一三年二月一一日、第一次護憲運動の高揚の中で第三次桂内閣は総辞職し、二〇日には政友会を与党とする第一次山本権兵衛内閣が成立した。原は三度目の内相に就任したが、同内閣はシーメンス事件によって一九一四年三月二四日に崩壊する。他方、桂は一九一三年二月七日に同志会の結党を宣言し、大浦も合流した[25]。だが、桂は一〇月に病没し、一二月二三日の結党式で加藤高明が総裁に就任した。政友会の肥大化を警戒する元老の山県有朋は同党打倒のため、国民の人気が高い大隈重信を首相に推薦し、一九一四年四月一六日に同志会を与党とする第二次大隈内閣が成立、大浦は農商相に就任する。一〇月二五日には同志会北海道支部が発足した[26]。浅羽は支部長に就任する予定だったが、支部発会式の直前に病死した。だが、同志会支部発会式には党員五〇〇名が集合し、松田学が衆議院補欠選挙の公認候補となった。一一月八日の政友会支部大会は中西六三郎を公認候補とし、選挙戦は激烈なものとなったが、松田が勝利した[27]。第一次山本内閣は漸増していた拓殖費の大幅削減を断行しており[28]、積極政策を掲げる政友会は、北海道における有権者の信頼を低下させ、同志会への期待を高めたように思われる[29]。

ここで着目したいのは、政友会と同志会との競合の激化である。道内最大有権者を有する札幌郡部（旭川区、上川支庁、空知支庁、札幌支庁、後志支庁、宗谷支庁、室蘭支庁、浦河支庁、留萌支庁）における政友会の東と同志会の五十嵐佐市の選挙戦は、その象徴だった。一九一五年二月二八日、大隈伯後援会の全道連合大会が札幌区に開催され、「本会に来る三月総選挙に際し、相提携して大隈伯の政策に賛成する本道各候補者を援けて其当選を期す」ことが決議された。旭川区（一九一四年二月二五日、町から区に昇格）代表の坂東幸太郎は「東武氏が旭川区実施に就いては特別の援助を為さず、却つて、旭川区民に向ひ、政友会入会を条件として運動すべしなどと、恐喝ヶ間敷事を言ひ乍ら、一旦実施されるや、機関紙タイムスは逸早く、東氏の肖像を掲げて、恰も同氏の功労なるがの如く吹きたてるは笑止千万なり」と演説した。三月三日には坂東らが中心となり、旭川大隈伯後援会が発足した。五十嵐は坂東らの支援を得たことで旭川区において東に先行し、空知方面に進出した[30]。空知支庁においては、同志会が反政友会勢力の結集を企図していた。芦別村では五十嵐の来村以降に政治熱が活発化し、全村「同志会員のみ」という状況であり、東派に脅威を与えていた[31]。『小樽新聞』によると、岩見沢町において、「五十嵐派は世界の大局と日本の立場と外交及び内政の方針等、時局に直接の関係ある演説を為し、東派は政友会の立場と其積極政策、積極政策、積極政策と北海道、北海道と東候補」と演説したと言う[32]。東派の演説の骨子は積極的な北海道拓殖政策の強調にあるが、与党時代（第一次山本内閣）においても徹底できなかった政策であり、野党という現状では、さらに実現可能性が低下していた。第一次世界大戦下の外交情勢という視角を導入した五十嵐派の演説手法の斬新さもまた、東派の誤算であったように思われる。選挙戦の終盤において、劣勢に立たされた東派はメディアを通して、五十嵐派に対する露骨な中傷を行った。例えば、三月二三日の『北海タイムス』は「盛んなる留萌の演説、有楽館に於ける東氏政見発表」、「東氏の奮闘振り、演説回数七十余、殆んど不眠不休」と東の応援を行う一方で、「五十嵐派の買収策、憎むべき奸手段、有権者激昂」と攻撃している[33]。

一九一五年三月二五日の第一二回総選挙（第二次大隈内閣下で実施）において、北海道では政府与党の攻勢（五議席獲得）の前に、政友会はわずか一議席（同志会の松田を破った中西）の獲得に終わり、四議席を減少させた（表6を参照）。全国的に見ると、北海道は同率二位の議席少数区であり、同率三位の議席激減選挙区だった[34]。『小樽新聞』によると、五十嵐は二八三一票を獲得し、二二七一票の東に勝利した。旭川区では序盤で出遅れた東が挽回し、五十嵐との差は四票差だったが、空知支庁では五十嵐に一二一票差をつけられた[35]。同志会は政友会の選挙地盤の侵食に成功したのである。上畠彦蔵の『道政七十年』によると、五十嵐は「政治の政の字もわからない金貸」であり、「強敵東武の多年の地盤たる札幌郡部八ヶ支庁管内の大戦野は金のない奴を出しても見込みがない」ことが五十嵐擁立の理由だったと言う(36)。上畠は「同志会支部の幹部中には、機関紙、北海日報をめぐる安東俊明、北林屹郎、植田重太郎、塚本博愛等の一団がある」と述べ、「大浦、安達の御分霊」の植田と北林は「浅羽御大は死んでなくとも、同志会遊説のときに各地に植付けた種は芽生え、候補者に立てたものは尽く当選させようという鼻息」であったと回顧する(37)。同書によると、大浦自身も候補者調整を行っていたと言う(38)。桂園体制期において大浦が浅羽を介して扶植した政治的資産が同志会支部の基盤となったことは確実だろう。

表6　第12回総選挙

選挙区	当選代議士名	所属	当選回数	経　歴
札幌区	中西六三郎	政	2	道議(1)
小樽区	金子元三郎	中同	2	小樽区長
函館区	平出喜三郎	中同	3	函館区議
札幌支庁	五十嵐佐市	同	1	実業家
函館支庁	佐藤栄右衛門	同	1	歌棄村議
根室支庁	小池仁郎	同	1	道議(3)

「政」は政友会,「同」は同志会,「中同」は同志会系中立。「道議」は北海道会議員，区議は区会議員，村議は村会議員。道議のかっこ内は当選回数を示す。

出所）北海道編『新北海道史年表』北海道出版企画センター，1989 年，「第十二回衆議院議員総選挙結果一覧」『政友』(179) 1915 年，20 頁，宮川隆義編『歴代国会議員経歴要覧』政治広報センター，1990 年，北海道議会事務局政策調査課編『道議会百十年小史』北海道議会事務局，2011 年より作成。

ここで視点を換えて、道庁長官人事に着目したい。一九一二年一二月の第三次桂内閣成立以来、道庁長官の地位は中央政局に左右される不安定なものとなっていた。同内閣は石原健三長官(河島の後任で政友会系)を更迭し(愛知県知事に転任)、鉄道院監理部長の山之内一次を抜擢した。だが、一九一三年二月の大正政変によって山之内は更迭され(内閣書記官長に就任)、原内相(政友会を与党とする第一次山本内閣)は、広島県知事の中村純九郎を後任とした。札幌農学校校長の佐藤昌介(盛岡藩出身で原と親交が深かった)は一九一三年二月二五日の原宛書簡の中で、「山之内ハ三日ニシテサリ、石原ハ一年有半ナレドモ何等施設見ルベキモノ無之」、「本道ニ長官タル人、多クハ本道産業ノ状態ニ明ラカナラザル為メ、就任後、少ナクモ一両年間ハ手ヲ束ネテ何等施ス所ヲ知ラザルカ如ク、甚タ迂遠ナル次第ニ御座候」と嘆いている。[39]佐藤の懸念は的中し、一九一四年四月、第二次大隈内閣（同志会が与党）は中村長官を休職処分とし、大浦直系の西久保弘道（休職中の福島県知事）を起用した。東の回顧によると、東は河島以降の長官を「地方官の捨て場」と嘆き、原内相による中村長官の任命に反対したと言う。原は東に対して「中村は佐賀の出身で、同僚にも畏敬され、郷関にも重きを為して居る、君の思ふ如き人物ではない、会つて能く話して見るがよい」と述べた。[40]原が長官就任を後押しした中村が大浦によって更迭されたことは、道庁長官の人事が政友会と同志会の競合に従属していたことを示している。一九一五年八月の西久保の警視総監就任とともに、宮崎県知事だった俵孫一は道庁長官に就任した。同志会、憲政会系の俵は四年近くにわたり、道庁長官として君臨した。

俵長官の最大の事績は、第一期拓計改訂作業に尽力したことだった。日露戦後経営下において策定された第一期拓計は、第一次世界大戦下の社会的、経済的変動に適応する形で改訂される必要性が生じていた。[41]政友会が第一期拓計改訂問題への関与を本格化させる契機となったのは、一九一六年二月六日の北海道拓殖促進道民大会である。同大会は札幌区の豊平館において開催され、二〇〇名を動員した。道会において絶対多数を掌握していた政友会支部（同志会の九議席に対して政友会は二六議席）は大会運営を主導した。[42]大会決議は、第一に「北海道拓殖ノ促進ヲ図ランガ為、政府ヲシテ年々、五百万円以上ノ確定支出ヲナサシムベク、適当ノ方法ヲ講ズルコト」、第二に「本道拓殖鉄道ノ普及ハ刻下ノ急務ナルヲ以テ、政府ヲシテ新タニ之ガ十年計画ヲ樹テ、年度割ヲ定メ、国庫支出ノ不足額ハ公債起業、又ハ私設奨励ノ方法ニ依リ、之レガ速成ヲ図ラシムルコト」、第三に「移民ノ招来、中小農ノ扶植、土地ノ開発改良、産業ノ発達、金融ノ調節ヲ図ランガ為、政府当局ヲシテ特殊機関ノ設立ヲ期セシムルコト」を掲げた。[43]まず、第一項は大戦景気を受け、拓殖事業促進のために第一期拓計の支出制限の撤廃を要請している。さらに、第二項は「拓殖鉄道」普及のために新たな「十年計画」を樹立すること、第三項は拓殖事業のための「特殊機関」を設置することを要求している。三大決議は、同年一一月に「北海道開発三大要策」として体系化される。

となる。同志会では大浦が二個師団案を通過させるための議員買収事件によって政界を引退、同志会総務の安達謙蔵が選挙戦を指揮した。河西支庁から当選を果たした菅野光民は、当初、中立であったが、安達と小池仁郎の勧誘によって同志会に入党している。[44]『北海道議会史』の第二巻は同志会が一九議席を獲得し、一七議席の政友会を破って初めて道会第一党となった（六議席は中立）と述べ、[45]民政党系の『小樽新聞』も同様に報じている。[46]だが、政友会系の『北海タイムス』によると、政友会の一七議席は同様であるが、同志会は一一議席となっている。中立議員については「準政友会系」が四議席、「準同志会系」が七議席、「純中立」が三議席と報じている。[47]同紙によると、政友会の勝利、同志会の敗北となる。唯一人の北海道選出政友会代議士の中西は、八月一四日の原総裁宛書簡の中で「幸ニ、我党優勝之権位を支持するを得たるハ誠ニ快心事ニ有之、今更、本部より至大之御応援を被けたるを一層、感謝仕候。只、過半数僅少なる故、与党ハ今後ニ於いて、益々苦肉之窮策を講じ、半数を超ゆべく努力可致ハ勿論にして、既ニ一、二、其鋒鋩を露ハし候もの有之候」と述べている。[48]このように、中西は道議選における政友会の勝利を認識する一方で、同志会の多数派工作に警戒感を示している。すなわち、選挙直後においては政友会か、同志会か、旗幟を鮮明にしない道議が多数存在したのである。

中立道議が政友会から離反する契機となったのは憲政会の結党である。一九一六年一〇月九日、中央政治では第二次大隈内閣から寺内正毅内閣（超然内閣）に交代し、同志会は憲政会に発展解消した。二四日には憲政会北海道支部が発足し、金子元三郎が支部長に就任している。[49]札幌区の豊平館において開催された支部発会式には本部代表として安達総務が参加した。[50]安達の狙いは、中立道議三名の取り込みによる憲政会の道会支配にあった。安達は金子支部長、小池、五十嵐ら代議士とともに、道会役員選挙に関して協議を行った。この結果、憲政会に対する政友会の劣勢は明らかとなった[51]。二七日の役員選では、憲政会の一柳仲次郎が道会議長、憲政会系中立の友田文次郎が副議長に就任した。一柳と友田は二二票を獲得し、二〇票の村田不二三と松下熊槌(ともに政友会)を破った[52]。友田を擁立したのは安達だった[53]。安達の主導の下で、憲政会は道会支配に成功した。

憲政会は道会においても、政友会に対する優位を確立した。だが、寺内内閣の成立にともなう憲政会の野党化は、北海道政治における政友会の反転攻勢の契機でもあった。ここで、北海道拓殖促進道民大会が作成した「北海道開発三大要策」に着目したい。「北海道開発三大要策」は、「欧州戦乱ノ帰結ハ今日ニ於テ逆睹スベカラザルモ、世界ノ政治上、経済上、其他百般ノ現象ニ大変革ヲ来スベキハ疑ヲ容レズ。此間ニ処スル吾ガ国タルモノ亦、当ニ国策ヲ更新シテ、盛ニ経綸ヲ行フノ要アリ。本道拓殖ノ進捗ハ区々、一地方ノ問題ニアラズシテ、世界的変革ニ応ズベキ、我ガ国策中ノ重大事項ニ属ス」と主張する。その上で「拓殖鉄道ノ普及速成」と題し、「由来、拓殖地ノ鉄道ハ改良ヲ後ニスルモ、敷設延長ヲ先ニスルヲ必要トシ、巧遅ナランヨリモ、寧ロ拙速ヲ尚ブ。本道ノ如キ地ニ於テハ、多少粗造ノ憾アルトモ、出来得ルダケ建設ヲ促進シテ、拓殖ノ進捗ニ資セザルベカラズ」と述べ、二七線の建設速成を要請している[54]。松下孝昭氏が指摘したように、政友会と寺内内閣は第二次大隈内閣の「改主建従」路線を「建主改従」路線に転換させようとしていた[55]。寺内内閣成立以降における政友会の与党化の結果、中央政治には、政友会が道民大会の地方鉄道建設促進要請を実現させ得る政治状況が形成されつつあった。

一九一七年四月二〇日の第一三回総選挙(寺内内閣下で実施)において、憲政会の一二一議席に対して、政友会は一六五議席を獲得し、衆議院第一党となった。北海道では政友会と憲政会が二議席ずつ分け合い、中立は二議席だった。中立の佐々木と吉田は政友会系である。同年一〇月、憲政会の金子の選挙違反によって、政友会の寺田が繰り上げ当選となった(表7を参照)。北海道政治における政友会の復権は明らかだろう。これは、第二次大隈内閣末期から高揚していた北海道からの地方鉄道敷設促進要請と政友会の鉄道政策（「建主改従」路線）が結びついたためと思われる。寺内内閣期の中央政治において、政友会は自らの政策が遂行可能な「順境」の位置にあった。選挙戦の渦中において『北海タイムス』は社説において「北海道の如き拓殖地に在ては政府と結び、其力を藉りて、施設、且つ、経営する可き幾多の新事業の累積し居り、選挙民として、自ら利害を打算するの傾向を有するは免れざる所にして」、「政友会が政府に好意的中立の地位に立て政府党たるに反し、憲政会は政府の反対党として選挙を争ふ事と為り、頗る不利の立場に在る事是なり」と評しているが[56]、この評価は正鵠を射ている。前身の同志会以来、北海道政治において順調に党勢を拡大させてきた憲政会だったが、野党に転落した代償は大きかったのである。

表7　第13回総選挙

選挙区	当選代議士名	所属	当選回数	経　歴
札幌区	中西六三郎	政	3	道議(1)
小樽区	金子元三郎*1	憲	3	小樽区長
函館区	佐々木平次郎	中政	1	函館区議
札幌支庁	東武	政	3	道議(2)
函館支庁	吉田三郎右衛門*2	中政	1	道議(1)
根室支庁	小池仁郎	憲	2	道議(3)

＊1　金子は1917年10月に失職，政友会の寺田省帰（小樽区議）が初当選。
＊2　吉田は1918年5月に死去，憲政会の前田卯之助（道議(1)）が初当選。
「政」は政友会，「憲」は憲政会，「中政」は政友会系中立。「道議」は北海道会議員，区議は区会議員。道議のかっこ内は当選回数を示す。
出所）北海道編『新北海道史年表』北海道出版企画センター，1989年，「衆議院議員総選挙結果一覧」『政友』(206) 1917年，18頁，宮川隆義編『歴代国会議員経歴要覧』政治広報センター，1990年，北海道議会事務局政策調査課編『道議会百十年小史』北海道議会事務局，2011年より作成。

他方で、政友会支部は本部との連携に不安を残していた。一九一八年六月二八日、病死した吉田（函館郡部）の補欠選挙において、政友会の黒住成章は憲政会の前田の前に敗れた[57]。政友会幹事長の横田千之助は同日の原総裁宛書簡の中で「北海道ノ政戦ハ、本日午後三時、我党敗北セリトノ報、内務省及憲政会ニ入電アリ。其差百十三トモ百〇四トモ称シ候ヘドモ、正確ナラザル様子、我党本部ニハ今ニ何等ノ報告ナシ」と述べている[58]。横田の書簡は選挙結果を正確に報告しなかった北海道支部に対する本部の不信感を示している。このことは、政友会本部に対する同党北海道支部の自立性の高さの証左であり、安達ら本部が北海道支部を掌握していた憲政会と対照的である。

大正政変と第一二回総選挙を機に、政友会と同志会（憲政会）の競合は北海道政治にも波及した。二大政党間の激しい対立は衆議院選に止まらず、道議選にまで及んだ。第一期拓計の政治主体は桂ら官僚勢力から二大政党へと移行し、道庁長官もまた、政党の影響下に置かれた。この結果、北海道の選挙民は時の政府与党に対して第一期拓計の積極的遂行を期待した。ここに、北海道拓殖政策は政党政治に包摂されたのである。

第四節　原敬内閣と北海道第一期拓殖計画改訂

本節では原内閣期を中心に北海道政治を検討し、第一期拓計改訂という成果を背景に、政友会が絶対的優位を確立させたことを明らかにする。

一九一八年九月、米騒動によって寺内内閣は崩壊し、原政友会内閣が成立した。ここでは、社会、経済、政治、外交状況から、原内閣期の中央政治において第一期拓計の重要性が浮上してきた背景を概観する。社会状況から見ると、北海道移民は一九一九年に三度目のピークを形成していた[59]。府県において増加し続ける人口の受け入れ先として北海道は重要であり、さらなる移民増加が必然視されていた。経済状況から見ると、第一次世界大戦にともなう好況（大戦景気）は第一期拓計の促進を可能にしていた。一九一八年一二月の「拓殖計画改訂説明書」は「物価騰貴ニ基ク増」として三五五〇万円を計上し、「大正九年度以降、同十五年度ニ至ル全事業費ニ対シ、物価騰貴ニ基ク経費ノ増額ヲ予定セリ」と主張している[60]。政治状況から見ると、原内閣という本格的政党内閣の成立は第一期拓計を強力に推進する政治主体の登場を意味していた。外交状況から見ると、第一次世界大戦の衝撃は北海道にも影響を及ぼしていた。一九二一年八月、政友会支部長の木下成太郎は『政友』に発表した「北海道開発に就て」の中で「北海道は帝国の一地方部に属して居るけれども、帝国本土の使命、即ち、食糧、燃料、及び鉄の自給自足の三大政策を実行するに就ては、日本帝国領土内、北海道よりは外に、それ等の原料を得る所の余地がないのである。随つて太平洋に面して居る所の沿岸線は、頗る広大なるものであつて、今や貿易戦争の上から観る時分になると、世界的の北海道である。太平洋の平和の戦争に於ては最も其関係を深くして居る」と主張している。(61)ワシントン体制下において列国間の勢力圏拡張が禁止されたことは、結果的に北海道の重要性を高めることになったのである。

原内閣下においては、北海道選出代議士の大幅増員が実現している。一九一九年三月、原内閣による衆議院議員選挙法改正（小選挙区制導入）の結果、北海道選出代議士は、六名から一六名へと増大した。これにより、北海道選出代議士は、地域代表としての性格を帯びるようになった。同年二月二八日の『北海タイムス』は「気の毒とする所のもの、旧根室郡部の四支庁管内に有るが、大正七年末人口に拠れば、本管内の如きは少なくも、尚、二名増を難しとせざるべし。何分、大正二年末の七年前の人口統計に拠る以上、亦、如何ともするを得ず」、「北海道郡部にて、尚、優に三名を増員する事の可能なるを知るも、斯の如きは望蜀にして最善を得ずむば、次善、可なり。幸にして、現在の六名は十名の増員を勝ち得ば、道民としても多くの不服なからむ」と述べている。(62)一九二〇年の北海道の人口統計を見ると、人口希薄地帯だった河西、釧路国両支庁は急速な伸長を見せている。(63)道東地域における急速な人口増加は、選挙法改正段階において、二名の代議士増加を可能にしていた。同紙はさらなる代議士増員要求が「隴を得て蜀を望む」ことだと自重し、一〇名の代議士増員を積極的に評価した。なお、一九二五年の普通選挙法導入を機に、北海道選出代議士は一六名から二〇名に増大する。

原首相は、北海道の地方制度を他の府県レベルに引き上げることにも尽力している。一九一九年四月一日、松実喜代太と前田駒次の両道議は政友会支部を代表し、「道参事会設置、並に道会議員は府県制を準用し、府県会議員と同様に選出する事」、「区制を改めて、市制を施行する事」について、原首相に陳情した。三日の『北海タイムス』は「総理より質問あり。両氏より交々、之に答へ、其他本道の政情に就き、懇談を仕遂げたり」と報じている。二四日の政友会支部大会は「既定拓殖事業計画の規模を拡張し、且つ之が補足を為し、更に時代に適応せる計画を樹つる事」、「鉄道の普及速成」、「北海道会法を改変して道参事会を設置し、且、道会議員定員は府県会議員と同様ならしむる事」、「北海道区制を改めて市制と為し、且つ町村制の改正を図る事」等を決議している。(64)原没後の一九二二年、札幌、函館、小樽、室蘭、旭川、釧路の各区に対して、府県なみの市制が施行された。同年には道会における参事会設置も実現し、道庁長官の権限が縮小されている。(65)

一九一九年四月一八日、原内閣は俵長官を罷免し、岡山県知事の笠井信一が後任となった。更迭直後の五月六日、俵は吉野幸徳(道庁吏員)宛書簡の中で「政党之弊害ハ之ヲ認ムベク、御互将来極力是等改善ニ努ムルヲ可要ト存候」と述べている。(66)俵は政友会の掲げる地方鉄道の促進を北海道において推進した当事者であり、(67)党弊批判には説得力がある。他方で、俵には、第一三回総選挙において西久保前長官を来道させて憲政会を応援させた経緯があった。(68)原内閣による俵長官の罷免は、政友会が北海道における選挙戦(第一四回総選挙)に必勝を期していたためだろう。総選挙直前の一九二〇年五月二日の『北海タイムス』によると、某政友会幹部は「政友会の主義政策は、北海道民の共鳴する所、拓殖の施設亦、政友会の努力怠らざる所、大体に選挙の有利なる結果を見ん」と述べる一方で、「全国に本部として警告すべきものであるが、北海道に対して、特に、警告的注意を与へんと欲す」と語っていた。(69)政友会本部には、同党北海道支部の選挙対策に対する不信感が残っていたように思われる(前節の原宛横田書簡を参照)。政友会は、『北海タイムス』を介して、笠井長官の根室方面への視察を報じることで、地方利益要求を汲み上げる姿勢を露骨に示していた。(70)なお、笠井以降も、政友会系の道庁長官が続くことになる

（宮尾舜治、土岐嘉平）。すなわち、原内閣による俵長官の罷免は、政友会による道庁支配の完成であった。

一九二〇年二月一五日、政友会支部主催の在京有志の懇親会は、全道の同志、党員一〇〇名が出席する盛況だった。[71]同時期には、北海道の人々による鉄道と築港に関する請願運動が高揚していた。[72]二月一九日、原内閣は第一期拓計の改訂を断行して支出総額制限主義を撤廃し、毎年度の国庫支出限度額も削除した。さらに、原内閣は大戦景気を背景に、拓殖費の大幅支出を実現させた。[73]同年七月の第四三議会では北海道拓殖鉄道補助法が成立し、地方への鉄道敷設が奨励された。[74]原内閣下における政友会は第三節において指摘した「北海道開発三大要策」を実行に移したのである。なお、原没後の一九二二年四月、高橋是清政友会内閣の下で公布された改正鉄道敷設法は、国有鉄道の地方支線建設を可能とした。一七八の予定線の中で、北海道の路線は二二線である。[75]北海道の地方鉄道の積極的敷設は、北海道選出政友会代議士の増大と関係しているように思われる。

第一節において指摘したように、星は北海道の利益要求を政党が汲み上げることを約束した。原内閣の成立は、政党が北海道拓殖政策を効果的に実行し得る政治主体であることを示した。原と政友会の次の課題は、北海道拓殖政策の進展を妨げてきた政党間競合の克服、すなわち、憲政会の打倒である。

ここで、一九二〇年五月一〇日の第一四回総選挙に着目する。同選挙において、原の政友会は一一〇議席の憲政会に対して二七八議席を獲得し、衆議院絶対多数党となった。北海道においては、政友会九議席、憲政会四議席、中立三議席という結果となった。中立三議席は政友会系二、憲政会系一であり、政友会は実質的に一一議席を獲得し、北海道政治における絶対的優位を確立した。以降、表8から、北海道における選挙結果について概観する。[76]

二名増員の都市部では、政友会と憲政会の勢力が拮抗した。第一区（札幌区）では憲政会の一柳（前道議）が政友会の村田不二三（前道議）に圧勝し（中立の阿由葉宗三郎前道議も落選）、第二区（小樽区）では中立（憲政会系）の山本が政友会

表8　第14回総選挙

選挙区	選出地域	当選代議士名	所属	当選回数	経　歴
第1区	札幌区	一柳仲次郎	憲	1	道議(1)
第2区	小樽区	山本厚三	中憲	1	小樽区議
第3区	函館区	佐々木平次郎	中政	2	函館区議
第4区	旭川区	井内歓二*2	中政	1	旭川区議
第5区	室蘭区	岡本幹輔	憲	1	日本製鋼所
第6区	札幌支庁	岡田伊太郎	政	1	道議(2)
第7区	空知支庁	松実喜代太	政	1	道議(4)
		伊藤広幾*3	政	1	角田村議
第8区	留萌，上川，宗谷支庁	東武	政	4	道議(2)
		大久保虎吉*1	政	1	士別町議
第9区	網走，根室，釧路国，河西支庁	小池仁郎	憲	3	道議(3)
		木下成太郎	政	2	道議(2)
第10区	浦河，室蘭支庁	栗林五朔	政	1	道議(3)
第11区	函館支庁	黒住成章	政	1	弁護士
第12区	檜山，後志支庁	平出喜三郎	憲	4	函館区議
		中西六三郎	政	4	道議(1)

＊1　大久保は選挙違反により，1920年11月に失職し，次点の憲政会の浅川浩(元道議)が繰り上げ当選となる。
＊2　井内の死去にともなう1921年6月の補欠選挙の結果，憲政会の友田文次郎(元道議)が初当選。
＊3　伊藤の死去にともなう1923年6月の補欠選挙の結果，政友会の石黒長平(前道議)が初当選。
「政」は政友会，「憲」は憲政会，「中政」は政友会系中立，「中憲」は憲政会系中立。「道議」は北海道会議員，「区議」は区会議員，「町議」は町会議員，「村議」は村会議員。道議のかっこ内は当選回数を示す。
出所)「第十四回総選挙に就て」『政友』(242) 1920年，19，20頁，宮川隆義編『歴代国会議員経歴要覧』政治広報センター，1990年，北海道議会事務局政策調査課編『道議会百十年小史』北海道議会事務局，2011年より作成。

の寺田省帰（前代議士）に八票差で勝利している。第三区（函館区）では憲政会の高橋文五郎が中立（政友会系）の佐々木（前代議士）に、第四区（旭川区）では憲政会の坂東幸太郎（旭川商業会議所書記長）が中立（政友会系）の井内にそれぞれ惜敗したが（第四区では中立の熊谷茂右衛門も落選）、第五区（室蘭区）では憲政会の岡本が中立の樽崎平太郎（前道議）に勝利している。最大の激戦区だった第二区における二大政党の対立は一九一四年三月の小樽運河問題にまで遡る。小樽区会は政友会が延期派の同志会に対して多数を制し、区営埋め立てを運河式で行うことを決定した。寺田は運河派の急先鋒だった[77]。他地域の都市部では政友会が憲政会に対して劣勢に立たされていたが[78]、第二区の結果は北海道の都市部において両党の勢力が伯仲していたことを示している。

八名増員の旧郡部（農村、漁村地帯）では、政友会が憲政会を圧倒した。第六区（札幌支庁）では政友会の岡田（前道議）が憲政会の河合才一郎を、第七区（空知支庁）では政友会の松実（前道議）と伊藤が憲政会の植田重太郎（前道議）を、第八区（留萌、上川、宗谷支庁）では政友会の東（前代議士）と大久保が憲政会の浅川浩（前道議）をそれぞれ破っている。第九区（網走、根室、釧路国、河西支庁）では憲政会の小池（前代議士）と政友会の木下（元代議士、翌年から支部長）が当選し、政友会の高倉安次郎（前道議）は落選した。第一〇区（浦河、室蘭支庁）では政友会の栗林（前道議）が憲政会の前田卯之助（前代議士）を、第一一区（函館支庁）では政友会の黒住が中立（政友会系）の吉田成之（三郎右衛門の子息）を破っている。第一二区（檜山、後志支庁）では憲政会の平出（元代議士）と政友会の中西（前代議士）が当選し、政友会の丸山浪弥（前道議）は落選した。札幌、空知、函館支庁は選挙法改正によって利益を得た地区と評されていたが[79]、いずれも政友会が議席を獲得した。

選挙戦終了後、第六区（札幌支庁）から当選した政友会の岡田は「政友会の積極政策が着々本道拓殖の上に実績を挙げ居るに観て、吾々は今後の本道拓殖が益々、政友会の力に俟つもの多きを信ずる」と語っている。五月一四日の『北海タイムス』は「本道の拓殖を単なる地方問題と解釈し、鉄道、港湾の計画等を一に、党勢に利用するものとのみ考ふるものの如きは眼光、真に豆よりも小さく、政友会が国家的大処高処より、本道拓殖の新運に貢献せんとするの熱意が即ち、今回の政戦の成績に現はれたものと云ふ」と述べている。こうした同紙の主張は「今日では、憲政会自体が果して無事なるを得るや否やが大いに問題になつて来ている」という憲政会の力の過小評価と一体の関係にある[80]。政友会は選挙戦において、積極政策と第一期拓計とを結びつけることで、憲政会打倒に成功した。原内閣が第一期拓計改訂に成功したことは、新有権者の政友会に対する信頼を高めたであろう。

八月から九月にかけての第七期道議選（浦河、室蘭、釧路国、網走支庁は水害のために延期）においても、政友会は過半数となる三一議席（一四議席増）を獲得し、一七議席（二議席減）の憲政会を破った（中立は四議席）。原内閣の下において、政友会は北海道政治における絶対的な優位を確立させたのである。[81]

北海道における第一四回総選挙は、第一期拓計改訂の成果を背景に、政友会が憲政会に大勝した。他方、中央政治の争点だった普通選挙問題は北海道において、どう展開されたのだろうか。松尾尊兊氏は、一九一九年二月二五日に小樽区において普選期成同盟会発会式が行われていたことを指摘する一方で、一九二〇年一月以降の北海道において大衆集会が開かれていなかったと述べている。[82] これに対して、本章は道東地域において、普選運動が高揚していたことを指摘したい。道東は、日本一広大な面積を有し、多くの離島を有する地域である。[83] 四月一一日、釧路町における憲政会の青年たちは普通選挙を標榜し、「立憲青年同志会」の発会式を挙行した。発起人代表の加藤英治(弁護士)は約一五〇〇名の聴衆に対して、小池の応援を明言した。立憲青年同志会は道東各地をめぐり、普通選挙の普及、宣伝に努めた。[84] 一四日の『小樽新聞』によると、川合村(一九二六年に池田町)における青年運動(三〇名以上)は普選実行を掲げ、憲政会の別動隊としての役割を果たしている。[85] 一五日、釧路町においては青年同志会主催による「全国普通選挙宣伝連盟東京支部」の大演説会が開催され、聴衆一八〇〇名を集めている。[86] 一七日、青年改造連盟東京特派員は川合村と帯広町において、普選運動を展開した。青年改造連盟の東京特派員の関春治は、四月末から道東地方において展開された池田青年普選同志会の遊説運動に参加している。三〇日には、釧路、帯広、川合、東京の青年による普選宣伝演説会が行われた。[87] 松尾尊兊氏は「憲政系と労働団体・地方政社を結びつけるものとしての青年改造連盟の存在」を指摘しているが、同組織が道東地域の青年をも普選運動に動員していたことには言及していない。[88]

当該期の道東においては、多数の普選団体(池田普選期成青年独立党、幕別青年党、本別普選同盟会、根室立憲青年会、芽室青年党、新得青年党、北見立憲青年党)が結成されている。五月五日、留辺蘂村における北見立憲青年党の小池応援演説会は聴衆三〇〇名を集めている。七日の釧路町における「普選派青年党四箇国演説会」は聴衆二五〇〇名を動員し、関ら七名の弁士の普選演説後に小池が政見演説を行った。同日、置戸村における小池の応援演説会は聴衆四〇〇名を集め、千葉兵蔵が「普選の要」という演説を行っている。根室立憲青年会は小池の応援のため、「陸続、各村及び国後島に会員を特派し、普選宣伝に努め、且つ根室町内の戸別宣伝に熱中し、大に気勢を揚げた」(89)。小池当選の背景には、道東における普選運動の高揚があったのである。

第一四回総選挙においても、北海道支部は政友会本部に対して自立性を発揮した。第九区に着目すると、議会解散直後の二月二九日、道東の政友会支部有志は東京で会合し、第九区に対して定員二名の候補者を立てることを決定した。三月二〇日の豊平館における評議員会は本部から中橋徳五郎文相を迎えて開催され、候補者の一人として木下を選出したが、他の一名の候補者の選定には至らなかった。二六日、釧路政友倶楽部は釧路公会堂における役員協議会において、二名の候補者を出すという北海道支部の方針を承認した。最終的に高倉が選出されたのは、二七日の釧路公会堂における「政友会四国会議」（網走、根室、釧路国、河西支庁）においてだった(90)。木下と高倉の選出過程において、支部が調整力を発揮していることがわかる。

ここで視点を換えて、原個人と北海道との関係に着目したい。原の北海道訪問は三度に及ぶ。まず、『郵便報知新聞』記者時代の一八八一年である(91)。原は「北海道は富裕の源なり、富を欲する者は北海道に行け」と日記に記している(92)。次に、第一次西園寺公望内閣の内相時代の一九〇七年である。原は「北海道は二十六年前、巡回せし事あり、当時に比すれば、今日は実に非常の進歩なり、去りながら、之にて安んずべきにあらざること勿論なれば、交通の便を計るの必要あり」と日記に記している(93)。本章において着目するのは、最後の訪問となった首相時代の一九二一年である。八月一〇日、原首相は政友会東北大会に参加するため、北海道を訪問した。政友会東北大会は札幌区の中島公園公会堂に開催され、三五〇〇名が参加した。同大会宣言には「吾党内閣成立以来、拓殖計画に新生面を打開し、頻りに一大進展を来せるの観あり」、決議には「本道拓殖に必要なる鉄道の普及速成、海陸連絡設備の急施設並に、道路橋梁の開発改修を促進し、以て交通機関の完備を期する事」が明記された[94]。大会後における党員歓迎会は、東京庵と幾代の二か所において開催された。原は「会員六百余名にて到底一堂に会する由なく、不得已、二ヶ所の料理店に開会したるものなり」と日記に記している[95]。原内閣の下で拓殖費が増額され続けたことは[96]、北海道における政友会の党勢拡張に直結したのである。

札幌区立女子小学校における官民合同の歓迎会では、原が演説を行っている。原は「元来、日本に於いて新しき土地を経営せるは北海道が初めてなり。此時に当り、範を米国に取れるは他に拠るべき所なき為と言へば、簡単に考へらるるも、実は当時として大なる卓見と称せざるを得ず」と述べる。日米協調論者の原にとって、開拓使がアメリカを北海道開拓の模範としたことは評価されることだった。その上で「北海道も鉄道、築港を初め、種々の計画施設の講ぜらるるありて、今日、各地を視察せば、定めし其発達、驚くべき者あらんが、残念ながら其意を充たす能はず」という現状認識を示し、「北海道の拓殖に就いても我国独特の文明、天然の力、即ち有形無形の力を基礎として能く実情を究め、我国情に応ずる適切なる施設、経営に出でざるべからず。政府も北海道の資力の許す限り、十年度にも拓殖費を増加し、十一年度、十二年度も又相当講究する所あるべきなり」、「戦敗国も戦勝国も、国力の増進に尽力し居るは、一様にて、我国の如きも区々たる議論を闘はし居る場合にあらず」と演説している[97]。原首相は将来の拓殖費の大幅支出を約束したのである。同年四月、原内閣下において策定された大正一〇年度予算編成における新規計画には「北海道の開発に付きては、土地の改良、農民の移植、道路、河川、港湾の改修等、拓殖上必要なる諸般の施設に力を用ふると共に、拓殖地域に於ける警察制度の改善を期せり」と明記されていた[98]。八月一一日の『北海タイムス』は「内閣が其予算の綱要に北海道の開発を唱へて政綱の主要なる一に明掲したるは、蓋し、明治十九年、我国、内閣制を布いて以来、現内閣あるのみ」と絶賛している[99]。原政友会内閣によって、北海道拓殖政策は、重要国策として位置づけられるに至ったと言えるだろう。

北海道政治史における原内閣の役割は、政党が北海道拓殖政策の政治主体としての役割を果たし得ることを証明したことにある。政友会による一党優位政党制の完成は、北海道拓殖政策の推進を可能にした。政友会の党勢拡張と北海道拓殖政策の推進は結びつき、競合政党の憲政会の党勢は縮小した。

だが、北海道における原首相の演説は戦後恐慌下において行われていた。一九二一年八月時点において拓殖費の大幅支出を可能とする経済条件は失われていたのである。経済情勢の暗転と並行して、北海道への移民は減少に転じる。さらに、第一期拓計を強力に推進する政治主体（政友会）は同年一一月の原首相暗殺以降、自壊の道を辿ることになる。

本節において明らかにしたように、原内閣期における政友会は第一四回総選挙と第七期道議選の勝利によって北海道政治を掌握し、第一期拓計の政治主体となった。ここに、政友会は対抗政党との競合を制した。だが、一九二四年の分裂と憲政会の台頭によって、政友会支配は四年足らずで崩壊する。一九二二年六月の高橋是清政友会内閣崩壊以降、非政党内閣が続いた（加藤友三郎、第二次山本権兵衛、清浦奎吾内閣）ことを考慮すると、北海道政治における政友会支配の全盛期は、二年程度と見なすことができるだろう。

第五節　護憲三派内閣と北海道第二期拓殖計画

本節では、護憲三派内閣前後の北海道政治を検討することで、北海道拓殖政策の政治主体が政友会と憲政会に分裂していったことを明らかにする。近年、清水唯一朗氏は、当該期における地方支部の動向に着目することで政界再編を構造的に捉えなおそうとした。本節では、清水氏が提示した「政党組織における中央と地方関係」という視角を踏まえ、憲政会、政友会、政友本党による激戦区だった北海道の動向に着目する(100)。

一九二一年一一月に原首相が暗殺されて以降、政友会は内紛によって政権から陥落し、分裂に至った。一九二四年一月一六日、床次竹二郎の一派(一四九名)は清浦奎吾内閣支持を標榜して政友会を脱党し、政友本党を結党した。高橋総裁の政友会(一二九名)は憲政会(一〇三名)と革新倶楽部とともに、護憲三派を結成し、清浦内閣打倒を企図した。第二次護憲運動の勃発である。北海道では支部そのものが分裂し、三月一一日には政友本党北海道支部の発会式が開催された。一二日の『小樽新聞』によると、政友本党への入党者は札幌市から五三五名、後志支庁方面から二一九名、他の地方から一二五二名に及んでいる(101)。北海道選出代議士に着目すると、政友本党の栗林五朔が横田ら政友会執行部を「毒素分子」と批判すると、政友会の東武は「栗林君がこんな言葉を使ふ以上、矢張り、我々も酬ひざるを得なくなる」と応じている(102)。他方、東は政友本党候補の中西六三郎(一月一七日に政友会を脱党し、選挙区を第一二区から、東の第八区に変更)に対して「清浦の足軽内閣の番頭」と非難していた(103)。中西は「原敬存命中の事であつたが、北海道から大臣が出るとするならば、先づ、中西であらうとの評判であり、札幌の政友党員などは、それが大臣になつても、成らなくても、大臣級の人物として崇拝していた」実力者であり(104)、当選四回(北海道選出代議士の中で、東、平出と並んで最多当選回数)を誇る。

政友会分裂の際、北海道において機先を制したのは政友本党であり、その中心となったのが中西と栗林である。後年の東は「真に我が北海道を背負つて立つ両氏の脱会は、非常なる衝動を捲起し、一時は北海道の山河草木、本党員ならざるなしと云ふ、実にすさまじき大勢力であつた」と回顧している(105)。まず、栗林は北海道選出政友会代議士の切り崩しにかかった。残る北海道選出政友会代議士は東、木下成太郎、松実喜代太、岡田伊太郎、黒住成章、石黒長平である。一月二〇日の『北海タイムス』は栗林が岡田に脱党を勧めていることを報じている。黒住と石黒もまた、政友本党への参加を要請されていた。だが、六代議士は東を中心に結束し、留党して「憲政擁護に驀進」することになった。[106]後年、岡田は「私も多年、五朔翁とは公私共に理想を一にして来たものであるからして、是非一緒に行動をとるのがあたりまへであつたのであるが、翁も熱心に行動を共にする様、説かれたが、時の政情を共に重大視して、それぞれ意見を異にすることになつたので、常に親交の深かつた間柄であつたが、私は政友会を脱党する事が出来なかつたので、党に残つて居たのである」と回顧している。[107]この結果、代議士の脱党は中西と栗林のみに留まったが、政友会支部の統制は道議レベルにまで及ばなかった。二月一九日、中西が札幌市に到着すると、道議の丸山浪弥らは政友会道議の切り崩しを開始した。二二日の政友会支部大会に参加したのは、政友会道議三四名中、わずか七名だった。二四日の『小樽新聞』は留党者九名、去就疑問者一一名、脱党者一四名と予想している。[108]政友本党による政友会道議切り崩しは成功したが、態度不明者が多いことも重要である。

第二次護憲運動時の北海道において着目されるのは、普選運動の高揚である。二月一四日、札幌市において開催された護憲三派有志の「憲政擁護会」は、聴衆二〇〇〇名を集めた。二一日に開催された「函館憲政擁護大会」(聴衆四〇〇〇名)の「大会決議」は「清浦内閣の倒壊を期す」、「清浦内閣を援助するものの壊滅を期す」、「普通選挙の断行を期す」を掲げた。[109]二二日、札幌市において開催された「憲政擁護三派連合大演説会」(聴衆三五〇〇名)では、木下政友会支部長が「先年、桂太郎氏の偉力を以てして、民衆に基礎を置かずして組織した内閣は幾何ならずして倒れた例がある。現内閣又、何等、我々国民の後援なく、内閣を組織したのである」、「我々は現内閣を倒壊して政治の立憲の正道に返さなくてはならぬ」と演説している。[110]三月一四日の憲政会支部大会(来会者一〇〇〇名)は「普通選挙の即行を期す」ことを決議した。二一日には憲政会の指導の下で、倶知安町において立憲青年会の発会式が行われ、「普選即行に賛成する理想的人物の当選を期す」ことを決議した。[111]四月三日に発足した釧路憲政同志会も、「普通選挙の即時断行を期す」ことを決議している。[112]前回総選挙において道東地域に限定

表9　第15回総選挙

選挙区	選出地域	当選代議士名	所属	当選回数	経　歴
第1区	札幌市	一柳仲次郎	憲	2	道議(1)
第2区	小樽市	山本厚三	憲	2	区議
第3区	函館市	佐々木平次郎	中本	3	区議
第4区	旭川市	坂東幸太郎	中憲	1	市議
第5区	室蘭市	栗林五朔*1	本	2	道議(3)
第6区	札幌支庁	岡田伊太郎	政	2	道議(2)
第7区	空知支庁	神部為蔵	憲	1	道議(1)
		松実喜代太	政	2	道議(4)
第8区	留萌，上川，宗谷支庁	東武	政	5	道議(2)
		浅川浩	憲	2	道議(1)
第9区	網走，根室，釧路国，河西支庁	小池仁郎	憲	4	道議(3)
		奥野小四郎	中本	1	道議(2)
第10区	浦河，室蘭支庁	手代木隆吉	憲	1	弁護士
第11区	函館支庁	黒住成章	政	2	弁護士
第12区	檜山，後志支庁	丸山浪弥	本	1	道議(4)
		沢田利吉	憲	1	道議(2)

＊1　栗林の死去にともなう1927年7月の補欠選挙の結果，政友会の板谷順助(板谷商船)が初当選。

「政」は政友会，「憲」は憲政会，「本」は政友本党，「中憲」は憲政会系中立，「中本」は政友本党系中立。「道議」は北海道会議員，「区議」は区会議員，「市議」は市会議員。道議のかっこ内は当選回数を示す。

出所)「第十五回総選挙の結果」『政友』(280) 1924年，24，25頁，宮川隆義編『歴代国会議員経歴要覧』政治広報センター，1990年，北海道議会事務局政策調査課編『道議会百十年小史』北海道議会事務局，2011年より作成。

されていた普選運動は、憲政会によって全道各地に拡大されたのである。

五月一〇日の第一五回総選挙において護憲三派は大勝し、清浦内閣の打倒に成功した。憲政会が一五一議席を獲得して第一党となる一方で、政友会は一〇五議席の獲得に終わり、一〇九議席の政友本党にも及ばなかった。北海道においては、憲政会七議席、政友会四議席、政友本党二議席、中立三議席(憲政会系が一議席、政友本党系が二議席)という結果となった。北海道政治において憲政会は初めて第一党となったのである。三月一四日の憲政会北海道支部大会において、一柳仲次郎支部長が「我々は協同の敵である政友本党を倒し、貴族内閣を倒壊しなければならぬ。然し、協調を保つて居る政友会と戦はなければならぬ所は紳士的態度をもつて、我党の勝利たらしめるに努力しなければならぬ」と述べているように(113)、政友会との候補者調整が成功していない選挙区が存在した。ここでは、表9から、選挙結果を概観する(114)。都市部においては、憲政会と政友本党が勢力を二分した。第一区(札幌市)では憲政会の一柳(支部長、前代議士)が政友本党の久保平太郎（実業家）に勝利し、第二区（小樽市）では憲政会の山本（前代議士）が政友本党の森正則（前道議）に二〇票差で勝利している。第三区（函館市）では中立（政友本党系）の佐々木（前代議士）が憲政会の平出喜三郎（前代議士）を、第四区（旭川市）では中立（憲政会系）の坂東が政友本党の奥田千春（前旭川市議）と憲政会の友田文次郎（前代議士）を、第五区（室蘭市）では政友本党の栗林（支部長、前代議士）が憲政会の岡本幹輔（前代議士）を破っている。憲政会は札幌、小樽両市において勝利する一方で、函館、室蘭両市において政友本党に敗北した。『北海タイムス』によると、四月九日には「安達総務から坂東氏に対し、時局に際し、特に面談したき用件あり、至急、上京を乞ふと打電があつた為、坂東氏は更に、勝算疑ひなきものの如く、死を決して戦闘を開始」したと言う(115)。中立の坂東が憲政会本部の支援を得ていることから、第四区は憲政会の事実上の勝利と見なすことができる(116)。都市部において、政友会は政友本党打倒のため、憲政会との競合を避けた。第一区において、政友会は自党候補を擁立せず、北海道支部を挙げて一柳を推薦している(117)。第三区の佐々木は政友会分裂時点から清浦内閣支持を掲げており、政友本党に近い(118)。第五区の栗林の当選、第二区の森の惜敗と合わせると、政友本党は善戦しており、北海道の都市部では普選運動の影響力が限定的だったことがわかる。

憲政会の台頭は郡部（農村、漁村地帯）において顕著である。第六区（札幌支庁）では政友会の岡田（前代議士）が憲政会の高島晴雄（弁護士）を破っている。だが、第七区（空知支庁）では、憲政会の神部（前道議）と政友会の松実（前代議士）が政友本党の桜井良三を、第八区（留萌、上川、宗谷支庁）では政友会の東（前代議士）と憲政会の浅川（前道議）が政友本党の中西六三郎（前代議士）を破った。松実は桜井の新地盤（夕張町）を侵食し、神部はトップ当選を果たした(119)。浅川と中西は四一票という僅差である。一人区の第六区では平素の岡田が栗林と親しく、東との距離があるために政友本党への合流を疑われたためか(120)、憲政会は高島を擁立し、政友会との競合となった。二人区の第七区と第八区では憲政会と政友会の提携が機能し、政友本党打倒に成功している。第九区（網走、根室、釧路国、河西支庁）では憲政会の小池（前代議士）と中立（政友本党系）の奥野（前道議）が政友会の木下成太郎支部長（前代議士）を、第一〇区（浦河、室蘭支庁）では憲政会の手代木が中立（政友本党系）の村田不二三（前道会議長）と政友会の木下三四彦（成太郎の弟、弁護士）を破っている（手代木と村田は七一票差）。第九区における木下支部長落選の背景には、中西脱党にともなう釧路政友倶楽部の分裂があった。[121] 第一〇区では、手代木と木下が「護憲の大旗を真つ向に振り翳して堂々、論陣を張つた」が、明暗を分けた。[122] 手代木は憲政会候補がいないという消極的な理由で立候補し、選挙運動期間はわずか一九日間だったが、北海道生まれで最初の代議士となった。[123] 第一一区（函館支庁）では政友会の黒住（前代議士）が政友本党の大田半三郎を破り、第六区と同様、郡部における伝統的な地盤の強固さを示した。第一二区（檜山、後志支庁）では政友本党の丸山（前道議）と憲政会の沢田（前道議）が憲政会の北林屹郎（前道議）を破っている。これは、中西の地盤を継承した丸山が沢田と北林の同士討ちに助けられたためである。[124] 第一一区と第一二区では、政友会と憲政会が候補者調整を成功させたと言える。

このように、第一五回総選挙を機に、北海道政治においては政友会支配が終焉し、憲政会が第一党となった。憲政会の勝因としては、普選運動の高揚とともに、本部からの積極的支援が挙げられる。第八区においては、四月一四日、浅川に対して「加藤総裁、若槻、江木両貴族院議員、浜口氏以下、五総務の連名で、有権者に援助を求め」ている。[125] 政友本党は「北海道に於ける我党議員は六名の当選は確実なり」という見通しだったが、[126] わずか二議席の獲得に終わった。前代議士の再選を企図する戦略を取った政友会は、[127] 北海道において善戦した。だが、政友会支部顧問の持田謹也が言うように、「原氏の築造した城郭」は「両分」されており、[128] 政友会の一強時代は終焉した。

政友会分裂は、地域内対立を各所で再燃させる結果となったが、[129] 北海道も例外ではなかった。ここでは、『小樽新聞』から「本道に於ける政友と政友本党の互に興廃を決する関ヶ原」と評された第八区における東と中西の対決に着目したい。中西が第一二区から選挙区を変更した背景には、前回総選挙における東と大久保虎吉という政友会候補同士の確執があった。選挙期日四日前、東が大久保との地盤協定を突如として破り、大久保が政友会本部に対して東の背信行為を訴える事態となった。大久保は僅差で当選を果たしたものの、選挙訴訟によって失格となり、次点の浅川が繰り上げ当選となった。宗谷支庁における大久保の支持勢力の東に対する反感は根強く、中西の目的は、一九二四年の選挙戦直前に死去した大久保の地盤継承による、留党組の指導者の東打倒にあった。選挙戦の序盤において、東の地盤の留萌、天塩両町の有力者の多くは中西を支援していた。稚内町や名寄町も、かつて東の地盤だったが、中西によって侵食されていた(130)。だが、反東の気運は中西への支持だけではなく、道北の「普選即行運動」、すなわち、浅川支持とも結びついていた。三月一四日の憲政会支部大会において、「宗谷の重鎮、三浦重吉」が「此の三浦が討死するとも、ヤワカ、浅川君を出さずにおくべきか」と主張した。三月五日の『小樽新聞』は「護憲運動は漸く地方化し、留萌町に於いても新人連の発起で、新しく平権会と云ふ政治結社が出来た」こと、同団体が「普選の即時断行を期す」ことを掲げたことを指摘している。留萌町では、浅川が「政見発表演説会」において聴衆八〇〇名を集めている。名寄町における憲政会の候補者推薦会は「普通選挙を即時断行する事」を決議の第一項に掲げ、「無権者有志」が「浅川候補応援会」を組織した(131)。

ここで視点を換えて、政友本党結党直後における中西の演説に着目する。二月二六日、中西は「嘗て、滝川は鉄道分岐問題で、挙町、政友会に入党したが、間もなく、憲政会の策源地となつたことがある。函館は長万部鉄道問題で、区民の一、二流どこは殆んど挙つて政友会に入党した事があるが、其れ程、熱望した鉄道の予算が確定して大祝賀会を開き、政友会に感謝した序に、政友会に極端なる反対者、黒金泰義氏を区長に迎へて、美事に政友会に鼻を開かせた事がある。此一、二の事例を以てしても証拠立て得るが如く、地方問題を以て党勢の拡張を為したるものは、只、威力に伏しても、心から信頼しては居ない。其問題が片付けば手を翻して、却つて反対の位置に立つものが出来る」と主張していた[132]。一九一〇年、滝川町は下富良野線の分岐点を砂川町と争っていた[133]。その際、滝川町は町を挙げて政友会に入党したが、分岐点が同町と決定して以降、同志会、憲政会の支持基盤となっていた[134]。長万部線（長万部・輪西間）に関しては一九一四年から渡島開発期成同盟会が函館区を中心とする渡島半島開発のために敷設運動を展開しており、政友会に入党した有力者も存在した。一九一八年一二月、長万部線は、原内閣の下で改正された北海道鉄道敷設法によって設置が決定された[135]。だが、一九一九年六月の函館区長選挙は、政友会批判の急先鋒だった黒金泰義（憲政会系の公正倶楽部）を選出した。黒金は一九二〇年五月の第一四回総選挙において、山形県から立候補して当選、区長を辞任し[136]、憲政会に所属した。このように、中西の政友会批判は正鵠を射ていた。だが、中西が政友会の利益誘導による党勢拡張批判を行っても、政友本党の選挙戦略は原内閣以来の積極政策の踏襲だった[137]。中西の政友会批判は政友本党の立場に照らし合わせると、自家撞着である。ゆえに、選挙戦の後半から、中西は政友本党が清浦内閣の「準与党」の立場にあることを選挙運動の前面に出していった[138]。第一期拓計への積極的予算投入が政友会の党勢拡張に寄与したことは、前節において検討した通りである。だが、当該期は第一次世界大戦後の不況が継続しており、第一期拓計への積極的予算投入が不可能な状況となっていた。

当初、中西の批判は第二次護憲運動に対しても向けられていた。二月二六日の演説において、中西は「護憲派が真に憲法擁護を欲するならば、何故に議会を土俵として合法的に戦はないのですか、私は茲に最も杞憂に耐へないことを諸君に訴へたいのです」、「革命の陰謀は少数の者が企てるのです。而して此陰謀家は絶えず、革命気分を宣伝するのは勿論ですが、彼等は別に政治的に社会的に、所謂民衆運動の起るのを喜ぶのです。別けて生活の実感に由らず、理想を標的とする民衆運動を最も喜ぶのです。彼等は之を外廓運動と云ふて居ります」と演説していた[139]。北海道の都市部においては、社会主義運動と第二次護憲運動とを結びつけた中西に対する批判が噴出した。三月九日、室蘭市における護憲演説会においては「中西前代議士が護憲運動を目して社会主義の外郭なりと論じたるを攻撃し、混沌たる政界を革新するには普選を断行せざるべからず」という演説が行われている。一二日の『小樽新聞』は札幌有志記者団が「中西前代議士の演説中、第二次護憲運動は予て社会主義運動の陰謀に乗ぜらるる、所謂、外廓運動をなす云々の一節は不穏の言辞にして言論機関を誣妄するものとし、十一日午後、中西氏に会見したが、中西氏は諸君の決議は諒とするも、意見の相違なるを以て、今、茲に諸君を満足せしむる如き答弁をなすことを好まず」、物別れとなったことを報じている[140]。中西は三月一日の帯広町、四月一〇日の名寄町における演説会において、激しい野次を受け、護憲三派批判を正面から掲げることができなかった[141]。四月一八日の名寄町における浅川の応援演説会は、「中西候補の前日に於ける演説に於いて、政見を発表せざりしは政見無きものにして投票の価値無し」と批判した[142]。中西は憲政会の普選論に対抗する論理を発信することができなかったのである。

政友会は前回総選挙において、普選論の危険性を訴えていた[143]。そのことが影響したのか、第一五回総選挙において東は農村問題を演説の主眼とし、普選問題には言及していなかったが[144]、憲政会との提携という既成事実が存在するがゆえに、有権者に対して普選論に肯定的な姿勢を提示することができた。このことは、普選論に対して否定的というイメージが定着した中西と東との間で、大きな差になったのではないだろうか。加えて、政友本党が北海道において自前の地方紙を持たなかったことに対して、政友会には東が社長を務める『北海タイムス』からの後方支援があった。中西が憲政会の浅川を攻撃しようとしても、普選論への攻撃は封じられている。この結果、中西は東と浅川の前に敗北を余儀なくされたのである。政友本党が北海道において先手を取りながら、第一五回総選挙において、憲政会と政友会に敗北した背景には、中西の落選に象徴されるように、政友本党独自の政策を有権者に発信できなかったことがあるように思われる。

六月一一日、第一次加藤高明（護憲三派）内閣（憲政会、政友会、革新倶楽部の連立内閣）が成立し、憲政会首班内閣の誕生となった。八月一〇日の第八期道議選において、二三議席を獲得した憲政会は一八議席の政友会を破った。「準憲政会系」の中立が二議席だったことに対して、「準政友会系」は五議席だった。中立を合わせても、憲政会は二議席差で政友会を上回り、道会第一党となったのである。政友本党は九名の候補者を送ったが、三議席の獲得に終わった（「準政友本党系」は三議席）。残る一議席は「護憲派中立」の納谷信造である。[145]北海道政治において憲政会は僅差で第一党となり、政友会の協力を得る必要があった。二四日の憲政会道議の懇親会は、道会対策に関して中央政治と同様に政友会と「友党関係を保ち協調」することを協議している。[146]

八月二六日、札幌市における憲政会と政友会の北海道支部の連合大会は「行政の整理、財政の緊縮は、現今、緊要の政策なりと雖も、直に之を本道に擬し、一律に斧鉞を加へらるが如き事あらば、拓殖事業の停頓を来す憾を将来に胎すや、必せり」、「運輸交通機関の充実、移民の招来、農村振興、海田の開発、資金の充実、一般産業の状勢、其他拓殖上必要なる諸施設に対し、積極的に之を促進せしめん事を望む」ことを決議した。その上で、「中央政界の状勢と本道の大勢とに鑑み、一層、政憲両派の連盟を固くし、極力一致、拓殖政策の進展と道勢の伸張に当らんことを期す」ことを申し合わせた。政友会の東は「本道に於ける政憲二派が従来の感情を一掃して、茲に固く協調を持し、邦家の為め、勇往邁進するを以て政界の美談と云ふべし。若し、此機運が十年以前に招来された事ならば、恐らく本道の拓殖は現今の状態に満足しなかつたであらう」と述べている。[147]戦後恐慌と震災恐慌の下で、拓殖費は削減の一途を辿っていた。[148]他方、憲政会と政友会の北海道支部は、北海道拓殖政策の推進を護憲三派内閣に要請していくことで一致した。原内閣期のように好景気を背景とした第一期拓計への積極的予算投入の時代は終わり、不況下の限られた予算の中で計画を効率的に進めることが要請されていた。両党支部の提携は、一九二五年五月の北海道第二期拓殖計画（第二期拓計）策定運動へと発展する（第二章を参照）。

政友会の分裂と第一五回総選挙は、憲政会が北海道拓殖政策の政治主体として参入してきたことを示している。この結果、北海道政治は、北海道拓殖政策を政友会一党で担う時代から、政友会と憲政会の二大政党が協力して担う時代へと移行したのである。しかし、護憲三派内閣が崩壊した時、第二期拓計は二大政党間の対立に包摂される。さらに、満州問題の浮上という外交情勢の変動によって、国策としての北海道拓殖政策の重要性は著しく低下することになる（第三章を参照）。

本節において明らかにしたように、第一五回総選挙を契機に、北海道における憲政会の進出は顕著なものとなった。その結果、北海道拓殖政策の政治主体は政友会と憲政会に二分されたのである。

結　節

政党政治を北海道に伝播させたのは、憲政党の党勢拡張を企図する星亨だった。北海道政治の始点は、一八九九年の七月における星の札幌演説である。星が従来の政党の方針を転換させ、北海道への進出を開始した背景には、政党内閣制実現のために、さらなる手勢を必要としたからだろう。政友会北海道支部、道会の設置、さらには北海道選出代議士の登場の結果、北海道は中央の政党政治と接合された。この結果、北海道拓殖政策は政党政治と無関係ではなくなった。

北海道拓殖政策の存在ゆえに、北海道が政党間競合の埒外にあったのは、桂園体制期に止まる。桂園体制期において、東武や木下成太郎ら北海道選出代議士は政友会の党員でありながら、第一期拓計の策定のためには大浦兼武ら政友会の対抗勢力との提携を辞さなかった。だが、一九一三年の大正政変以降、中央の政党間競合は、北海道へと波及した。一九一五年の第一二回総選挙を機に、同志会は北海道への進出を開始した。同志会、憲政会という政友会の対抗政党の成長にともなって、第一期拓計は政党間競合に従属し、道庁長官は政党の影響下に置かれた。政党が第一期拓計の強力な政治主体として機能することを証明したのは、原敬内閣である。一九二〇年の第一四回総選挙と第七期道議選において、政友会は絶対多数を獲得し、北海道政治における競合相手の憲政会打倒に成功した。だが、一九二四年の政友会分裂、第一五回総選挙と第八期道議選の結果、憲政会は北海道政治における第一党となった。中央政治が政友会の一党優位政党制から二大政党制に移行した結果、北海道拓殖政策の政治主体は政友会と憲政会に二分された。

このように、北海道政治において政友会の対抗政党は無力な存在ではなかった。桂園体制期の大同倶楽部及び中央倶楽部、第一二回総選挙以降の同志会、護憲三派内閣期の憲政会は政友会に匹敵するか、あるいは凌駕する党勢を誇った。政友本党は政友会分裂時点において、政友会に対して優位に立っていた。すなわち、明治後期から大正期の北海道政治における「政友会一強時代」は、日清戦後経営期と原内閣期に限定されるのである。

(1) 原に関しては豊富な先行研究が存在するが、政友会総裁、首相として北海道政治に関与していたことを指摘した研究はない。代表的研究として、升味準之助『日本政党史論』(第四巻)東京大学出版会、一九六八年、三谷太一郎『増補　日本政党政治の形成』東京大学出版会、一九九五年、玉井清『原敬と立憲政友会』慶應義塾大学出版会、一九九九年、小山俊樹『憲政常道と政党政治』思文閣出版、二〇一二年、伊藤之雄編『原敬と政党政治の確立』千倉書房、二〇一四年、伊藤之雄『原敬』(上)(下)講談社、二〇一四年。北海道史においても、原に関する言及は少ない(北海道編『新北海道史』(第五巻・通説四)北海道、一九七五年)。憲政会に関しては、奈良岡聰智『加藤高明と政党政治』山川出版社、二〇〇六年を参照。

(2) 船津功『北海道議会開設運動の研究』北海道大学図書刊行会、一九九二年、永井秀夫『日本の近代化と北海道』北海道大学出版会、二〇〇七年、前田亮介『全国政治の始動』東京大学出版会、二〇一六年。

（3）前掲・船津『北海道議会開設運動の研究』一四七頁、前掲・前田『全国政治の始動』三七〜四〇頁。
（4）前掲『新北海道史』（第五巻・通説四）三二、三一頁。
（5）関秀志・桑原真人・大庭幸生・高橋昭夫編『新版北海道の歴史』（下）北海道新聞社、二〇〇六年、一一三頁。
（6）「政友会札幌支部発会式創立事務報告」北海道大学附属図書館所蔵マイクロフィルム『北海道毎日新聞』（一九〇一年七月六日）。
（7）前掲『北海道毎日新聞』（一八九九年七月二五日）。
（8）有泉貞夫『星亨』朝日新聞社、一九八三年、二六九頁。
（9）木下成太郎「北海道開発に就て」『政友』（二五七）一九二一年、八、九頁。
（10）前掲『新版北海道の歴史』（下）一一三頁。
（11）原敬宛小林寅吉書簡（一九一〇年一月一七日）原敬文書研究会編『原敬関係文書』（第一巻・書簡篇一）日本放送出版協会、一九八四年、六一三、六一四頁。以降、『原文書』と略記し、巻数と頁数のみ表示する。
（12）伏見岳人『近代日本の予算政治』東京大学出版会、二〇一三年、一〇六〜一〇八頁。
（13）北海道編『新北海道史』（第四巻・通説三）北海道、一九七三年、七〇二〜七〇六頁。
（14）『北タイ』（一九〇八年一〇月一六日）。
（15）一九〇八年八月段階から、白石は大浦系の三代議士（小橋、横田、浅羽）と協議し、所属党派を超えて北海道問題に関して、中央政府に臨むことで合意していた（秋間達男『白石義郎』藤プリント、一九九三年、一五七、一五八頁）。
（16）前掲・伏見『近代日本の予算政治』一六二〜三〇八頁。
（17）前掲『新北海道史』（第四巻・通説三）七〇九頁。
（18）千葉功『桂太郎』中央公論新社、二〇一二年、一四四頁。
（19）季武嘉也「山県有朋と三党鼎立論の実相」伊藤隆編『山県有朋と近代日本』吉川弘文館、二〇〇八年、二二六頁。
（20）原敬宛高橋直治書簡（一九一三年五月一六日）前掲『原文書』（二）二〇〇、二〇一頁。
（21）『北タイ』（一九一三年一月一九日）。
（22）同右。
（23）『北タイ』（一九一三年一月二八日）。

(24)『北タイ』(一九一三年一月二五日)。
(25)櫻井良樹『大正政治史の出発』山川出版社、一九九七年、一七五頁。
(26)『北タイ』(一九一四年一〇月二六日)。
(27)今里準太郎『北海道会史』北海石版所活版部、一九一八年、三九一、三九二頁。
(28)前掲『新北海道史』(第四巻・通説三)七二〇頁。
(29)上畠彦蔵『道政七十年』報文社、一九四一年、一一七頁。
(30)北海道大学附属図書館所蔵マイクロフィルム『小樽新聞』(一九一五年三月一、四、二、三日)。本書では、以降、『樽新』と略記し、年月日のみ表示する。
(31)『樽新』(一九一五年三月八日)、『北タイ』(一九一五年三月二〇日)。
(32)『樽新』(一九一五年三月一一日)。
(33)『北タイ』(一九一五年三月二三日)。
(34)前掲・玉井『原敬と立憲政友会』四六頁。
(35)『樽新』(一九一五年三月二八、一七日)。
(36)前掲・上畠『道政七十年』一一七〜一一八頁。
(37)同右、一一七、一一八、一一三頁。
(38)同右、一一八〜一二〇頁。
(39)原敬宛佐藤昌介書簡(一九一三年二月二五日)前掲『原文書』(二)三三、三四頁。
(40)東武「長官更迭と拓殖の変遷」(一九一五年八月一八日)浦武助編『東武先生遺文抄』十津川村役場、一九五九年、三三三頁。
(41)前掲『新北海道史』(第四巻・通説三)七一八頁。
(42)『北タイ』(一九一六年二月七日)、前掲・上畠『道政七十年』一〇五、一〇六頁。
(43)北海道拓殖促進道民大会「北海道開発三大要策」一九一六年、八九、九〇、三一〜三三頁、北海道大学附属図書館所蔵「高岡・松岡旧蔵パンフレット」(高岡・松岡パンフ　H0077-004)。
(44)『北タイ』(一九一六年八月五、一三日)。

(45) 北海道議会事務局編『北海道議会史』(第二巻) 北海道議会事務局、一九五五年、二二七頁。
(46)『樽新』(一九一六年八月一四日)。
(47) 同紙は「今回の道議選ほど、政党各本部の熱中せしことなく、政友会は十一名、同志会は十四名の応援特派員を来道せしめ、立候補の選定より作戦方法、殆んど本部特派員の指揮により、行動せし状態」にあったと評している(『北タイ』(一九一六年八月一一、一三日))。
(48) 原敬宛中西六三郎書簡(一九一六年八月一四日) 前掲『原文書』(二) 四六九頁。
(49)『樽新』(一九一六年一〇月二四、二五日)。
(50)『北タイ』(一九一六年一〇月二七日)。
(51)『樽新』(一九一六年一〇月二五、二六日)。
(52)『樽新』(一九一六年一〇月二八日)。
(53)『北タイ』(一九一六年一〇月二六日)。
(54) 前掲「北海道開発三大要策」。
(55) 松下孝昭『近代日本の鉄道政策』日本経済評論社、二〇〇四年、三〇六、三四七頁。
(56)『北タイ』(一九一七年四月一一日)。
(57)『北タイ』(一九一八年六月二九日)。
(58) 原敬宛横田千之助書簡(一九一八年六月二八日) 前掲『原文書』(三) 四六二頁。
(59) 前掲『新版北海道の歴史』(下) 一一二、一一三頁。
(60)「拓殖計画改訂説明書」一九一九年、一〇頁、北海道大学附属図書館北方資料室所蔵「高倉文庫パンフレット」(高倉パンフ130-03)。
(61) 前掲・木下「北海道開発に就て」一一頁。
(62)『北タイ』(一九一九年二月二八日)。
(63) 前掲『新版北海道の歴史』(下) 一一三、二〇二、二〇三頁。
(64)『北タイ』(一九一九年四月三、二四日)。
(65) 前掲『新版北海道の歴史』(下) 二〇四、二〇五頁。

(66)吉野幸徳宛俵孫一書簡(一九一九年五月六日)北海道立文書館所蔵「吉野幸徳宛書簡書状」(B0-62/1-1)。俵の憲政会入党は、原内閣に更迭されたためだと言う(前掲・上畠『道政七十年』一二五頁)。
(67)橋本東三『拓殖後日譚』拓殖後日譚刊行会、一九六一年、一六七、一六八頁。
(68)前掲・上畠『道政七十年』一三〇頁。
(69)『北タイ』(一九二〇年五月一三、一二日)。
(70)「選挙期中長官巡視は不穏当」『道民』(五―四)一九二〇年、六、七頁。
(71)『北タイ』(一九二〇年二月一九日)。
(72)『北タイ』(一九二〇年三月一六、二四、二九日)。
(73)「北海道第一期拓殖計画事業報文」北海道編『新北海道史』(第八巻・史料二)北海道、一九七二年、一九、二〇頁。
(74)『北タイ』(一九二〇年七月二七日)。
(75)詳細は、田中和夫『北海道の鉄道』北海道新聞社、二〇〇一年、一五九、一六〇頁を参照。
(76)「第十四回総選挙に就て」『政友』(二四二)一九二〇年、一九、二〇頁。
(77)前掲・上畠『道政七十年』一三九～一四二頁。
(78)全国的に見ても、政友会は都市部に弱く、郡部に強い(川人貞史『日本の政党政治　一八九〇―一九三七年』東京大学出版会、一九九二年、一七三頁)。
(79)『北タイ』(一九一九年二月二八日)。
(80)『北タイ』(一九二〇年五月一四、一六日)。
(81)前掲『北海道議会史』(第二巻)五九六頁。
(82)松尾尊兊『普通選挙制度成立史の研究』岩波書店、一九八九年、一四一、一五三頁。
(83)黒坂博『釧路地方政党史考』(中)釧路市、一九八五年、九九頁。
(84)同右、九二～九五頁。
(85)『樽新』(一九二〇年四月一四日)。
(86)前掲・黒坂『釧路地方政党史考』(中)九五～九六頁。
(87)『樽新』(一九二〇年四月二〇、三〇日、五月五日)。

(88) 前掲・松尾『普通選挙制度成立史の研究』一六〇、一六一頁。
(89) 『樽新』(一九二〇年五月四、八、九、一二日)、前掲・黒坂『釧路地方政党史考』(中)九六頁。
(90) 前掲・黒坂『釧路地方政党史考』(中)八四~八八頁を参照。
(91) 一回目の訪問については、前掲・伊藤『原敬』(上)九七~一〇〇頁を参照。
(92) 「海内周遊日記」(一八八一年八月三日)原奎一郎編『原敬日記』(第六巻)福村出版、一九六七年、六三頁。以降、『原日記』と略記し、巻数、年月日、頁数のみ表示する。
(93) 前掲『原日記』(二)(一九〇七年八月一五日)二五四頁。
(94) 『北タイ』(一九二一年八月一一日)。
(95) 前掲『原日記』(五)(一九二一年八月一〇日)四二四頁。
(96) 前掲「北海道第一期拓殖計画事業報文」一八頁。
(97) 「原敬首相の演説」『北タイ』(一九二一年八月一二日)。
(98) 「議会重要問題の真相」『政友』(二五二)一九二一年、五頁。
(99) 『北タイ』(一九二一年八月一一日)。
(100) 清水唯一朗「立憲政友会の分裂と政党支持構造の変化」坂本一登・五百旗頭薫編『日本政治史の新地平』吉田書店、二〇一三年、二三六頁。
(101) 『樽新』(一九二四年三月一一日)。
(102) 『樽新』(一九二四年二月二一、二三日)。
(103) 名寄新聞社編『なよろ百話』名寄新聞社、一九六七年、一三三頁。
(104) 前掲・上畠『道政七十年』一六九頁。
(105) 東武「完全なる人格の所有者」橘富士松編『栗林五朔翁追憶録』薫堂会、一九四〇年、二二〇頁。
(106) 『北タイ』(一九二四年一月二〇、一八、二四、二八、二三日)。
(107) 岡田伊太郎「純情清廉な政治家　五朔翁のありし日を偲ぶ」前掲『栗林五朔翁追憶録』五六、五七頁。
(108) 『樽新』(一九二四年二月二一、二三、二四日)。
(109) 「大会決議」『北タイ』(一九二四年二月二三日)。

(110)『北タイ』(一九二四年二月二三日)。
(111)『樽新』(一九二四年三月一五日)、『北タイ』(一九二四年三月二三日)。
(112)黒坂博『釧路地方政党史考』(下)釧路市、一九八六年、九〜一一頁。
(113)『樽新』(一九二四年三月一五日)。
(114)「第十五回総選挙の結果」『政友』(二八〇)一九二四年、二四、二五頁。
(115)『北タイ』(一九二四年四月二一日)。
(116)坂東が中立で立候補したのは旭川市民に要請されたためと、先輩の友田に遠慮したためだと言う(旭川市編『坂東幸太郎伝』旭川市、一九八一年、一四〇、一四一頁)。
(117)『北タイ』(一九二四年五月一日)。
(118)『北タイ』(一九二四年一月二〇日)。佐々木は中西から政友本党入党を誘われたが断ったと言う(『樽新』(一九二四年二月三日))。
(119)『樽新』(一九二四年五月五、一八、三、一九日)。
(120)『樽新』(一九二四年一月二一日)。
(121)前掲・黒坂『釧路地方政党史考』(下)一五頁。
(122)『樽新』(一九二四年五月二〇日)。
(123)手代木隆吉「日高線の開発と御料牧場の開放」北海道総務部文書課編『北海道回想録』北海道、一九六四年、一七六、一七七頁。『小樽新聞』は、第一〇区の憲政会候補選びが難航している様子を報じている(『樽新』(一九二四年一月二五日))。
(124)『樽新』(一九二四年五月二二日)。
(125)『北タイ』(一九二四年四月一四日)。
(126)『樽新』(一九二四年三月二九日)。
(127)前掲・清水「立憲政友会の分裂と政党支持構造の変化」『日本政治史の新地平』二五一頁。
(128)持田謹也「大局から見た今度の選挙」『北タイ』(一九二四年五月八日)。
(129)前掲・清水「立憲政友会の分裂と政党支持構造の変化」『日本政治史の新地平』二五八頁。
(130)『樽新』(一九二四年三月一〇日、五月一九日、三月七日、四月八、九日、五月一日)。

（131）『樽新』（一九二四年三月一六、五日、五月一日、三月二六日、五月三日）。
（132）中西六三郎「政友本党之使命」中西六三郎『中西六三郎言論集』弘文社、一九三三年、二五頁。
（133）この間の経緯は、滝川市史編さん委員会編『滝川市史』（下巻）滝川市、一九八一年、六三一〜六三七頁を参照。
（134）一九一三年一〇月時点の滝川町は「未だ政党政派としては何等の活動を見ず、故に単に党籍を置くに止まる」状態だったと言う（滝川市史編さん委員会編『滝川市史』（上巻）滝川市、一九八一年、五七一頁）。
（135）長万部町史編集室編『長万部町史』長万部町、一九七七年、三一八、三一九頁。
（136）函館市史編さん室編『函館市史』（通説編）（第三巻）函館市、一九九七年、四四、三三頁。
（137）前掲・清水「立憲政友会の分裂と政党支持構造の変化」『日本政治史の新地平』二三六頁。
（138）『樽新』（一九二四年四月二〇日）。
（139）前掲・中西「政友本党之使命」『中西六三郎言論集』六頁。
（140）『樽新』（一九二四年三月一二日）。
（141）『北タイ』（一九二四年三月三日）、『樽新』（一九二四年四月一二日）。中西は小樽市における演説会においても激しい野次を受け、演壇に立往生している（『北タイ』（一九二四年三月二日））。
（142）『樽新』（一九二四年四月二〇日）。
（143）『北タイ』（一九二〇年五月二日）。
（144）『北タイ』（一九二四年四月一三日）。
（145）前掲『北海道議会史』（第二巻）九二一頁。
（146）『樽新』（一九二四年八月二九、二五日）。
（147）『樽新』（一九二四年八月二七日）。
（148）前掲「北海道第一期拓殖計画事業報文」一八頁。

第二章　北海道第二期拓殖計画策定と二大政党
――自作農創設問題を中心に――

序　節

本章は、憲政会と立憲政友会を中心に、北海道第二期拓殖計画（第二期拓計）策定の政治過程（一九二五年五月～一九二七年四月）を検討することで、北海道開発構想の歴史的再評価を行うことを目的としている。同時に、二大政党制の確立期における中央の政党本部と地方支部との関係の一端を検討することで、従来の政党政治史研究が着目していない政党の地方支部の一面、すなわち、地域全体の開発政策への寄与を明らかにする。

第二期拓計の策定の政治過程に関しては従来の北海道史研究において、北海道庁及び官僚の主導性が強調される一方で、政党に関してはほとんど着目されてこなかった(1)。この見解は、東北振興研究に継承されている。例えば、高橋芳紀氏は東北振興調査会が国家レベルで政策を作成したことを明らかにする一方で、一九二六年の北海道拓殖計画調査会が道庁レベルで政策の原案を作成していたと主張している(2)。だが、第一章において明らかにしたように、政党内閣制の確立以降、北海道政治の主導権は道庁から二大政党へと移行していた。一九二四年の護憲三派内閣成立以降、北海道の農村部に伝統的な選挙地盤を構築していた政友会に対して、憲政会は都市部に新たな選挙地盤を構築していた[3]。白鳥圭志氏は東北振興の実現に果たした政党の役割を高く評価しているが[4]、北海道拓殖政策についても同様の分析視角が必要だろう。本章では二大政党の本部、支部が第二期拓計策定に果たした役割を重視する。

第二期拓計策定作業との関連から本章が重視するのは、当該期に立案された北海道農地特別処理法案（以降、「農地法案」と呼ぶ）である[5]。一九二五年八月、道庁は「百二十万町歩」の「民有未利用地」を北海道拓殖政策上の重要問題と捉えていた。本章が対象とする「民有未利用地」とは、不在地主が所有する膨大な荒廃地を指す。この土地の多くは明治期の国有未開地処分によって華族たちに無償附与された[6]。だが、一九二〇年代にはこれらの多くが不在地主化していた。北海道の不在地主所有小作地は小作総面積に占める割合が全国で最も高かった[7]。農地法案の趣旨は「民有未利用地」に自作農を創設することで、北海道の農村問題を解決することにあった。ここで着目したいのは、北海道の都市計画事業が拓殖事業と並行していたことである[8]。都市近郊への企業誘致の観点からも、不在地主の荒廃地が全道各地に散在していることは、大きな問題であった[9]。本章が着目する点は、一九二五年の農地法案と一九二六年及び一九二七年の同法案との間に明確な断絶性があったことである[10]。地主との協議を前提とした前者と異なり、後者は国家による土地の強制収用（地主の自由意思の排除）を選択肢に入れていた[11]。すなわち、一九二六年の農地法案には、国家による土地権利関係への介入を規定した一九三八年の農地調整法を先取りする主張が含まれていた。一九二六年の農地法案は近代日本において絶対視されてきた土地所有権に対して「土地利用」の理念を優先させるものであり、都市計画問題の解決手段でもあった[12]。このように、一九二六年の農地法案は、個別開発（政党の地方利益培養の手段である鉄道等の整備計画）を超えた、北海道全体の開発構想であり[13]、先進的な地域開発モデルだった。

ここで重要なことは、一九二五年の二大政党の北海道支部の第二期拓計案が一九二六年の農地法案と同様、国家による土地の強制収用を要請していたことである(14)。北海道協会という媒体もあり(15)、二大政党の北海道支部は地方全体の開発という観点から提携した。こうした二大政党の北海道支部の姿勢は、升味準之輔氏や有泉貞夫氏が指摘した地方政治における政党のイメージと大きく異なる。従来の政党政治史研究においては、党勢拡張のため、一地域への鉄道敷設を競い合う政党の「負の側面」が強調される傾向にあった(16)。たしかに、北海道から中央政治に視点を移すと、憲政会政権内にはこうした側面が見られる。一九二五年八月、俵孫一内務政務次官は「自作農地の創設は道民多年の希望で洵に結構なことであるが、是とて金が無ければ如何ともする事が出来ぬのだ。夫よりか、鉄道を敷設すれば、土地の価値が生じて来る、そうなれば、大地主も土地を分割して売り払ふ様になる、その結果は自作農創設と同じ形になる」と公言していた(17)。二大政党の北海道支部の北海道開発構想は憲政会政権の個別開発路線と鋭く対立するものであるとともに、他地域に先行する地域開発モデルだった。本章では、二大政党制の確立(政党間の競合の激化)によって、二大政党の北海道支部の北海道開発構想が後退したことを考察する。この結果、地方政治に対する二大政党制の弊害の一端が明らかになるだろう。

第一節　北海道第二期拓殖計画策定開始と二大政党の北海道支部

本節では二大政党の北海道支部が第二期拓計策定に影響力を行使していく過程を検討する。その上で、第一次加藤高明(護憲三派)内閣の崩壊によって、第二期拓計が延期を余儀なくされたことを明らかにする。

第一項　二大政党の北海道支部の北海道第二期拓殖計画案

第二期拓計の策定は第一期拓計の最終年を翌年に控えた一九二五年五月、土岐嘉平道庁長官の下で着手された。道庁の動向に対応する形で、二大政党の北海道支部は六月に独自の第二期拓計案を公表した。憲政会支部の「北海道第二次拓殖計画案」は二〇年間で一〇億四五六〇万円の拓殖費の政府支出を行うことを明記した。同案は事業公債の発行に言及しておらず、護憲三派内閣の緊縮財政の枠組みを逸脱するものではなかった。他方で同案は「北海道拓殖計画タルヤ、政党政派ヲ超越シ、苟モ党略ヲ用ユルガ如キコトハ断ジテ許サザル所ナリ」と、第二期拓計を政党間の政権競争から切り離していた[18]。憲政会支部は、超党派的な観点から第二期拓計を捉える視角を提示したのである。他方、政友会支部の「北海道新拓殖計画対案」は一五年間で一二億円の拓殖費の政府支出を行うことを明記し、第二期拓計の財源として事業公債の発行に言及した。同案は「本道開発ヲ以テ産業立国ノ主要方策ト為シ、之ガ達成ニ向テ国幣ヲ経済的ニ使用」するように要求する[19]。政友会本部は四月から「産業立国」政策の検討を開始していた[20]。政友会支部案は拓殖費の積極支出を掲げ、第二期拓計を政友会の政策レベルから捉えていた。

ここで本章が着目するのは、両支部案がともに自作農創設の手段として国家による過大地主の土地の強制収用を主張していたことである。憲政会支部案は「真ニ自作農ヲ創設セントセバ、地主ノ欲スルト欲セザルトニ論ナク自作農地トシテ必要ナル土地ハ強制的ニ収用シ得ルニ非ザレバ、其ノ目的ハ達シ得ザルベシ。之レ即チ国法制定ノ必要ナル所以ナリ」と述べ、二〇年間で三五万七五〇〇町歩の土地処分を要請している[21]。政友会支部案もまた、「過大農場、不在農地、経営ノ不良ナル農地、若クハ其ノ介在ニ依テ奥地ノ開発ヲ妨グル土地等ニ之レガ処理ヲ必要トスル場合ニハ、地主ガ希望スルト否トニ関セズ、自作農設定機関ニ於テ、適当ノ価格ヲ以テ、強制的ニ収用シ得ル権能ヲ有セシムルコトヲ要ス」と主張し、一五年間で五〇万町歩の土地処分を要請している[22]。七月一七日、土岐長官は二〇年間で総額九億七〇〇〇万円となる第二期拓計案を内務省に提出した。八月に道庁が作成した「北海道拓殖計画案説明書」は「大地主ノ占有ニ係ル民有未墾又ハ既墾ノ土地ノ内ヨリ十五万町歩ヲ選定シ、地代農法的自作農創設ヲ行ハンガ為、特別法ヲ制定シテ土地収用ノ規程ヲ設ケ」ることを主張している[23]。憲政会、政友会両支部案に比して処分対象の土地が大きく減少しているが、道庁は政党側の要請を第二期拓計案に導入していたのである[24]。

右の背景として、同年三月三日に超党派の北海道選出代議士一一名によって第五〇議会に提出された農地法案の存在が挙げられる。一一日の衆議院本会議において政友会の東武[25]が「道ガ公債ヲ発行シテ、サウシテ地主ノ不良土地、所謂未開ノ土地ヲ詰リ任意ニ買収ヲ致シテ、サウシテ買収ニ応ジタ者ニ対シテハ、詰リ此北海道債ヲ交付スルノデアル」と説明しているように[26]、一九二五年の農地法案において土地買収の手段は強制ではなく、任意であった。同法案は衆議院において修正可決されたものの、貴族院において審議未了となった。同法案が不成立となった背景には、地主保護という批判があった[27]。ゆえに、二大政党の北海道支部は地主に対して強硬な姿勢を明示する必要があり、第二期拓計案に土地の強制収用を明記したのである。

このように、二大政党の北海道支部は道庁に先行して、自作農創設の法制化を第二期拓計案に導入した。護憲三派内閣の成立は、両支部が北海道全体の開発において共闘する下地を形成したのである。

第二項　護憲三派内閣崩壊と北海道第二期拓殖計画策定の延期

一九二五年八月の護憲三派内閣の崩壊と土岐道庁長官の更迭の結果、第二期拓計策定作業は停滞する。本章の序節において指摘したように、俵孫一内務政務次官は自作農創設の代替案として、積極的な鉄道敷設を主張していた。これに対して、土岐長官は「勿論、鉄道を敷設すると云ふ事は、本道の様な拓殖地に在つては必要欠くべからざる事であるが、鉄道公債の利子だけでも却々容易でない」と反対していた。[28]護憲三派内閣の崩壊以来、土岐は政友会支部との関係を深めていた。[29]俵との意見対立が深刻化したこともあり、[30]土岐は九月一六日に長官職を解かれ、[31]憲政会系の中川健蔵が後任となった。[32]このことから、憲政会政権もまた、政友会政権と同様、道庁に対して影響力を行使していたことがわかる。他方、二大政党の平衡を保つため、護憲三派内閣期の憲政会は政友会の政策に配慮する必要があった。単独政権となった憲政会は政友会に譲歩する必要がなくなり、北海道拓殖政策の再検討を開始したのである。

一一月一〇日、浜口雄幸蔵相を中心とする大蔵省の反対の結果、第二期拓計の延期は閣議決定となった。同時に、大蔵省の提案によって「内務、大蔵、農林、鉄道、逓信各省を網羅する調査会を設立する事」が決定した。[33]ここに、北海道拓殖計画調査会の設置は既定路線となったが、同会のメンバーには政党関係者が含まれていない。閣議決定の前日、北海道協会は「計画期成北海道民有志大会」を東京華族会館に開催した。同会は第二期拓計について「政府は速に之が対策を樹て、来る大正十五年度より着手せられんことを望む」、「道全体の土地を一旦国家に買収し、低利資金の方法に依り、農業希望者に平等的に分割買渡し、自作農創成に努力する事」等を決議し、中川長官や馬場鉄一らを実行委員に任命した。[34]この決議は、全道の自作農地化という急進的なものだが、買収手段としての公債発行には言及していない。これは、憲政会内閣の非募債主義に配慮したためだろう。同会には、一柳仲次郎、小池仁郎、山本厚三ら北海道選出憲政会代議士が参加している。だが、第二次加藤高明憲政会内閣は第二期拓計を延期し、山本も一一月二六日の憲政会支部大会(一五〇〇名を動員)において、第二期拓計延期を承認した(35)。

他方、政友会の東武らは第二期拓計延期に対して強い不満を持っていた。一二月一三日、政友会支部は政友本党とともに北海道拓殖促進道民大会を札幌市に開催し、三〇〇名を動員した。大会決議には「自作農地の設定は拓殖政策の中枢たるべきもの」という主張が見られる(36)。同大会には、北海道選出憲政会代議士が参加していない(37)。一四日、田中義一総裁を迎えた政友会支部大会は約三〇〇〇名を動員し、「本道に自作農地を設定する為め、特別の法律を布き、十五年間に未墾地、半開地、既成田畑、約五十万町歩を処理し、自作農を扶植すること」等を決議した(38)。また、政友会の「北海道拓殖計画に関する特別委員会」の「北海道拓殖計画案」には「自作農創定は、我朝野、国論の一たるも、未だ具体的着手せるもの甚だ尠し。北海道開発の関鍵は一に此事業の成否、遅速に関すると大なるものあり、本事業の如きは計画の主要方策に属し、特に、迅速、必成を期すべきものと信ず」という主張が掲げられた(39)。政友会本部は、自作農創設を第二期拓計案の骨子に据えようとしていた。野党の政友会の場合、本部と支部との間に意見対立は生じていない。第一章において指摘したように、政友会は北海道の農村に選挙地盤を構築しており、土地問題を軽視できなかったのである。

本章が着目したいのは、第二期拓計策定作業の停滞を受け、政友会支部が道民大会の東京開催を企図していたことである。一九二六年二月一六日、木下成太郎支部長の要請を受け、北海道拓殖促進道民大会実行委員会(東英治、東条貞、青木三哉ら政友会道議が中心)が札幌市において開催された(40)。同会は「実行委員ハ、此際、可成特急上京、道選出代議士其他ト協力シ、中央政府ニ対シ極力運動ヲ為スコト」、「全道各地ニ対シ、輿論ヲ喚起シ、各地代表有志ヲ道民大会委員トシテ、可成多数上京ヲ促スコト」、「来ル三月上旬、東京ニ於テ、道民代表者ノ大会ヲ開クコト」、「実行委員ガ当局ニ折衝スル際、新聞記者ヲ参加セシムルコト」を申し合わせている(41)。政友会支部の意図は新聞の輿論形成力を利用し、中央から第二期拓計策定運動を推進していくことにあった。結局、道民大会は実現せず、実行委員会の理念は、北海道拓殖促進期成同盟会（五月四日に結成）へと継承される(42)。だが、同会役員は道民大会と同様に政友会、政友本党の関係者が中心であり、憲政会関係者は排除されていた(43)。政友会支部が北海道一致の輿論形成に失敗したことは、他地域の人々に対して第二期拓計の必要性をアピールする力を著しく弱めた。

俵内務政務次官ら憲政会政権との対立の結果、政友会支部は第二期拓計案から自作農創設事業を切り離し、新たな農地法案として成立させる戦略に転じる(44)。しかし、この戦略は憲政会支部を困難な立場に追いやることになる。

第二節　北海道農地特別処理法案と北海道拓殖計画調査会

本節では、一九二六年の農地法案と北海道拓殖計画調査会を中心に、第二期拓計が完成するまでの政治過程を検討する。そのことを通して、大正後期における政党の北海道開発構想の全容を明らかにする。

第一項　二大政党の北海道支部と北海道農地特別処理法案

一九二五年一二月二八日の北海道協会理事会は、土岐前道庁長官、馬場鍈一、憲政会の加藤政之助を農地法案の起草委員に任命し、起草結果を一九二六年一月二四日の評議員会に附議した[45]。「拓計の主」と呼ばれた橋本東三道庁事務官は「政友会の連中が北海道協会に集って熱心に相談した結果、当時、貴族院議員だった前の法制局長官、後の内務大臣馬場鍈一さんに頼み、馬場さんの教え子、法制局参事官の松井春夫さんに立案して貰ったのが、あの北海道農地特別処理法案なのです」と回顧している[46]。大蔵官僚出身の馬場は貴族院会派、研究会の領袖であり、一九二七年の田中義一内閣成立に際して蔵相候補となるほど、政友会に近かった[47]。法制官僚の松井は一九二六年四月、国家総動員機関設置準備委員として資源局設置に尽力した[48]。ここで注目すべきは、馬場と松井が一九三〇年代の東北振興政策に関与していたことである。後年、馬場は東北振興調査会委員となり、松井は東北振興事務局の初代局長となる[49]。東北振興研究の点からも、一九二六年の農地法案の検討は重要だろう。

一九二六年一月二四日、新たな農地法案は北海道選出政友会及び政友本党代議士によって第五一議会に再提出された。同日の北海道協会評議員会は、土岐、馬場、加藤が起草した農地法案を「本協会の事業として」議会提出することを可決した[50]。他方、二月一二日の憲政会幹部会は第二期拓計から農地法案を切り離すことに反対した。北海道協会は政友本党の栗林五朔を介して憲政会支部の一柳や山本に交渉したが、協力を得られなかった[51]。ここで、一九二六年の農地法案の内容に着目したい。同法案は「第一条　政府ハ北海道拓殖ノ為自作農業者ヲ扶植シ、土地ノ利用ヲ増進スル目的ヲ以テ勅令ノ定ムル所ニ依リ、必要ナル土地ヲ買入、若ハ収用シ、又ハ之カ売払ヲ為スコトヲ得」、「第二条　前条ノ規定ニ依ル買入又ハ収用ノ場合ニ於テ土地所有者、其ノ他、関係人ニ支払フベキ対価又ハ補償金ハ勅令ノ定ムル所ニ依リ国債証券ヲ以テ之ヲ交付スルコトヲ得」、「第三条　政府ハ前条ノ規定ニ依リ交付スル為、六千万円ヲ限リ、公債ヲ発行スルコトヲ得。前項ノ規定ニ依ル公債ノ発行価格、差減額ヲ補塡スル為、必要アル場合ニ於テハ前項ノ制限以外ニ公債ヲ発行スルコトヲ得」、「第四条　本法ニ依リ処理スベキ土地ノ選定、買入、収用、整理改良又ハ売払ニ関スル事項ハ北海道農地特別処理委員会ノ議ヲ経テ北海道庁長官之ヲ決定スベシ。北海道農地特別処理委員会ニ関スル規程ハ勅令ヲ以テ之ヲ定ム」、「第五条　第一条ノ規定ニ依ル土地ノ収用ニ関シテハ土地収用法ヲ適用ス。但シ、前条項第一項ノ規定ニ依ル決定ヲ以テ土地収用法ニ依ル事業ノ認定ト看過ス」が掲げられた[52]。第一に、土地利用増進の観点から、土地の強制買収、収用が明記された。なお、処分する土地は一五か年で二五万町歩であり、政友会支部の第二期拓計案から半減している。第二に、憲政会支部の離脱の影響のためか、地主に対する対価及び補償金として六〇〇〇万円の公債発行が明記された。これは、非募債主義を掲げる憲政会政権にとって容認できるものではなかった。

一九二六年の農地法案の立案過程を考察する手がかりとして、本章では北海道大学附属図書館北方資料室所蔵の「北海道(農地特別)民有未墾地処理法案」に着目したい(以降、「民有未墾地法案」と呼ぶ)。同史料は、故高倉新一郎氏の旧蔵であるが、書き込まれた文字は高倉氏のものではない。この史料の出所は、父の高倉安次郎ではないだろうか。道議の経歴を持つ安次郎は一九二六年時点において政友会支部相談役であり、道民大会実行委員の一員でもある[53]。ゆえに、同史料の発給主体は政友会支部である可能性が高い。同史料によると、「北海道民有未墾地処理法」の「民有未墾地」の箇所に二重の朱線が引かれ、朱字で「農地特別」と訂正されている。第一条の「民有未墾地」にも同様に二重の朱線が引かれ、朱字で「土地」と訂正されている。他方、「土地ノ利用」という主張は同案にも見られる。第三条には公債の金額が憲政会支部に配慮したためか空欄だったが、新たに朱字で「六千万」と書き込まれている。第四条における二か所の北海道「民有未墾地」処理委員会の「民有未墾地」に二重の朱線が引かれ、朱字で「農地特別」と訂正されている[54]。右のことは、農地法案が「民有未墾地」(地主が所有権を有し、開墾していない土地)のみの強制買収を当初の目的としながら、立案過程において、より広範囲の土地を対象とする内容に修正されていたことを示唆している。

一九二六年の農地法案の対象となる土地には「民有未墾地」八〇万町歩だけではなく、過大農場及び不在農地、その他二〇万町歩が含まれている。第五一議会において農地法案の説明を行った松実喜代太(北海道選出政友会代議士)は前年の農地法案が「土地ヲ買収スルニハ協議上ノ買収ニヨル事トシテアツタノデアルガ、今回ノハ協議上ノ買収方法ニ依ルノ外ニ、強制買収、即チ土地収用法ヲ適用シテ買収スルノ方法ニヨリ、此二者ヲ併セ行フコトト致シタノデアリマス」と述べている。(55) 北海道協会のパンフレットも「昨年案ハ協議買収トノ方法ヲ執リシモ、本年案ハ、協議買収ノ外ニ、強制買収方法モ併セ行フコトトセリ」と説明している。(56) 協議(地主の同意を前提とする)買収という選択肢を残しながらも、強制(地主の同意を得ない)買収を自作農創設の手段とした点において、一九二六年の農地法案は前年の法案と明確に異なっていたのである。

ここで、構想段階に終わった民有未墾地法案に着目したい。「北海道(農地特別)民有未墾地処理法案理由書」は「今尚、直チニ農耕ニ適スル民有地ニシテ、全ク未墾地ノ儘ニ放置セラレ及ビ、其ノ利用ノ完キヲ得ザルモノ約百二十万町歩ヲ算シ」とある。(57) 民有未墾地法案の場合、国家が地主から買収する土地は一二〇万町歩の農耕地に限定される。憲政会と政友会の北海道支部の北海道開発構想は、放置された農耕地の有効利用による自作農創設にあった。護憲三派内閣が継続していれば、民有未墾地法案が議会に提出された可能性は高いだろう。なお、民有未墾地法案は一九三八年に公布された農地調整法を先取りするものである。農地調整法の第四条には、自作農創設のための地方団体による不在地主の土地買い取り規定(既墾地において、地主は協議に応じる義務のみ。未墾地においては土地収用を認め、絶対的土地所有権を否定)が明記されている。(58) すなわち、民有未墾地法案が農地調整法と同型であり、一九二六年の農地法案は農地調整法よりも急進的であった。

憲政会政権は急進的な農地法案を許容することができなかった。政本両党が提出した農地法案は、第五一議会において成立を阻まれる。三月二五日の衆議院本会議において、北海道選出憲政会代議士の山本と政府委員の俵は政友会が第二期拓計案と農地法案を切り離したことを攻撃し、六〇〇〇万円の公債発行を糾弾した。[59]結局、農地法案は衆議院において審議未了に終わった。憲政会支部は農地法案に反対したが、過大地主の土地の強制買収を否定していたわけではない。七月の憲政会支部の「北海道第二次拓殖計画案」は「大地積所有者ニシテ、自作農創設ヲ拒ミ、土地ヲ占有スルガ如キハ人類生存ヲ脅威スルモノナルヲ以テ国法ヲ以テ、強制的ニ買収シ得ルコトヲ要ス」という方針を堅持していた。他方、同案には新たに「本道鉄道ノ普及速成案」が追加され、大規模な鉄道敷設を第二期拓計に導入することが明記された。[60]この箇所は、前年六月の憲政会支部案には見られず、積極的な鉄道敷設を持論とする俵の意向を反映したものだろう。

農地法案不成立時において二大政党の北海道支部の対立は深刻化していなかった。このことは、北海道拓殖計画調査会において両者が提携する余地を残したと言える。

第二項　憲政会政権と北海道拓殖計画調査会

一九二六年六月、北海道拓殖計画調査会（以降、「拓殖調査会」と呼ぶ）は内務省に設置された。北海道選出代議士は第五一議会において、政党勢力を拓殖調査会へと参加させることに成功した。[61]当初、第一次若槻礼次郎憲政会内閣は調査委員を内務官僚と大蔵官僚に限定しようとしており、北海道会では北海道に利害を持たない人々が調査を行うことを危惧する声が挙がっていた。[62]北海道選出政友本党代議士の丸山浪弥は、三月二二日の衆議院予算委員会において「政府ノ言フ各省ノ連絡モ宜シイガ、ソレ以外ニ北海道ニ於ケル在野党ノ政客ヲモ、此調査会ノ委員ニ加へ」ることを若槻首相兼内相に要求した。右の結果、「北海道第二期拓殖計画調査委員ニハ民間ノ智識経験アル人ヲモ之ニ加へ、公平ナル調査ヲ遂ゲ以テ適切ナル計画ヲ立テラレルコトヲ望ム」ことを希望条件とすることに成功した(63)。三〇日、丸山は若槻首相兼内相と交渉し、衆議院の附帯決議通りに民間委員を起用することを確約させた。四月六日、北海道拓殖調査準備委員会は民間委員選出を正式に決定した(64)。拓殖調査会の構成者は、表1の通りである。

表1　北海道拓殖計画調査会構成者一覧

所　属	会　長
憲政会	若槻礼次郎(首相兼内相)
所　属	委　員
内務省	川崎卓吉(次官)，潮恵之輔(地方局長) 市瀬恭次郎(技監)，長岡隆一郎(社会局長)
道　庁	中川健蔵(長官)，加勢清雄(土木部長)
大蔵省	田昌(次官)，河田烈(主計局長)
他　省	阿部寿準(農林次官)，青木周三(鉄道次官)，桑山鉄男(逓信次官)
憲政会	俵孫一(内務政務次官)，鈴木富士弥(同参与官)，武内作平(大蔵政務次官)，三木武吉(同参与官)，金子元三郎(貴族院)，小池仁郎(代議士)
他政党	松実喜代太(政友会)，栗林五朔(政友本党)，坂東幸太郎(新正倶楽部)
所　属	幹　事
内務省	赤木朝治(書記官)，安井英二(書記官)，児玉九一(事務官)
道　庁	山中恒三(拓殖部長)，橋本東三(事務官)
大蔵省	川越丈雄(書記官)，荒川昌二(事務官)

出所）荒川昌二『北海道拓殖計画ニ就テ』1928年，304，305頁より作成。

道庁関係者の選出及び北海道選出議員の超党派的選出は北海道の意思を中央政治に反映させようとする画期的な構成であり、戦後の北海道開発審議会(65)の源流と言える。次に、政務官(政務次官、参与官)から四名が選出されている。ここで重要なことは、従来の研究が政務官を官僚の役職と誤認していたことである(66)。政務官は貴衆両院の議員中から任命されるものであり、政党が官僚と交渉するための窓口である(67)。従来の研究における道庁の役割の過大評価は、政務官認識の誤謬に基因しているように思われる。当該期の若槻は、行政調査会の座長として内務省の政党化を推進していた。若槻は加藤前首相が設置した政務官を活用することで、第二期拓計策定に関して、官僚に対する憲政会内閣の主導権を確保しようとしたのだろう。拓殖調査会の主導権は道庁や官僚ではなく、若槻首相兼内相を中心とする憲政会政権にあった。若槻が大蔵省から四名を選出したことは、同省出身の若槻が拓殖費の肥大化に歯止めをかけようとしたためだと思われる。反面、民間委員（金子、小池、松実、栗林、坂東）が超党派から選出されたことは、憲政会政権が膨大な拓殖費の支出を要求する政友会の意向に配慮せざるを得なくなったことを示している。委員と幹事を合わせて七名を選出した内務官僚の中で、川崎内務次官（後に憲政会幹部）、潮地方局長、赤木書記官、安井書記官は若槻内相の直系であるが、長岡社会局長と加勢道庁土木部長は政友会系内務官僚で構成された月曜会のメンバーである。(68) 長岡は、内務省都市計画局長として関東大震災の復興計画の中心となった経歴の持ち主である。(69) 加勢は同年六月の第二回都市計画北海道地方委員会(70)において常務委員に就任し、拓殖事業と都市計画とを一体のものとして捉える認識を示していた。(71) 拓殖調査会には超党派の観点から、都市計画に精通した人材が選出されていたことがわかる。

右のことは、北海道の都市の結束と不可分の関係にあるように思われる。五月一二日に函館市で開催された第二回北海道各市市会正副議長会議は「第二期拓殖計画促進」に関する決議を行った。(72) 札幌、小樽、函館、旭川、室蘭、釧路市が各方面に提出した「第二期拓殖計画促進ノ件」という陳情書の要旨には「都市ヲ中枢トシテ諸般ノ施設ヲ促進シ以テ拓殖計画ノ完成ヲ期セラレンコトヲ望ム」、理由には「拓殖ノ過程ヲ徴スルニ、鉄道網ト謂ヒ、道路網ト謂ヒ、尚、遺憾ノ点少シトセス。交通機関ノ成否、産業ノ発達、之皆拓殖事業ニ大ナル関係ヲ有ス」という主張が見られる。(73) このことは、北海道の都市側が都市計画の観点から、第二期拓計策定作業に期待していたことを示唆している。

五月三日の第一回拓殖調査委員会（若槻会長）では自作農創設方法が調査要目となり、二五万町歩の民有未墾地及び既墾地への自作農扶植の助成が提起された。(74) 六月二八日の第二回拓殖調査委員会（浜口雄幸新会長）において、政友会の松実喜代太は「自作農地の収用に関しては土地収用法を適用すること」を党の要求として提示した。政友本党の栗林五朔もまた、「農地特別処理法」の制定を要求した。(75) 農地法案は政本両党の手によって第二期拓計案と再度の合流を果たした。なお、浜口が六月の第一次若槻内閣の改造によって蔵相から内相に転じ、会長に就任したことは、第二期拓計策定過程において重要な意味を持つ。かつて、浜口は護憲三派内閣の蔵相として、行財政整理を主導していた。蔵相時代の浜口は「いかなる場合も公債借入金を財源として計画をたてない」ことを閣議決定に基づく大蔵省の意向として内務省に内示していた(76)。他方、六月三〇日の拓殖調査会の民間委員五名の会合は、「事業公債を募集して、若干期間の財源の不足金額を支弁し、以て、第二期拓殖計画案を樹立せしめ、其総額は最低十二億円二十箇年ということに意見の一致」を見た。七月一日の第三回拓殖調査委員会において、憲政会の小池仁郎は事業公債の発行を提起し、松実と栗林が同意した(77)。当該期の小池は憲政会政権の財政健全化路線よりも、政友会支部との協調を優先させていた。三日、政友会の「北海道拓殖計画に関する特別委員会」において、松実は「民間委員によりて、公債政策による十二億円計画を立案するに至った経緯」を報告し(78)、「小池君等は党と既に諒解あると伝へられる」、「浜口内相は今の処何とも云はずに居るが、非募債主義といふのもさう絶対的のものではあるまい」と楽観的な見通しを語っている(79)。小池の独走は、政友会側に過剰な期待を抱かせることとなった。例えば、東は「今や北海道第二維新の機」の中で「此の民間委員の協定は将来北海道の政界には大なる波紋を描き、一石を投じたものと思惟するのである。北海道拓殖事業は政党政派を超越した国家問題であらねばならぬ」と主張している(80)。民間委員の合意を契機として、東は憲政会支部と同様、第二期拓計を超党派的視点から捉えるようになった。これは、第二期拓計を政友会の政策の手段としていた従来の認識からの転換である。二大政党の北海道支部は第二期拓計を非政党政策として捉え、同計画の財源として公債発行を要請した。だが、このことは、憲政会政権の緊縮政策と鋭く対立するものであった。

八月六日、前日の北海道拓殖促進期成同盟会大会を背景に、同会一六名の代表は中川長官に対して「民間委員一致の対案遂行」を要求した。中川長官は九月一日に道庁案を携えて上京し、内務省との折衝を開始した(81)。中川長官に同行した橋本東三道庁事務官は地主の土地の強制収用を主張したが、内務省は容認せず、低利資金導入による自作農扶植へと変更させられた。橋本は内務省との折衝過程において、俵内務政務次官から「所有権の侵害論が起って政治上、実行不可能であるから、案を換えて強制法によらず、勧誘によって地主と協調の下に農林省の自作農維持創設法を適用すべきだ」という反対を受け、浜口内相も俵に同意したと回顧している[82]。九月末には、第二期拓計策定に尽力していた加勢清雄土木部長と山中恒三拓殖部長が更迭されている[83]。加勢は拓殖調査委員、山中は幹事であり、憲政会政権による党派人事は拓殖調査会にまで及んでいた。一〇月八日、憲政会本部は解散と総選挙による政友会の打倒を決定した。このことは、北海道における超党派的提携に亀裂を生じさせる。憲政会政権の第二期拓計案は、二五日の第四回拓殖調査委員会に諮問案として提出された。同案には非募債主義とともに民有未墾地への自作農扶植が明記された[84]。ここで言う「自作農扶植」は、俵が「自作農の問題は一昨年議会で論議されたが民有土地を買収する事は却々困難であるから、低資を融通し、利子を補給する事とした」と述べているように[85]、農林省の自作農創設維持事業の一部にすぎなかった[86]。憲政会政権は同党支部案だけでなく、かつて同党が賛成した一九二五年の農地法案をも否定した。さらに、民間委員の結束は、俵によって切り崩された[87]。民間委員二六日の委員会において、憲政会の民間委員の小池と金子は「八百長的質問」を行って政府案に賛成し、民間委員の合意を破棄した。ここに、憲政会支部は本部に屈服したのである。政友会の松実は他の民間委員の変節に反発し、修正案を提示したが[88]、拓殖調査委員会は政府案を承認した[89]。結局、浜口会長は非募債主義に執着し、北海道開発に理解を示すことはなかった。拓殖調査会の第二期拓計案は地域全体の開発の側面を大きく後退させたのである。

ここで敗北した政友会支部だったが、松実案実現を断念したわけではなかった。一二月五日の同党支部総会の宣言には「自作農創設の対策を樹て、以て、道内所在の農地を普く自作化」、「国土の利用を周到にし、地産の増殖を図る」という主張が見られる[90]。これは、一二日の道会において満場一致で可決された建議案「自作農創成に関する件」に反映されている。同建議案の理由書は憲政会政権の民有未墾地開発案を「其の実行に当つて効果を危まれるもの尠しとせず」、「国家の手に一旦、之を買収し、適当に区割、分割して希望者を招致するにあらざる限り、自作農扶植の目的を達成すること能はざるべし」と批判していた(91)。憲政会支部は、道会において土地の強制買収を容認し、同党本部の自作農対策を批判したのである。これに自信を得た政友会支部は第五二議会において反転攻勢を企図するが、政党間の政権競争の激化は北海道支部の共闘を許容できなくなっていた。

第三項　北海道第二期拓殖計画の完成と北海道農地特別処理法案の不成立

拓殖調査委員会の閉幕とともに、第二期拓計策定作業は閣議決定及び議会承認という最終段階へと入った。一九二七年一月一七日に閣議決定した第二期拓計案の予算総額はわずか九億六三三七万円であり、民間委員が要請した事業公債発行は明記されなかった。他方、鉄道、内務、大蔵省の協議は、鉄道公債増発の利子を鉄道特別会計に繰り入れる際に必要額を拓殖費に追加することを決定した(92)。この決定は非募債主義を基調とする第二期拓計において特例的であり、鉄道敷設を自作農創設に優先させる俵の持論を反映させたものであった。だが、このことは、二大政党が第二期拓計の名目で党略的に鉄道敷設を行う契機となった(93)。自作農創設は、俵の意向通り、農林省の自作農創設維持事業の一環として第二期拓計に導入された(94)。同事業は地主との協議を前提とする民有未墾地の部分的処理にすぎず、俵は農地法案路線に対する勝利を確定させたと言える。

第二期拓計案の最大の問題は、北海道の前年度一般会計歳入予算と、拓殖費以外の歳出予算を比較し、歳入超過額を標準として毎年度の拓殖費を決定するという算出方法にあった(95)。民間委員の目的は政府が事業公債を発行することで、第二期拓計の財源を安定させることにあったが、第二期拓計案には明記されなかった。この問題は、第五二議会において北海道選出代議士が追及するところとなった。一月三一日の衆議院予算委員第二分科会において、政友本党の丸山浪弥は「何故、此拓殖調査会ニ於ケル北海道論ヲ容レラルルコトガ出来ナカツタノデアルカ」、「私思フニ、今日ニ於テ、此公債政策ヲ樹立致シマシテ、初メテ北海道ノ拓殖ハ順調ニ進ミ、而シテ自然増収モ、国家ノ要求スルガ如ク、年々増大セラレルコトヲ得ルケレドモ、今日政府ノ樹テラレタルガ如キ計画案ニ付テハ、或ハ却テ予期ノ希望ヲ裏切ルヤウナ結果ヲモ見ルカト云フコトヲ憂フルモノデアル」と主張した。だが、安達謙蔵内相代理兼逓相は「独リ、北海道バカリニ対シテ特別ニ公債計画ヲスル訳ニ参ラヌノデアリマス」と答弁し、丸山の要請を拒絶した。[96] 二月五日の衆議院予算委員会において、政友会の三土忠造が「北海道第二期計画ハ、其財源ヲ道歳入ノ超過額ニ取ルノ制ナルヲ以テ各年度ノ金額一定セズシテ、其計画、執行、全キヲ得ザルノ憾アリ。政府ハ相当ノ方法ヲ講ジ、財源ヲ確実ニシ、拓殖ノ促進ニ遺憾ナキヲ期セラレムコトヲ望ム」という希望決議を予算案に附すことを提案した。この提案は、賛成者多数で承認された。[97] 第二期拓計案は憲政会内閣によって財源の欠陥が黙認され、成立したのである。なお、第一次若槻内閣下における第二期拓計の予算配分は、自作農創設等の「殖民事業」がわずか八万円だったのに対して、「鉄道及び軌道助成金」は一七〇〇万円に及んでいる。[98]

他方で、政友会は一九二六年の農地法案を第五二議会に再提出することで反転攻勢を企図する。東、丸山ら政本両党の北海道選出代議士は一九二六年の農地法案を第五二議会に再提出した。[99] 一九二七年二月一日の衆議院の第二回農地法案委員会において、政府委員の俵は帝国憲法の所有権の問題から土地の強制買収に疑義を呈し、「委員会ノ全会一致ノ結果、此農地処理法ヲ捨テテ、而シテ拓殖計画ノ中ニアリマスル所ノ自作農創定ノ方法ニ依ルト云フコトヲ以テ、アノ拓殖計画案ガ成立シタノデゴザイマス」と、拓殖調査会の決定を背景に農地法案の廃棄を迫った。この時、政友会の松実が「調査会ニハ民間側ノ委員ヲ入レタケレドモ、調査ニハ殆ド吾々ノ意見ヲ採用シテ居ラヌト思フ」、「継続シテ公債発行額ヲ殖シテ行クト云フコトニシタナラバ、理想的ノモノガ行ハレヨウ、少クトモ北海道ニ小作農ヲ無クシタイト云フ理想ヲ以テ、拓殖調査会デハ主張シタ訳デアリマス」と主張した。だが、憲政会の小池は「此点ハ私ト非常ニ意見ヲ異ニスル、私ハ大体、吾々ノ希望ガ容レラレルト思フ」と反論した[100]。四日の第三回委員会においても、小池は俵と同様の観点から農地法案に反対し[101]、憲政会系の中川長官も同意した。民間委員の合意は白紙となり、道庁は憲政会政権に追随した。六日の衆議院本会議において、北海道選出憲政会代議士の沢田利吉は農地法案について「吾々、多年ノ努力ニ依ツテ、政府ガ茲ニ提案致シマシタル所ノ北海道拓殖計画其モノヲ、根本カラ基礎ヲ破壊スルモノデアル」と主張した[102]。第二期拓計の閣議決定を契機に、北海道選出憲政会代議士は農地法案への反対姿勢を明示し、政友会及び政友本党との共闘を破棄するに至った。憲本連盟の観点から政友本党の大部分もまた、六〇〇〇万円の公債発行を前提とする農地法案に反対し[103]、農地法案は不成立となった。

このことは、二大政党の北海道支部の対立を決定的なものにした。二月九日、政友会支部の実動部隊の北海道拓殖促進期成同盟会は、農地法案のパンフレットの中で「憲政会ノ諸君ハ先ニハ本案ノ提出者トナリ、共ニ通過ニ努メ、今ハ逆シマニ之レニ反対ス。或ハ地元ニ於テ本案ノ趣旨ニ同シテ之ヲ高唱シ、中央ニ来レバ政府ノ走狗トナリテ之ニ反対ス。是レ党派的偏見ニ支配セラレ、国策ヲ玩弄シテ憚ラザル行為ト謂フベシ」と痛烈に批判した[104]。政友会支部は、憲政会支部との超党派的提携を放棄したのである。

田中義一内閣成立とともに与党となった政友会支部は、第二期拓計問題に関して、野党に転落した憲政会の後身の立憲民政党と提携するどころか、選挙による党勢拡張のために同党支部の排撃を企図することになる。

結節

一九二〇年代の北海道開発構想の主眼は国家が不在地主の荒廃地を強制買収し、自作農を創設することにあった。右の構想は二大政党の北海道支部によって第二期拓計案に導入され、政友会支部によって一九二六年の農地法案の骨子とされた。これらのことは、先行研究において着目されてこなかった政党の地方支部の新たな側面、地域全体の開発政策に対する寄与である。農地法案は一九三八年の農地調整法に先行する地域開発モデルだったが、一九二〇年代に実現することはなかった。

北海道開発構想の実現を妨げたものは、二大政党間の競合の激化である。護憲三派内閣崩壊を契機に、憲政会政権は緊縮財政の枠組みの中で、自作農創設よりも鉄道敷設を優先させた。北海道拓殖計画調査会の主導権を握っていたのは、道庁や官僚ではなく憲政会政権だった。憲政会の小池仁郎ら政党委員は結束して事業公債発行を要請したが、憲政会政権に阻まれた。右の結果、第二期拓計は財源面に欠陥が生じ、農地法案も不成立となった。憲政会支部は、同党本部と政友会支部との間で板挟みとなり、最終的には前者の意向を優先させた。このことは、二大政党の北海道支部の提携を破綻させた。

本章において着目されるのは、政党が一部地域に限定された開発ではない、北海道開発構想（第二期拓計案、民有未墾地法案、農地法案）を発信したことである。すなわち、政党の北海道支部は、不在地主と土地問題という「全道」レベルの課題に取り組む姿勢を明示した。ここで重要な点は、大正後期において、政党が北海道を一地域として捉え、地域全体の開発政策を企図していたことである。北海道における事例は、地方政治における戦前の二大政党の可能性を示したと言えるだろう。

（1）北海道編『新北海道史』（第五巻・通説四）北海道、一九七五年、三二頁。第二期拓計の内容を道庁側の史料から論じた研究として、榎本守恵氏の論文がある（榎本守恵「北海道第二期拓殖計画　その成立の意義」和歌森太郎先生還暦記念論文集編集委員会編『明治国家の展開と民衆生活』弘文堂、一九七五年）。第二期拓計策定過程を対象とした概説書として、田端宏・桑原真人・船津功・関口明編『北海道の歴史』山川出版社、二〇〇〇年、関秀志・桑原真人・大庭幸生・高橋昭夫編『新版北海道の歴史』（下）北海道新聞社、二〇〇六年が挙げられる。

（2）高橋芳紀「戦前期東北開発政策をめぐる諸問題」東北学院大学大学院『経済研究年誌』（一七）一九九六年、三三、三五頁。高橋氏の見解は、最新の東北史研究にも継承されている（伊藤大介『近代日本と雪害』東北大学出版会、二〇一三年、一八五頁）。

（3）第一五回衆議院総選挙では、札幌市で一柳仲次郎、小樽市で山本厚三が政友本党候補を破って当選している（「第十五回総選挙の結果」『政友』（二八〇）一九二四年、二四頁）。第八期道議選においても、札幌市、室蘭市、釧路市で憲政会候補が政友本党候補を破っている（北海道議会事務局編『北海道議会史』（第二巻）北海道議会事務局、一九五五年、九二八、九二九頁）。道内初の普通選挙法による第二期札幌市会議員選挙（一九二六年一〇月）では、憲政会が圧倒的多数を獲得している（札幌市議会編『札幌市会小史』札幌市議会、一九七六年、一二、一三頁）。

（4）白鳥圭志「戦前東北振興政策の形成と変容」『歴史学研究』（七四〇）二〇〇〇年。

（5）北海道庁「北海道拓殖計画案説明書」一九二五年、二頁（北海道立図書館北方資料室所蔵）。崎浦誠治「北海道農政と北大」北海道大学『北大百年史』（通説）ぎょうせい、一九八二年、七一〇頁も参照。

（6）前掲『新版北海道の歴史』（下）二一四頁。

（7）森武麿『戦間期の日本農村社会』日本経済評論社、二〇〇五年、三八頁。

（8）高岡直吉札幌市長が市議会に諮問した「都市計画区域ニ関スル件」の中には「本道拓殖事業ノ進捗」にともなう札幌市の「発展傾向」と並行する形で「札幌都市計画」を樹てる必要性を訴える主張が見られる（「札幌都市計画区域決定理由書」（一九二六年九月一七日）北海道大学附属図書館所蔵「札幌市議会関係資料」一九二六年）。

（9） 一九二六年の農地法案立案の中心となった馬場鍈一は「都会の近くに割合に未開墾地が残つている。態々軌道を敷く必要もなく経済的に植民が出来るのであるが、それ等は既に権利か何か取つてあつて駄目だといふ訳で、何時かの議会に北海道農地特別処理法案といふのを出したのだつたが、地主に儲けさせると攻撃を喰つた」と回想し、「都会地の近くにある未墾の土地を強制買収でもして植民した方が賢明である」と主張している（馬場鍈一の言「北海道拓計改訂座談会」北海タイムス社、一九三五年、七九、九四頁、北海道大学附属図書館所蔵「高岡・松岡旧蔵パンフレット」（高岡・松岡パンフ　H0077-002））。

（10） 湯沢誠氏は、北海道協会（本章注15を参照）が農地法案を強力に推進していたことを指摘している（湯沢誠「北海道の小作問題と北大」前掲『北大百年史』（通説）七二〇頁）。農地法案が修正されていたことは、同論文と高倉新一郎『北海道拓殖史』（覆刻版）（北海道大学図書刊行会、一九七九年、二四五頁）が言及しているが、立案過程の研究はない。

（11） 同法案の理由書は「土地ノ利用ヲ完カラシムルニハ現在整理ノ必要ヲ認ムル土地ヲ一旦国有ニ移シ、然ル後、之レヲ整斉分割シテ自作農ヲ扶植ノ方策ヲ講セサルヘカラス」ことを明記している（「北海道（農地特別）民有未墾地処理法案理由書」一九二六年、北海道大学附属図書館北方資料室所蔵「高倉文庫パンフレット」（高倉パンフ　284-10））。

（12） 渡辺洋三「第一節　土地法の構造と歴史」日笠端編『土地問題と都市計画』東京大学出版会、一九八一年、三一頁。

（13） 同法案には、御厨貴氏が言う「グランド・デザイン的要素」（御厨貴『政策の総合と権力』東京大学出版会、一九九六年、二〇四、二〇五頁）がある。

（14） 憲政会北海道支部編「北海道第二次拓殖計画案」憲政会北海道支部、一九二五年、一五、一六頁（北海道大学附属図書館所蔵）、立憲政友会北海道支部編「北海道新拓殖計画対案」立憲政友会北海道支部、一九二五年、一六、一七頁、北海道大学附属図書館北方資料室所蔵「高倉文庫パンフレット」（高倉パンフ　127-01）。

（15） 北海道協会は北海道移民斡旋のための圧力団体である。同会は、官界、財界、政界、地元有力者で構成されており、議会においては北海道拓殖政策の有力な後ろ盾となった（佐藤司「明治中期の拓殖政策と北海道協会」『日本近代史研究』（五）法政大学近代史研究会、一九六〇年、一一、一二頁）。一九二六年九月の北海道協会役員名簿には、理事に北海道選出代議士の名が見られる（「北海道協会役員」（一九二六年九月）北海道大学附属図書館所蔵『北海道拓殖時報』（一）北海道協会、一九二六年、八七、八八頁）。

（16） 升味準之輔『日本政党史論』（第五巻）東京大学出版会、一九七九年、有泉貞夫『明治政治史の基礎過程』吉川弘文館、一九八〇年。

(17)『北タイ』(一九二五年八月二六日)。
(18)前掲・憲政会北海道支部編「北海道第二次拓殖計画案」七、八、一頁。
(19)前掲・立憲政友会北海道支部編「北海道新拓殖計画対案」二、六九、七、八頁。
(20)源川真希『近現代日本の地域政治構造』日本経済評論社、二〇〇一年、七六頁。
(21)前掲・憲政会北海道支部編「北海道第二次拓殖計画案」一五、一六頁。
(22)前掲・立憲政友会北海道支部編「北海道新拓殖計画対案」一六、一七頁。
(23)前掲・北海道庁「北海道拓殖計画案説明書」二二頁。
(24)前日、北海道協会は「速ニ特別ノ法律ヲ布キ、処理ノ必要ヲ認ムル土地ヲ一旦、国家ノ手ニ収メ」ることを決議している(北海道協会編「北海道拓殖計画ニ関スル決議(及)決議事項」(一九二五年七月一六日)北海道大学附属図書館北方資料室所蔵「高倉文庫パンフレット」(高倉パンフ　284-11))。
(25)東は、政友会を代表する農政議員でもある(宮崎隆次「大正デモクラシー期の農村と政党」(三・完)『国家学会雑誌』(九三―一一・一二)一九八〇年、九〇三頁)。
(26)東武の言「北海道農地特別処理法案」(第一読会)「衆議院議事速記録」(第二五号)(一九二五年三月一一日)『帝国議会衆議院議事速記録』(四六)東京大学出版会、一九八二年、五九九頁。
(27)社説「本道農地特別処理法案警戒を要す」『樽新』(一九二五年三月一一日)。
(28)『北タイ』(一九二五年九月二日)。
(29)八月七日の「北海道拓殖計画に関する特別委員会」では、木下支部長、田中清輔北海道協会専務理事と土岐長官との間で第二期拓計案の調整が行われている(「立憲政友会々報」『政友』(二九三)一九二五年、三二頁)。
(30)『北タイ』は「俵君が長官室で臆面もなく自作農創設案をコッピドクこき卸し、土地に経済的価値を附するには鉄道を敷設するに限ると大気焔、土岐君もまけて居ず、之に一矢を酬ゆるといふ風で兎角其間、面白くなかつた」と報じている(『北タイ』(一九二五年九月一八日))。
(31)『北タイ』(一九二五年九月一七日)。
(32)山下龍門『北海道論』旭川新聞社、一九二八年、四九頁。
(33)『北タイ』(一九二五年一一月一〇、一三日)。

(34)『北タイ』(一九二五年一一月一〇、一一日)。
(35)『北タイ』(一九二五年一一月一三、一七日)。
(36)『北タイ』(一九二五年一一月二三日、一二月一四日)。
(37)北海道拓殖促進道民大会実行委員(会)「決議(及)申合事項」(一九二六年二月一六日) 北海道大学附属図書館北方資料室所蔵「高倉文庫パンフレット」(高倉パンフ 284-12) 八、九頁。憲政会系の『樽新』の社説は、道民大会を「憲政派を除いた政本両派の有志会」と批判している(『樽新』(一九二五年一二月一八日))。
(38)『北タイ』(一九二五年一二月一五日)。
(39)『政友』(二九六) 一九二五年、五三頁。
(40)『北タイ』(一九二六年二月一七日)。
(41)前掲・北海道拓殖促進道民大会実行委員(会)「決議(及)申合事項」七頁。
(42)「北海道拓殖促進期成同盟趣意書」一九二六年、北海道大学附属図書館北方資料室所蔵「高倉文庫パンフレット」(高倉パンフ 284-4)。
(43)前掲『新北海道史』(第五巻・通説四) 九九頁。
(44)松実喜代太の言「北海道農地特別処理法案」「衆議院議事速記録」(第三六号)(一九二六年三月二五日)『帝国議会衆議院議事速記録』(四八) 東京大学出版会、一九八三年、一〇〇六頁。
(45)『北タイ』(一九二五年一二月二日、一九二六年三月二日)。
(46)橋本東三『拓殖後日譚』拓殖後日譚刊行会、一九六一年、二三九頁。
(47)青木信光『馬場鍈一伝』青木信光、一九四五年、一六〇、一六一頁。
(48)前掲・御厨『政策の総合と権力』一九頁。
(49)前掲・高橋「戦前期東北開発政策をめぐる諸問題」七、一一頁。
(50)「会報」前掲『北海道拓殖時報』(一) 八四、八五頁。
(51)『樽新』(一九二六年二月一四日)、『北タイ』(一九二六年三月二日)。
(52)「北海道農地特別処理法案」「衆議院議事速記録」(第三六号)(一九二六年三月二五日) 前掲『帝国議会衆議院議事速記録』(四八) 一〇〇二頁。

（53）『北タイ』（一九二五年一二月一四日）。
（54）「北海道（農地特別）民有未墾地処理法案」一九二六年、北海道大学附属図書館北方資料室所蔵「高倉パンフレット」（高倉パンフ　284-9）。
（55）前掲・松実の言「北海道農地特別処理法案」「衆議院議事速記録」（第二六号）（一九二六年三月二五日）『帝国議会衆議院議事速記録』（四八）一〇〇五頁。
（56）北海道協会「昨年案ト本案トノ差異アル点摘録」一九二六年、北海道大学附属図書館北方資料室所蔵「高倉パンフレット」（高倉パンフ　283-13）。
（57）前掲「北海道（農地特別）民有未墾地処理法案理由書」。
（58）岡田知弘「戦前・戦時国土開発と土地問題」『日本史研究』（二七一）一九八四年、一七四頁。
（59）山本厚三、俵孫一の言「北海道農地特別処理法案」「衆議院議事速記録」（第二六号）（一九二六年三月二五日）前掲『帝国議会衆議院議事速記録』（四八）一〇〇三頁。
（60）憲政会北海道支部編「北海道第二次拓殖計画案」憲政会北海道支部、一九二六年、一八、五三、五四頁（北海道大学附属図書館所蔵）。
（61）『東京朝日新聞』（一九二六年二月二一日）。
（62）近藤豊吉の言「第二十五回通常会」（一九二五年一二月三日）前掲『北海道議会史』（第二巻）一一六六頁。
（63）丸山浪弥の言「予算委員会議録」（第一九回）（一九二六年三月二二日）『帝国議会衆議院委員会議録』（四六）臨川書店、一九八七年、四六八、四九四、四九五頁。
（64）『東京朝日新聞』（一九二六年二月二一日、四月七日）。
（65）北海道開発審議会については、山崎幹根『国土開発の時代』東京大学出版会、二〇〇六年、四一、四二頁を参照。
（66）前掲『新北海道史』（第五巻・通説四）一〇六頁、前掲・高橋「戦前期東北開発政策をめぐる諸問題」三一頁。
（67）政務官制度については、奈良岡聰智『加藤高明と政党政治』山川出版社、二〇〇六年、二九四頁、清水唯一朗『政党と官僚の近代』藤原書店、二〇〇七年、二四五頁を参照。
（68）黒澤良『内務省の政治史』藤原書店、二〇一三年、六五、六九、一二六、一二七頁。
（69）越沢明『東京の都市計画』岩波書店、一九九一年、四〇頁。

(70) 同委員会は、函館、小樽、札幌への都市計画法施行(一九二三年五月)に基づく(札幌市教育委員会編『新札幌市史』(第四巻)札幌市、一九九七年、二七九、二八〇頁)。
(71) 篠原英太郎「都市計画に関する講演」(一九二六年六月三日) 北海道大学附属図書館北方資料室所蔵「北海道資料パンフレット」(北資パンフ 123-03) 一頁。
(72) 「第二回北海道各市市会正副議長会議事項」北海道大学附属図書館所蔵「札幌市議会関係資料」(議案・報告・其他) 一九二六年。
(73) 札幌外五市会議所「第二期拓殖計画促進ノ件」(一九二六年六月一九日) 北海道庁「請願建議陳情調書」北海道立文書館所蔵「橋本東三資料」(B0-49/22)。右の要請は、一九六二年の全国総合開発計画における拠点開発方式につながる発想のように思われる(本間義人『国土計画を考える』中央公論新社、一九九九年、二一頁)。
(74) 前掲『新北海道史』(第五巻・通説四) 一〇七、一〇八頁。
(75) 『北タイ』(一九二六年七月二日、六月三〇日)。
(76) 前掲『新北海道史』(第五巻・通説四) 一〇九頁。蔵相及び内相としての浜口の発言の記録はあまりない(川田稔『浜口雄幸』ミネルヴァ書房、二〇〇七年、一二三頁)。
(77) 『北タイ』(一九二六年七月二日)。
(78) 「立憲政友会々報」『政友』(三〇六) 一九二六年、五一頁。
(79) 『北タイ』(一九二六年七月三日)。
(80) 『北タイ』(一九二六年七月一四日)。一二月にも東は「本道出身の代議士は勿論、道民挙つて此問題を提唱し、政党政派を超越して、計画の完璧を期し、拓殖の大業を遺漏なく達成」することを主張している(東武「第二期拓殖計画案に対する意見」前掲『北海道拓殖時報』(一) 一三頁)。
(81) 『北タイ』(一九二六年八月六、七日、九月二日)。
(82) 前掲・橋本『拓殖後日譚』二三七、二三八頁。
(83) 『北タイ』(一九二六年九月二九日)。
(84) 前掲『新北海道史』(第五巻・通説四) 一一二、一一三頁。
(85) 『北タイ』(一九二六年一〇月二六日)。

(86) 前掲・高倉『北海道拓殖史』(覆刻版) 二四五頁。
(87) 立憲政友会北海道支部「北海道拓殖計画概要」一九三四年、木下成太郎先生伝刊行会編『木下成太郎先生伝』みやま書房、一九六七年、二四一頁。
(88)『北タイ』(一九二六年一〇月二七日)。
(89) 前掲・立憲政友会北海道支部「北海道拓殖計画概要」『木下成太郎先生伝』二四一頁。
(90)『北タイ』(一九二六年一二月六日)。
(91)「自作農創成の建議」前掲『北海道拓殖時報』(一) 六七、六八頁。
(92) 前掲『新北海道史』(第五巻・通説四) 一一五頁。
(93) 一九二八年一一月段階における北海道の政党線は憲政会(立憲民政党)線七線、政友会線三線と目されている(前掲・山下『北海道論』一四、一五頁)。
(94) 前掲『新版北海道の歴史』(下) 二一五頁。
(95) 前掲『新北海道史』(第五巻・通説四) 一一一三頁。
(96) 丸山浪弥、安達謙蔵の言「予算委員第二分科(内務省所管)会議録」(第一回)(一九二七年一月三一日)『帝国議会衆議院委員会議録』(昭和篇一) 東京大学出版会、一九九二年、五二六、五二七頁。
(97) 三土忠造の言「予算委員会議録」(第六回)(一九二七年二月五日) 同右、二二〇頁。
(98)「第五二議会報告書」『民政』(臨時号) 一九二七年、四〇、四一、四四、四五頁。
(99) 丸山浪弥の言「北海道農地特別処理法案」(第一読会)「衆議院議事速記録」(第九号)(一九二七年一月三〇日)『帝国議会衆議院議事速記録』(四九) 東京大学出版会、一九八三年、一四四、一四五頁。
(100) 俵孫一、松実喜代太、小池仁郎の言「北海道農地特別処理法案委員会議録」(第二回)(一九二七年二月一日)『帝国議会衆議院委員会議録』(昭和篇四) 東京大学出版会、一九九〇年、四〇八、四〇九、四一五、四一九頁。
(101) 小池仁郎の言「北海道農地特別処理法案委員会議録」(第三回)(一九二七年二月四日) 同右、四三六頁。
(102) 沢田利吉の言「北海道農地特別処理法案」(第一読回ノ続)「衆議院議事速記録」(第一一号)(一九二七年二月六日) 前掲『帝国議会衆議院議事速記録』(四九) 一八八頁。
(103)『北タイ』(一九二七年二月七日、九日)。

(104) 北海道拓殖促進期成同盟会「北海道農地特別処理法案：議会提案の沿革梗概」一九二七年、北海道大学附属図書館北方資料室所蔵「高倉文庫パンフレット」(高倉パンフ　225-08)。同様の批判は、『北タイ』(一九二七年二月一七日)にも見られる。

第三章　田中義一内閣と北海道第二期拓殖計画
――北海道政治の二大政党化――

序　節

本章は田中義一内閣期（一九二七年四月～一九二九年七月）における北海道第二期拓殖計画（第二期拓計）改訂問題を中心に立憲政友会北海道支部の動向を検討することで[1]、普通選挙下における政党政治家の政治行動の一端を考察するとともに[2]、北海道拓殖政策が二大政党間の党争に包摂されたことを明らかにすることを目的としている。その結果、第二期拓計が重要な国策から[3]、政党の政策の一部へと地位を低下させたことが明らかになるだろう。同時に、田中内閣期における北海道政治を考察する。

一九二五年、第一次加藤高明（護憲三派）内閣は選挙法改正によって普通選挙法を導入し、北海道選出代議士の定数は一六名から二〇名へと増加した。護憲三派内閣以降、日本の政党政治は政友会の一党優位政党制から二大政党制に移行し、政友会単独だった北海道拓殖政策の政治主体は、政友会と憲政会に二分された。第二章において指摘したように、二大政党の北海道支部は第二期拓計の財源に公債を適用させるべく、同計画を政争の外に置いて共闘した。だが、憲政会政権の緊縮政策の下で公債発行を絶たれ、財源の保証を欠く第二期拓計が完成し、政友会支部は憲政会支部に対する排撃に転じた。一九二七年四月の田中政友会内閣の成立と同年六月の立憲民政党の結党にともない、北海道政治の二大政党化がはじまった(4)。第二期拓計問題を党争の外に置き、民政党支部と提携することは政友会支部にとって、最も現実的な路線だった。

しかし、田中内閣成立を機に、政友会支部は北海道政治の二大政党化に逆行し、原内閣時代のような政友会一党支配への回帰を企図する。護憲三派内閣時代の一九二五年六月から、政友会支部は策定中の第二期拓計案を田中政友会の「産業立国」の一方策として位置づけていた(5)。憲政会単独政権時代の同年一〇月一六日、野党の政友会の北海道拓殖計画特別委員会が可決した「北海道拓殖計画案」は、第一項に「産業立国の基調は人口の調節、食糧の増殖を講ずるを以て、其主要政策と為さざるべからず。就中、北海道第二次拓殖計画の樹立は我帝国の国策なりと信ず」ことを掲げている(6)。同年一二月一四日の政友会支部大会(約三〇〇〇名を動員)において、田中総裁は「爰に、吾が北海道の拓殖の如き重大なる国策の一つであるが、同時に、海外発展に対して、吾国民は充分に考へねばならぬ」と演説している(7)。田中総裁の演説において、北海道拓殖政策は満州移民と並ぶ重大国策とされている(8)。このことは、政友会支部に対して、田中政友会の「産業立国」政策への過剰な期待を抱かせるに十分だった。田中内閣成立を機に、政友会支部は公債発行を基軸とする第二期拓計改訂案を選挙に利用し、北海道政治から民政党の影響力を排除しようとする。

しかし、土川信男氏が指摘したように、一九二八年二月の第一回普通選挙を機に、田中内閣の政治姿勢は「産業立国」政策からイデオロギー政策に重点を置くものに変化していた。さらに、三土忠造蔵相は金解禁のために財政緊縮を必要としており(9)、田中内閣には第二期拓計に公債を適用する余裕がなくなっていた。本章第一節で検討するように、北海道における民政党の選挙地盤は強固なものであり、政友会支部は北海道政治における政友会の絶対的優位が崩壊したことを悟る。同年一〇月、北海道拓殖政策に消極的な田中内閣に造反した政友会支部は支部解散を決定し、新党の結成を試みる。雑誌『道民』(一九二九年三月号)は「寧ろ本道の両党支部なるものは、国策的に重大とする本道の第二期拓殖の建て直しと、それの期成を使命と自任するならば、党内にあつて、本部、又は政府に、利用されつつ、利用するの差引損失なるに鑑み、決然、党外に脱出して両党支部の選良が結束し、その数二十名ともなつたことならば、今日の政界に於いては、議会政治に於いては、少数党と雖も、却つて逆に大政党を利用し、本道の拓殖を完成し得るの捷径があるべきではないか。一層進んで東北の選良と本道の選良との結束は、利害、相同じうする本道との密接関係より、それの可能性を見出されるものとするから、かくして、四、五十名の北方党を組織したならば、更に有力、有効なものと測度される」と述べている[10]。二大政党の北海道支部が「一衣帯水」の東北選出代議士と合流する「北方党」は、二大政党化に逆行する政界再編成構想である。だが、本章第二節で検討するように、政友会支部は変節し、この試みは挫折する。

本章が着目するのは政友会支部解散問題が同党本部に対する自立的行動の端緒だったことである。奥健太郎氏は「田中内閣の組閣から昭和三年の総選挙までは、鈴木派の形成期であった」ことを明らかにしている[11]。鈴木喜三郎と鳩山一郎による政友会支配は一九三七年まで続くが[12]、一九二八年の同党支部解散問題の中心にいた木下成太郎支部長は中央政治において、反主流派としての行動に終始する(第五章、第六章を参照)。一九三六年から一九三九年までの政友会の党内抗争において、木下は中心的役割を果たすことになる(第七章を参照)。長期的観点から見ると、木下(北海道支部)と鈴木派及び鳩山派(中央の本部)の対立の原点として、田中内閣期の北海道政治史の解明は重要な意味を持つ。

本章は、第二期拓計改訂問題を軸に、政友会支部の一党支配回帰路線と北方党路線の破綻を検討する。この結果、田中内閣期における北海道政治の二大政党化が明らかになるだろう。

第一節　北海道第二期拓殖計画改訂問題と一党支配回帰路線

本節では一九二七年四月の田中内閣の成立から、北海道政治において政友会が民政党に対して相対的優位を確立する一九二八年八月までを考察の対象とする。

第一項　北海道第二期拓殖計画改訂案と田中義一

田中内閣成立に端を発する政友会の党派人事は、北海道庁長官にも及んだ。四月三〇日、憲政会系の中川健蔵長官が更迭され、政友会系福岡県知事の沢田牛麿が後任となった。(13) 沢田長官は「現政府は、産業立国の大旗を掲げて、大に帝国産業の隆興を図ると声明しているが、此積極的政策に依て、我北海道も恵まれるといふこと丈けは想像するに難くない」と公言していた。(14) 七月、沢田長官は第二期拓計改訂案を内務省に要求し、鈴木喜三郎内相の承認を得た。(15) 沢田案の骨子は「昭和三年度以降、十三ヶ年間に亘り、次の年割を以て拓殖事業公債を発行すること」にあり、昭和一五年度までに「一億二千六百八〇万円」の公債発行が予定された。「公債財源に依り、繰り上べき事業は、拓殖促進上、最も急用にと認むる」項目として、「港湾」、「道路」、「私設鉄道」、「造田奨励」、「原野開墾」、「移民奨励」、「河川」を挙げている。(16) 港湾、道路、私設鉄道の三項目は、政友会の積極政策と緊密な関係を持っている。一〇月三日、政友会支部大会は小川平吉鉄相と本部特派員の堀切善兵衛総務、来会者三〇〇〇名を迎え、札幌劇場において開催された。大会宣言は「然るに、第二期拓殖計画の策定に際し、吾人は積極的対策を策して内外に奔走したるも、前内閣と之が与党の消極低調の見に阻まれて、遂に大本の確立を見るに至らず。其所謂拓殖計画なるもの徒らに枝葉を剪裁し、末節を粉飾して一目を欺瞞せるのみ」、「果せる哉、実施一年ならずして早く既に大破綻を生じ、其計画せる所、殆んど画餅に帰せんとす。更に、之を改訂して確固遠大の計を樹つるは、実に吾党の任たらずんばあらず」と主張している。[17] 政友会支部は第一回普通選挙に備えるため、財源面に欠陥を持つ第二期拓計の責めをすべて憲政会政権に転嫁する一方で、田中内閣の積極政策による第二期拓計改訂を宣伝した。右のことは、北海道における政友会の党勢拡張の思惑と一体の関係にあった。[18]

だが、一〇月八日の沢田長官との会談の際、三土忠造蔵相は公債発行を骨子とする沢田案に難色を示した。[19] 一二日、木下成太郎支部長、松実喜代太、岡田伊太郎、板谷順助ら代議士、寺田省帰支部顧問役会長、中島義一支部顧問、持田謹也支部顧問、田中清輔支部幹事長、近藤豊吉、東条貢、伊藤八郎、林儀作ら道議が上京し、在京の東武農林政務次官、黒住成章司法参与官、三井徳宝支部顧問らと呼応し、「日夜殆と寝食を忘れて策動」を行った。[20] 一四日に東は小川鉄相、板谷は三土蔵相を訪問し、沢田案貫徹を要求した。さらに、木下支部長を中心とする十余名の有志会合は、沢田案支持と総務会招集を申し合わせた。[21] 他方、二四日の大蔵省議は「北海道拓殖計画の必要なるは、之を認むるも、公債の増発に依ることは認められぬ」ことを内定した。[22] 二六日、政友会支部上京委員は東と黒住とともに、鈴木内相、山本悌二郎農相、中橋徳五郎商相と会談した。二八日の政友会緊急総務会において、木下支部長は「吾党は既に党議にて決定し、之れを道民に公約し居るのである」、「若し、今に至つて事業公債案にして葬られるならば、吾々は帰道出来ざるのみならず、北海道に於ける吾党の勢力は一変するものと諒知して貰ひたい」と主張し、高橋光威総務は与党が「政府を鞭撻して実現を期する」ことを確約している。[23] 木下は第二期拓計改訂が実現せず、普通選挙において政友会の勢力が後退する事態を避けようとしていた。すなわち、木下は普通選挙下における「道民」の意向を強く意識していた。

一一月一日、大蔵省は内務省の新規予算要求の中にあった第二期拓計への公債適用を削除し、沢田案は骨抜きにされた。[24]沢田長官と連携した鈴木内相は、[25]一一日の閣議において沢田案貫徹を主張したが、三土蔵相に阻まれた。これに対して、政友会支部上京委員は閣議の前後において、田中首相に対して二度の陳情を行った。[26]この時、田中は東に対して「北海道を拓殖務省に移管して、ここに完全無欠な拓殖計画を樹立せしめ、以て拓殖の開発を期する腹で、これは未だ他の閣僚にも話さんでいるが、斯ういふ決心でいるのだから宜しく伝へて貰ひたい」と語ったという。[27]翌一二日、沢田案実現を見送った田中首相は、将来において第二期拓計の「根本方策」を樹立するという声明を発表した。[28]同日正午、首相官邸に集結した松実、板谷、持田らは「道民に対する責任上、処決するの外なし」と脱党姿勢を示した。[29]政友会支部上京委員は植木屋旅館に会合し、第一案として「北海道拓殖事業を普通行政と分離し、拓殖務省の所管に移し、以て北海道拓殖事業局を設け、積極的に事業の遂行を期すること」、第二案として「内務省の所管たるは従来の儘とするも、北海道拓殖事業を独立会計の組織に改め、以て積極的に事業の遂行を期すること」、第三案として「在来の歳入超過額主義に依る時は、昭和四年度より既定計画を改訂し、積極的事業の遂行を期すること、前項第二、第三の場合に於ては事業公債を起し、財源繰上げ、確定支出として計画遂行上、常に移動なきを期すること」を掲げた。一四日、東、木下、黒住の三代議士は田中首相に対して三案のいずれかを実現させるよう迫った。田中首相は「自分一個の考へでは拓殖務省移管として特別会計に移す腹ではあるが、之等を発表するには閣議にはからねばならぬ」と答え、昭和四年度における沢田案の実行を確約した。[30]

これまで検討してきた田中首相の好意的な発言は閣議決定や党議決定ではなく、個人的約束にすぎなかった。[31]しかし、政友会支部は田中首相を後ろ盾に、第二期拓計改訂案を掲げ、選挙による民政党支部の打倒をはかる。すなわち、政友会一党支配回帰路線を選択するのである。

第二項　北海道における第一回普通選挙と二大政党

田中首相の口約を背景に、政友会支部は一九二八年二月、第一六回総選挙（第一回普通選挙）に臨んだ。第一五回総選挙において憲政会支部に敗北した政友会支部は、捲土重来を期していた。民政党は一月二三日に支部会、政友会は二四日に支部幹部会を開催し、選挙準備を開始した。なお、政友会支部は選挙対策のため、寺田省帰を委員長に、持田謹也と田中清輔を副委員長に任命した(32)。政友会支部の中で地方政治家が選挙対策を担っていることがわかる。北海道における第一六回総選挙の当選者は表1の通りである。

表1　第16回総選挙

選挙区	選出地域	当選代議士名
第1区	札幌，小樽市，石狩，後志支庁	中西六三郎（民・5）
		山本厚三（民・3）
		森正則（政・1）
		岡田伊太郎（政・3）
第2区	旭川市，上川，宗谷，留萌支庁	東武（政・6）
		林路一（政・1）
		坂東幸太郎（民・2）
		浅川浩（民・3）
第3区	函館市，檜山，渡島支庁	平出喜三郎（民・5）
		黒住成章（政・3）
		佐々木平次郎（政・4）
第4区	室蘭市，空知，胆振，浦河支庁	板谷順助（政・2）
		松実喜代太（政・3）
		岡本幹輔（民・2）
		檀野礼助（中政・1）
		神部為蔵（民・2）
第5区	釧路市，河西，釧路国，根室，網走支庁	木下成太郎（政・3）
		三井徳宝（政・1）
		小池仁郎（民・5）
		前田政八（民・1）

「政」は政友会，「民」は民政党，「中政」は政友会系中立，数字は当選回数。当選順に掲出した。
出所）「普選第一回の総選挙結果」『政友』(328) 1928年，15，16頁，宮川隆義編『歴代国会議員経歴要覧』政治広報センター，1990年より作成。

第四区において中立で立候補した日魯漁業専務の檀野を除き、政友会と民政党の候補者が当選しており、北海道政治の二大政党化は既定路線となった。政友会の一〇議席に対して民政党は九議席を獲得しており、政友会の薄氷の勝利である。換言すると、民政党の選挙地盤の強固さを示す結果となった。この背景には第一章において検討した一九二四年の政友会分裂と第一五回総選挙以降における憲政会の台頭があった。同選挙において政友本党から立候補し、落選した中西が民政党候補としてトップ当選していることは、民政党が旧政友本党の地盤を吸収していたことを示している。『北海タイムス』から民政党の当選者の内訳を見ると、北海道における普通選挙が都市部を地盤とする候補者に有利に作用したことがわかる[33]。一万七五〇一票の中西は九〇二八票を札幌市、一万二三九五票の山本は九五九二票を小樽市、一万一八五七票の坂東は四五三七票を旭川市、一万五八七〇票の平出は九一四一票を函館市、八二五二票の岡本は四九〇〇票を室蘭市、八六〇〇票を獲得した前田は三三四七票を釧路市において獲得している[34]。

野党でありながらも善戦した民政党だったが、最大の誤算は全道一の激戦区だった第一区(札幌、小樽市、石狩、後志支庁)における一柳仲次郎支部長の落選だった。札幌市に強固な選挙地盤を持つ一柳だったが、江別町を地盤とし、札幌市にも積極的な遊説活動を行った岡田に敗れた[35]。七四五六票を獲得した一柳は唯一の地盤の札幌市において四三六一票を獲得したが、九八九八票の岡田に二一〇四票を奪われている[36]。この背景には、一柳の「財政の危機」という緊縮政策よりも、政友会の積極政策を背景とする岡田が札幌市の鉄道関係者に支持されたためだろう[37]。二月九日、政友会支部は水野錬太郎文相を迎え、全道各地代表役員懇談会を札幌市公会堂に開催し、三五〇〇名を動員した[38]。この時、木下支部長は「経済維新である現内閣は、先に憲政会内閣が消極退嬰のあとをうけて」成立したと演説している[39]。こうした政友会支部による積極政策の高唱が岡田の当選に寄与した可能性は高いように思われる。

道北部の第二区(旭川市、上川、宗谷、留萌支庁)も二大政党が二議席ずつ分け合っているが、民政党は坂東と浅川の二名に候補者を限定することで、政友会の近藤豊吉を落選させるという成果を挙げている。だが、一万八五二〇票を獲得した東は、市部、郡部双方に強固な選挙地盤を形成していた。東の旭川市における獲得票数は一八三三票と坂東に及ばないが、名寄町で八五一票、増毛町で八四八票を獲得するなど、郡部において、他候補を圧倒している[40]。増毛町における東の演説会には「吹雪にも拘らず、聴衆八百余名」を集めている[41]。天塩町周辺における伐木事業組合は総選挙当日の一斉休山による新有権者六〇〇名の権利の行使を要求し、羽幌町の青年有志は「絶対中立の立場」から「羽幌棄権防止同盟会」を結成し、宣伝文書、演説会、ポスターを通して棄権防止を呼びかけている[42]。なお、天塩町と羽幌町では東と浅川が票を分け合っている[43]。

道南部の第三区（函館市、檜山、渡島支庁）では、政友会が民政党に対して二対一で勝利をおさめている[44]。民政党では、前田卯之助が遅れて公認された北林屹郎に反発し、結局、北林は大差で落選している。民政党支部が候補者の調整に失敗したこともあり、同区は「全道随一の無風地帯」と評され[45]、政友会の圧勝に終わっている。このことは、黒住と佐々木の選挙地盤が函館市だったことと関係している。一万二八三二票を獲得した佐々木は函館市において九一七六票を獲得しており[46]、当該期の同市は政友会の票田であったと言える。なお、黒住は七月一七日に病死し、トップ当選の平出は二七日に政友会に復党する[47]。

道央部の第四区（室蘭市、空知、胆振、浦河支庁）は第一区と並ぶ激戦区であり、二大政党が二議席ずつ分け合っている。政友会が三候補の擁立に限定したのに対して、民政党は五候補を擁立している。五位で当選した神部は「味方候補濫立の為、激烈な同士討ちを演じたために反対党に乗ぜられ、苦戦に苦戦を重ね、屢々窮地に瀕」したと語っている[48]。特に、当選確実と見なされていた手代木隆吉前代議士の落選は民政党にとって痛手だった。七二三一票の手代木は苫小牧町において八五三票を獲得したが、当選した岡本に七四九票を奪われている[49]。手代木は同士討ちの犠牲者だろう。中立の檀野は政友会系であり[50]、第四区は第一区と同様に政友会の勝利と見なすことができる。

前回の第一五回総選挙において落選した木下政友会支部長がトップ当選を果たした道東部の第五区（釧路市、河西、釧路国、根室、網走支庁）では、二大政党が二議席ずつ分け合っている。政友会から初めて立候補した三井を支持する本別村の戊辰倶楽部は、積極政策と理想選挙を掲げ、農村を巡歴した[51]。民政党では、野付牛町の千葉兵蔵が網走町の野坂良吉との地盤対立から、支部の公認を得ずに立候補しようとした。千葉を支持する小池は「公認一点張り」を批判し、一柳支部長に抗議した。立候補を断念した千葉は小池の応援にまわり、野付牛町の票を小池に奪われた野坂は僅差の次点で落選した。政友会では、木下支部長が候補者の乱立を避けるために網走町の東条貞の公認に反対した。東条は公認されたが、野付牛町の前田駒次とともに落選している[52]。この結果、北見方面の代議士は姿を消した[53]。

なお、開票以前の北海道では他の地域にはない天候という不確定要素があった。寒冷地の北海道、特に郡部では二月二〇日という厳冬の投票日ゆえに大吹雪にともなう棄権者の増加が危惧されていた[54]。現に、各候補は吹雪と降雪の中での選挙戦を余儀なくされていた[55]。だが、投票日は天候にめぐまれ、棄権率は四割という選挙前の予想を大きく下回り、二割六分に止まっている[56]。

普通選挙導入にともなって飛躍的に増大した北海道の有権者[57]に対して、政友会支部は「積極政策の政友会」と「消極政策の民政党」という対立点を訴えた。多くの新有権者は、前者が第二期拓計の飛躍的進展をもたらす可能性を期待する一方で、後者が政権党時代に不完全な第二期拓計を策定したというイメージを植えつけられたのではないだろうか。第二区においてトップ当選を果たした東は選挙戦の最中において「憲政会内閣の消極、緊縮一点張り」を批判し、田中内閣が「積極進取主義を以て進み、現に本道拓計案に対しては欠陥を補填し、積極加味の改訂案」を提示したことを誇っている[58]。また、第五区から初当選を果たした三井は、総選挙後、「我党将来の積極政策に基づき、第二拓殖計画案の大改訂を行ひ、其財源の確立を計つて、直に年次計画の実行に努力する」と述べている[59]。右のことは、政友会支部が民政党打倒の手段として第二期拓計改訂案を選挙の道具に利用していたことを示している。しかし、政友会は民政党に対して相対的優位に立ったにすぎず、一党支配回帰路線の観点から見れば、大きな失敗であった。

政友会支部は総選挙における勝利と引き換えに、民政党支部との提携断絶という代償を支払うことになった。北海道もまた、鈴木内相を中心とする田中内閣の選挙干渉から無縁ではなかったからである。選挙対策を目的とした一九二七年一一月二四日の民政党支部長会議において、一柳支部長は安達謙蔵総務に対して「北海道では道庁内に高等課の別室を設け、政友会の選挙準備と見られる行為をなし、民政党の候補者と予想される者に尾行を附している」ことを報告している[60]。総選挙後、民政党の横山勝太郎と高木益太郎は「鈴木前内相及山岡前警保局長外、地方長官に対する第二怪文書に基づく衆議院議員選挙法違反の件」を問題化した。「地方長官」の中には沢田長官の名が含まれていた[61]。横山が入手した「第二怪文書」によると、沢田長官は内務省に対して「援助せば、当選し得べき見込の者左の通」という暗号電報を報告したと言う。この電報には「一区、岡田伊太郎、民政一柳、中西候補の為め、地盤を蚕食せらるるに依り、両候補の勢力を牽制し、反面、鉄道関係有力者に手を廻し、且つ、費用を応援せば、当選し得べし」という注目すべき記述が見られる[62]。北海道における民政党の選挙違反は事件数にして政友会の約七倍、人員数にして一〇倍半となっている[63]。選挙違反区の第一位は一七件の第一区、第二位は一五件の第四区であり、一桁台だった他の選挙区を圧倒している[64]。田中内閣の選挙干渉が両選挙区における政友会の僅差の勝利に寄与した可能性は高いだろう。このことは、民政党支部の反感を増大させる結果になったのである。

政友会支部は同年八月の道議選においても第二期拓計改訂案を掲げて民政党打倒を企図し、一党支配回帰路線を継続する。

第三項　普通選挙下における第九期道議選と二大政党

普通選挙下において初となる北海道会議員選挙（第九期道議選）は、一九二八年八月一〇日に実施された。政友会支部は、木下支部長を中心に選挙準備を開始した。[65] 七月二二日、一般有権者に対する政策宣伝を目的とする政友会支部臨時総会は、札幌市公会堂において、東北大会と同時開催された。総会宣言は「多年、本道拓発の急を高唱し、第二期拓殖計画策定の期に方りては、積極的対策を立てて之を朝野に致し、力を傾け、心を砕きたりと雖も、前内閣と之が与党は徒に消極姑息を事とし、糊塗百端、僅に砂上に楼閣を築き以て得たりと為せるのみ」、「吾人、亦、一致結束、現内閣を支持して我党の使命たる積極政策の登場に努め」ることを主張している。決議事項には「北海道拓殖計画を改訂して、新に積極的規画を立て、前初、若干期間は事業公債の発行に依り、後年の収入を繰上げ、使用するの途を開き、以て財源を確保し、拓殖上、所要施設の速成を期す」ことが明記された。[66] 政友会支部は第二期拓計を憲政会政権による消極政策の産物と見なす一方で、田中内閣の積極政策による第二期拓計改訂を約束した。

政友会支部は一党支配回帰路線を堅持していたが、沢田案の後ろ盾となっていた「産業立国」政策の重要性は田中内閣において低下していた。第一回普通選挙を機に、田中内閣が「産業立国」政策からイデオロギー政策への戦略転換を行ったからである。[67] 道議選の時期には沢田案の実現可能性が低下していたが、政友会支部はこのことを認識せず、沢田案実行を掲げて民政党支部と対峙した。道議選の結果は表2の通りである。

第九期道議選は、二七議席を獲得した政友会が二四議席の民政党に勝利した。中立は六議席（一人は政友会に近い中西六三郎系）である。同選挙において有権者は前回選挙から四倍に増加し、各候補は言論戦に重点を置くようになった[68]。選挙後、一柳民政党支部長が「道会分野は政民両派二五の半々、中立七と最初から自信していたのであるが、上川の番狂せが敗亡の直接原因になつた訳だ。上川は少なくとも三対三の割合に落着くものと思つていたのにアーならうとは実に意外であつた。東君の働きがあつたといふものだろう」と語っているように[69]、上川支庁における政友会の大勝は、道議選における勝利に直結したのである。

道議選において上川支庁は定員六名のところに一三名が立候補し、全道一の激戦地となった。上川支庁管内の町村において第二の票田であった名寄町から政友会候補として選出された太田鉄太郎は民政党候補の水上政治（現職）の前に苦戦していた[70]。太田を強力に支援したのが名寄町を衆議院選挙の地盤とする代議士の東武であった[71]。道議選の直前、東は上川全域における応援演説に奔走した[72]。最終的に、上川支庁における道議選は、政友会五議席、民政党一議席という政友会の大勝という結果になった。二五八九票を獲得した太田も水上（二二〇一票で落選）を破り、五位で当選している[73]。太田は名寄町において一〇一八票を獲得し、六九〇票の水上を圧倒している[74]。これは、上川支庁における東の影響力の一端を示している。

他方、留萌支庁においては、東ら政友会の積極政策の限界が露呈された。七月一〇日の民政党系の『小樽新聞』は「一万四千の有権者を包容する留萌支庁管内は、由来、政友会の金城湯池と目せられているほど、牢固とした政友万能の地盤である。殊に東武氏が十数年来、

表2　第9期北海道会議員選挙当選者

市部・郡部	獲得議席数	市部・郡部	獲得議席数
札幌市	民(2)・中(1)	旭川市	政(1)
函館市	政(2)・民(2)	室蘭市	民(1)
小樽市	政(1)・民(2)	釧路市	民(1)
石狩支庁	政(2)・民(1)	宗谷支庁	政(1)・民(1)
渡島支庁	政(1)・民(2)・中(1)	網走支庁	政(3)・民(2)
檜山支庁	政(1)・中(1)	胆振支庁	政(1)・民(1)
後志支庁	政(2)・民(2)	日高支庁	民(1)
空知支庁	政(2)・民(4)・中(2)	十勝支庁	政(2)・中(1)
上川支庁	政(5)・民(1)	釧路国支庁	政(1)
留萌支庁	政(1)・民(1)	根室支庁	政(1)

「政」は政友会,「民」は民政党,「中」は中立, 数字は獲得議席数を示す。
出所）北海道議会事務局編『北海道議会史』(第3巻) 北海道議会事務局, 1962年, 2～9頁より作成。

延々五十余里にわたる天塩沿岸を唯一の根拠地として、港湾漁港の築設、沿岸鉄道の速成、漁政の確立等、いはゆる鳴り物入れの我党政策をふり廻し、質朴敦厚な選挙民をあやつりながら根強く植えつけた勢力は、蓋し、偉大なものである」、「普選の今日に至つては、急転直下、同地方の政情も殆ど一変して民政派は日に日に頭をもたげ、政友派は漸次凋落の傾きがある」と報じている。(75)増毛町においては政民両派が選考委員三七名を挙げ、民政党の小谷木常祐の出馬を決定した。民政系革新倶楽部が小谷木を強力に支援しており、(76)民政党が増毛町への影響力を強めていることがわかる。他方、同町では政友会の積極政策を期待する東の支持勢力も根強かった。二九日の政友会系の『北海タイムス』によると、増毛町では政友会の漁業家の近藤永助を中心に「従来、増毛町は東政務次官を中心に、政友会に幾多の恩顧を蒙り居るのみならず、将来、漁村振興の計画、積極主義の政策に共鳴せざるべからざる多くの問題がある。斯うした見地から積極進取の政策に反対する候補を擁立する訳に行かぬ」と、小谷木擁立に対して強硬に反対したと言う。(77)道議選直前の八月六日、東は「増毛町の結束を根底から覆へすべく」、増毛公会堂において、自身の腹心だった政友会候補の高橋文平の応援演説を行った。だが、「聴衆、わづかに六十名位で極めて寂寥たるものがあつた」(78)ため、東は八日と九日に留萌町と羽幌町で行う予定であった高橋の応援演説会を中止して旭川市に向かっている。結果的に、小谷木は高橋を抑えてトップ当選を果たした(高橋は二位当選)。留萌町では一一九票に対して三一七票、増毛町では二五九票に対して八七〇票、羽幌町では一〇票に対して一三一票を獲得しているように、小谷木が高橋を圧倒している。(79)このことは、民政党が従来の政友会の選挙地盤を侵食していたことの一例であろう。(80)

小谷木の当選は、政友会支部が掲げる第二期拓計改訂案の実現可能性を否定した民政党の選挙戦略と関係しているように思われる。七月二一日、道庁長官の経歴を持つ俵孫一民政党総務は、道議選の同党本部代表(81)として応援演説に訪れた函館市において、「拓計にしても、一昨年、我党内閣時代の計画をその儘、踏襲することになつている。公債政策で事業を繰上げんとしているが、政友会の借金政策は既に行き詰つて実行出来ない状態にあり」、「道民諸君も、この政府によつて北海道拓殖計画遂行を期待することの不可能なるものである事はよく知つている。この場合の道議選に当つて、政府及び与党は何を宣伝しても信頼されないことは勿論である」と述べている。[82]川崎克民政党党務委員長も、二六日の札幌市における民政党主催の「時局批評演説会」において「公債を以て財源とすることは、大蔵大臣、既に否定している地租委譲の看板と同様、諸君を釣る看板に過ぎないから、健全なる理性の批判をもつて、彼等の常套手段に騙されてはならない」と演説している。[83]俵と川崎は北海道における有権者に対して、政友会の第二期拓計改訂案が財源問題から実現不可能であることを訴えた。他方、道議選における民政党支部の政策の第一項には「第二期拓殖計画の速成を期す」とあり、[84]民政党は第二期拓計の改訂に言及しなかった。すなわち、民政党は第二期拓計の現状維持を前提に、政友会の「産業立国」政策の破綻を批判するという戦略を取った。最終的に民政党が敗北した重要な要因は、独自の第二期拓計案を有権者に提示できず、政友会批判に終始したためだろう。

田中内閣の戦略転換に反して、「産業立国」政策に基づく第二期拓計改訂案を有権者に提示しながら、道議選において民政党に対して相対的有利を確保するに止まったことは、政友会支部に強い危機感を与えたと思われる。第一回普通選挙と同様、第九期道議選もまた、北海道における民政党の選挙地盤の強固さを示す結果となった。右のことは、政友会支部の一党支配回帰路線が破綻したことを示している。同時に、第一回普通選挙において当選を果たした一〇名の北海道選出政友会代議士及び道議選に勝利した二七名の道議は、投票した有権者から第二期拓計改訂の公約を果たすという義務を担わされることになった。そして、このことは彼らと田中内閣及び政友会本部との激しい対立を惹起させることになる。

第二節　北海道第二期拓殖計画改訂案の混迷と北方党路線

本節では一九二八年一〇月の政友会支部の反逆から、一九二九年七月の田中内閣の総辞職までを考察の対象とする。

第一項　政友会北海道支部の反逆と北方党路線の可能性

一九二八年一〇月、財界の共同声明は緊縮財政、公債抑制、金解禁政策即時実施を要求し、田中内閣はこれに抗することができなかった[85]。一八日、田中首相は「大蔵省側の意向を尊重して公債増発による年度割の増額には反対」し[86]、事業公債発行を基軸とする沢田案の実行は絶望的となった。二二日、木下支部長らは沢田案貫徹のために上京、鈴木前内相や島田俊雄幹事長を訪問し、田中首相の口約を実行に移すよう要求した[87]。二三日には木下支部長が田中首相と交渉し[88]、二四日には、松実、林路一両代議士と前田駒次道会議長、丸山浪弥副議長が「三土蔵相の反省を求め」るため、高橋是清と岡崎邦輔の二長老を訪問した[89]。二五日、政友会道議二七名は第二期拓計への公債適用を実現させなければ、「道議選に於ける道民への公約の手前、面目なし」と、脱党届を木下支部長に提出した[90]。道議たちの脱党運動の背景に、「道民」との公約違反に対する危機意識があることがわかる。二六日、前田議長、丸山副議長、田中喜代松支部幹事長、近藤豊吉道議、東英治道議、持田謹也政友会支部顧問は、三井と林という北海道選出政友会代議士中の少壮派と合流して「在京運動員」を形成し、三土蔵相に対して第二期拓計への公債適用を要求した(91)。だが、三土蔵相は「目下の経済界の状況では、二億円以上の公債発行は絶対不可能である、従つて、公債発行を含む拓計案には遺憾乍ら賛成する訳には行かぬ」と拒絶した(92)。

一〇月二七日の予算閣議は三土蔵相主導の下、政友会支部の要求を斥けた。この結果、旅行中の岡田と森正則を除く北海道選出代議士八名、持田支部顧問と道議たちは、政友会の脱党、北海道支部の解散を決定した。木下支部長が「第一、道民との公約もある」と語ったように(93)、政友会支部の反逆は「道民」の意向を強く意識した上での行動であった。同夜、北海道選出代議士五名(板谷、松実、林、三井、佐々木)と持田支部顧問と道議たちは改めて会合し、声明書と申合書を作成した。声明書は、「現内閣は、昨年、閣議の決定を以て北海道第二期拓殖計画に対し、或は財源を確実にし、或は事業公債を発行する等、根本的改訂を加へ、以て、積極的施設をなすべき言明を与へたり。吾等は悉く之を信頼し、道民に対して之が実現を公約せり。然るに、今や昭和四年度予算編成に当り、政府は悉くこれを裏切り、姑息不徹底、何等新味の見るべきものなし」、「吾等は、かかる総裁の統率せる政党に晏如として留まる能はず。茲に、立憲政友会を脱党す」と主張する(94)。政友会支部の反逆は、第二期拓計改訂問題に関する田中首相の変節に基因していた。申合書には「汎く、同志を結合して新たに政治団体を組織す」、「議会開会前、支部大会を開き、解散の決議をなすこと」が掲げられていた(95)。二九日の『小樽新聞』は、政友会脱党組が「飽まで、北海道独自の立場から新党を確立し、初志の貫徹に努力する事を決議した。勿論、他党からの共鳴者があれば、大に歓迎すべく、本道民政党員として、自分達(の欠か)立場に尽して来る時は、これ又、大に歓迎し、共に本道のために尽したい」と述べていたと報じている(96)。政友会支部は、民政党支部との合流と新党結成を企図していた。ここに、政友会支部は一党支配回帰路線から北方党路線へと転換したのである。

一〇月二八日夜、田中首相と島田幹事長は木下支部長との妥協を企図する。田中首相の妥協案は、昭和四年度における拓殖費の増額を行わないことと引き換えに、二八二〇万円を最低額とする恒久的補助を与えるというものだった。他方、「沢田案たる三千五百万円の年度割計画との折衷案及び公債増発問題については、明年、拓殖省設置を機会として、その直属、若くは拓殖省に属する北海道拓殖特別調査会を設置して研究すること」が決定された。田中首相が政友会支部に対して口約した第二期拓計への公債適用は先送りとされたが[97]、「北海道拓殖特別調査会」構想が浮上していることは重要である。なお、同調査会は「拓殖省」(後の拓務省)の管轄とされている。

一〇月二九日、木下支部長は北海道選出政友会代議士一〇名、道議二七名の脱党届と脱党声明を持参して島田幹事長を訪問した。島田は三〇日の閣議の経過まで脱党を延期するよう木下に進言したが[98]、北海道選出代議士六名(三井、林、松実、板谷、佐々木、森)は、同日の会合において「政友会与党の妥協案なるものは、我々の主張する三千五百万円の沢田案と多大の相違あるのみならず、拓殖計画の根本に於て相容れざるものあり」と脱党決行に決定した。三土蔵相は「仮令、北海道全部の脱党を見るも、今更、閣議の決定案は以上の財源を捻出することが不可能である」と応じた[99]。妥協工作は破綻し、北海道選出政友会代議士一〇名の脱党は避けられない情勢となった。三土蔵相は「北海道代議士十名全部が離党するも、敢えて、政友会は苦痛とする所にあらず」、「現内閣の緊縮予算に対しては床次氏の新党クラブが賛成すべく、取引勘定の上に於いて、仮令、北海道選出代議士脱党を見るも、政府としては不利にあらず」と公言していた[100]。床次竹二郎一派の民政党脱党以来、政友会は民政党に対する五〇議席の優位を確立していた[101]。三土蔵相の主張にも一理あったが、第五五議会で多数派工作に苦闘した田中首相にとって[102]、一〇名の脱党者を出すことは避けたかったであろう。二七議席を有する床次の新党倶楽部の動向も未知数であり、脱党組と連携する可能性もあった[103]。三一日の『北海タイムス』は「現在の政局に於いて、十名の代議士を失ふことは非常な苦痛である」、「更に注目すべきは、東北選出政友会代議士団体は東北開発の目的を貫徹せんとするため、北海道脱党組と伍し、事を企図して居るとのことである」と報じ、東北選出代議士の新党参加説を警戒している[104]。東北選出政友会代議士は二六名に達しており、彼らが北海道選出代議士に協力し、東北会として造反すれば、田中内閣の大きな脅威となる。北方党路線に基づく政友会支部の反逆は、田中首相にとって軽視できる問題ではなかった。

だが、北方党路線の最大の問題は政友会支部主体の新党であり、民政党側が応じるかどうかということである。元道庁長官の俵孫一総務のように、新党結成を支持する例外的意見もあったが[105]、当初から民政党の大勢は「政友会は出来もせぬ積極政策の空手形を擁して総選挙に臨み、殊に北海道第二期計画増額については、道会議員選挙の際、田中首相が一札入れている模様である。しかして、今となつて公約を裏切られるにおいてはかかる結果を見るは当然である」という冷淡な意見であった[106]。象徴的だったのは、第一回普通選挙において落選した一柳支部長の政友会支部批判である。一柳は『小樽新聞』において「本年二月、衆議院議員選挙において、はたまた道会議員選挙において、道民に立候補挨拶としては元より本部特派の幹部諸公における党の積極政策より、本道拓殖計画に対する公債案による改訂案論の主張の如何に堂々として力説し、これが実行を公約し、抜き差しならぬ手形を発行し、道民代表として国民代表として衆議院議員及び道議に当選」したことを強調し、「政友会諸公の主張といひ、政策といひ、信ずるに足らざるを通り越して天下民人への公約無視は更なり。両回選挙における諸公の手形は一時を糊塗する術策の方便なりしかを思はしむるものである」と批判している[107]。民政党支部は政友会支部に合流するどころか、総選挙と道議選における政友会の公約違反、すなわち、沢田案を放棄したことを攻撃した。政友会支部が第二期拓計を選挙に利用したことは、民政党支部との提携を困難なものとしていた。また、一〇月三一日に開催された政友会の東北会は、北海道選出代議士一〇名の慰留に努めた[108]。東北選出政友会代議士たちは政友会支部との共闘を選択しなかったのである。

北方党路線が実現の可能性を弱めていく中で、北海道選出政友会代議士の動向に変化が生じる。一〇月三〇日、与党幹部及び政府との交渉に失敗した木下支部長に対して、松実、佐々木、林は強硬論に固執したが、岡田と森は「政府並に与党の事情を考慮して、尚、慎重の態度を執るべきである」と軟論に転じ、木下は脱党声明書を与党に提出することができなかった[109]。東北会が開催された三一日には東と板谷が脱党を躊躇しはじめた[110]。農林政務次官の東を筆頭に、木下は総務、板谷は幹事という党幹部であり、森、佐々木、林は政友会主流の鈴木派に近かった[111]。大政党の政友会を脱党して少数政党を結成するということは、東や木下にとって大きなリスクをともなうことであった。若月剛史氏が指摘するように、田中内閣期には党幹部と政務官の定期的な会合が開催されるようになり、党内の地方利益要求が予算過程に反映しやすい状況となっていた[112]。北海道選出代議士たちには政友会に残留し、東や木下を介して拓殖費の増額をはかるという選択肢も存在したのである。北海道選出の中央政治家は北方党路線を断念し、一党支配回帰路線に再転換しはじめた。

他方、急進的な道議を統率していた持田政友会支部顧問は「我支部の一同は総理及三土の証言を真に受けて、夏の総選挙、次の道会議員選挙に臨んで、例の積極政策、産業立国、夫れに又、公債に拠る拓殖計画の墨付まで振まわして、選挙の武器として闘つた。そして、消極退嬰の民政党に一泡吹かせた訳で、兎に角、どの戦争にも勝つたのは、全然、其材料に依つたとはいはんが、兎に角、有らゆる場合に之を声明したのは事実である。然るに今さら夫が虚噓《マヽ》の贋手形に依つては、朝夕顔を合す選挙民に何として申訳をしてよいか」と語っている[113]。選挙戦を指揮した地方政治家の持田は、北海道における有権者への選挙公約違反を危惧していたのである。持田の危機意識は中央政治家の東や木下と比較して、北海道の有権者との関係が緊密だったために生じたものだった。だが、政友会幹部や小川平吉鉄相の斡旋を受けた木下支部長は一一月三日、脱党届を自らの手元で握り潰すに至った[114]。地方政治家は中央政治家に屈服し、北方党路線は挫折したのである。

政友会支部が北方党路線から一党支配回帰路線へと再転換した結果、政友会は分裂を避けることに成功した。政友会支部の解散中止と引き換えに、田中内閣は第二期拓計問題に取り組まざるを得なくなった。このことは、木下ら政友会支部にとっての政治的成果だった。だが、田中内閣崩壊は目前に迫っており、次期政権を担う民政党は第二期拓計問題に関する有効な対応策を有していなかったのである。[115]

第二項　北海道拓殖調査会と新拓殖計画案

田中内閣末期において、政友会支部は沢田案の再検討を試みる。一九二九年四月一四日、田中首相を訪問した沢田長官は政友会支部の希望として、「内閣直属の大調査機関」の設置を要求した。[116]これは、新設の拓務省管轄案から一歩進めた要求である。政友会支部は五月二八日から「連夜、拓計問題を中心に最高秘密協議会を開催し」、三一日から六月一日にかけて、橋本東三調査課長ら道庁関係者から第二期拓計に関する各部門の意見を聴取した上で「之に、支部独自の草案を対照して、根本的改訂に対する徹底的調査研究を」行った。協議の際に「公債発行不可能としての財源捻出方策」が浮上している。最終的に、林が本部と打ち合わせた上で「第一回拓殖調査会に右支部案を提示する事」となった。[117]ここに、政友会支部は「一枚看板」の公債発行要求を断念し、[118]代替案を拓殖調査会に提示することを決定した。六月一〇日、木下支部長は田中首相に対する電報の中で「内閣ノ現勢ヲ深ク考慮シ、拓殖計画樹立案、幾多ノ困難ヲ排砕シテ成案ヲ作リ、天下ニ信ヲ保ツト共ニ、先年、総裁ガ声明セラレタル趣旨モ閉脚セザル経路ヲ明ラカニシ、暫ク公債案ヲ避ケ、拓殖振興ノ実ヲ挙ゲテ起案ヲ為シ、道会議員、代議士トモ名分ヲ立テ、政界ニ紛糾ヲ来サザルコトトセリ」、「仍テ、北海道支部ハ前段ノ方策ニ依リ、政府ト長官ノ間ニ介在シ、調節的立案ヲ為セル為メ、前年ノ如ク、沢田案支持ヲ標榜スル能ハズ、御洞察ヲ請フ」と述べている。[119]木下支部長は政友会支部が主体的に第二期拓計改訂案の立案に関与し、田中内閣と道庁の意向を「調節」していくことを表明したのである。

六月一一日の定例閣議において、田中内閣は「北海道拓殖調査会官制案」を可決した。北海道拓殖調査会の注目すべき点は内閣直属とされ、会長に首相、副会長に内相と蔵相が据えられたことである。委員は内閣書記官長、法制局長官、政務次官（内務、大蔵）、事務次官（内務、大蔵、農林、逓信、鉄道）、道庁長官、北海道選出代議士三名、同貴族院議員二名の一五名で構成される予定だった[120]。代議士には東、木下、松実が内定していた[121]。第二章において指摘したように、憲政会政権時代の北海道拓殖計画調査会は内務省直属であり、会長は内相にすぎず、第二期拓計の完成とともに廃止された。この先例と比較すると、政友会支部の造反は北海道拓殖調査会の権威増大をもたらしたと言える。だが、民間委員は政友会によって独占され、民政党は排除されていた[122]。憲政会政権時代の北海道拓殖計画調査会の民間委員は超党派の構成となっていたことと比較すると、後退した観が否めず、民間委員の政友会偏重は一党支配回帰路線の弊害であったと言える。なお、橋本道庁調査課長が危惧していた蔵相の副会長起用は[123]、拓殖費を予算の「審査」段階で統制しようとする大蔵省の思惑と関係しているように思われる[124]。政友会支部は第二期拓計への公債適用を放棄しており、三土蔵相との妥協の可能性は生まれていた。北海道拓殖調査会は、田中内閣、道庁、政友会支部による第二期拓計の総合調整機関として機能する可能性を有していた。二〇日には、東が上京中の林ら政友会支部有志十余名とともに第一回調査会のための打ち合わせを行っている[125]。

しかし、七月二日に田中政友会内閣は前年六月の張作霖爆殺事件の処理をめぐって昭和天皇の不興を買い、突如総辞職し、後任の浜口雄幸民政党内閣によって「経費節約の意味で」北海道拓殖調査会は廃止される[126]。このことは、北海道拓殖調査会の民間委員から民政党を排除した代償であっただろう。八月九日、政友会支部は二〇か年、総額一〇億五二九五万円とする「新拓殖計画案」を公表した。同案は公債を発行せず、産業費（七万六四八二万円）に重点を置く内容である。増額を予定した産業費には甜菜奨励費の増額及び事業拡張など、画期的な主張も含まれている。官業斫伐事業の廃止による森林費の減額は、大蔵省への配慮だろう[127]。同案は北海道拓殖調査会への提出が予定されていたが調査会廃止もあり、民政党政権に着目されることはなかった。田中内閣の突然の崩壊と浜口内閣の成立によって、脱党問題以降における政友会支部の第二期拓計問題への取り組みは水泡に帰した。だが、本部から自立した政友会支部の行動は継続されることになる。

結　節

本章において検討してきたように、第二期拓計改訂の試みは、田中政友会内閣の下で実現しなかった。

第一の要因として、「北海道を重視する田中内閣」という政友会支部の戦略上の問題が挙げられる。しかし、一九二八年二月の第一回普通選挙以降に「産業立国」政策を放棄した田中内閣は、政友会支部が期待したほど、第二期拓計改訂に積極的ではなかった。同年一〇月の政友会支部の反逆は、田中内閣と政友会支部との間に存在していた第二期拓計問題に対する落差を浮き彫りにした点において意義がある。反逆の背景には、「道民」から見られているという普通選挙下の政友会支部（代議士、道議、地方政治家）の共通認識があった。田中内閣の妥協工作の結果、政友会支部は解散を躊躇する木下成太郎支部長や東武ら中央政治家と、選挙公約を遵守するために新党結成及び沢田案貫徹に固執する持田謹也支部顧問ら地方政治家に分化していった。この対立が前者の勝利に帰した結果、政友会支部は公債発行を行わない、新たな第二期拓計改訂案を完成させたが、田中内閣の崩壊によって実現しなかった。

第二の要因として、第二期拓計問題を政友会の党略に従属させた政友会支部の一党支配回帰路線が挙げられる。第一回普通選挙と第九期道会選挙の結果から明らかなように、北海道における民政党の勢力は政友会と拮抗しており、第二期拓計を進めるためには二大政党の超党派的提携が不可欠な政治状況となっていた。北海道における民政党の選挙地盤は強固なものに変貌しており、第一章において指摘した原敬内閣期のように、政友会一党で北海道拓殖政策を進められる時代ではなくなっていた。二大政党の北海道支部の提携を一歩進める北方党路線は、実現すれば、第二期拓計を進展させる可能性を持っていた。だが、政友会支部の一党支配回帰路線は両選挙における政友会の相対的勝利と引き換えに、民政党支部との深刻な対立をもたらし、北方党路線をも挫折させることになった。他方、田中内閣期を通して、民政党は独自の第二期拓計改訂案を提示できず、政友会に対する批判に終始した。

政友会支部が企図した一党支配回帰路線及び北方党路線の破綻は、北海道政治の二大政党化を確実なものとした。普通選挙導入以降、北海道における有権者の動向は政友会支部の行動に影響を及ぼすようになった。政友会への投票を呼びかけるため、同党支部は第二期拓計改訂案を選挙に利用した。民政党政権下における北海道拓殖政策の危機(第四章を参照)は、田中内閣期の政友会支部が第二期拓計改訂問題を二大政党の角逐へと包摂させたことに基因していた。田中内閣末期において政友会支部が実現させた成果(北海道拓殖調査会、新拓殖計画案)は、民政党支部に継承されることはなかった。

田中内閣期を通して政友会支部は北海道拓殖政策という超党派の問題を選挙戦に利用し、民政党支部との対立を深め、第二期拓計を推進する上で、後年に大きな禍根を残した。他方、田中内閣期の政友会支部解散問題は、北海道支部の自立化の端緒となる。同時に、第二期拓計問題の解決に尽力した木下と同問題において成果を残せなかった鈴木喜三郎ら政友会執行部との間における遺恨となったのである。

(1) 政党の地方支部に言及した先駆的業績として、升味準之輔『日本政党史論』(第四巻)(第五巻)東京大学出版会、一九六八年、一九七九年、粟屋憲太郎『昭和の政党』岩波書店、二〇〇七年（初版一九八三年）が挙げられる。また、第二期拓計の内容については榎本守恵氏の詳細な研究がある（榎本守恵「北海道第二期拓殖計画　その成立の意義」和歌森太郎先生還暦記念論文集編集委員会編『明治国家の展開と民衆生活』弘文堂、一九七五年）。

（2）　有馬学氏は普通選挙法導入以降の日本について「あらゆる政治勢力が国民からどのように見られているかを意識せざるを得なかった時代」と見ている（有馬学『日本の歴史（二三）帝国の昭和』講談社、二〇一〇年（初版二〇〇二年）二四頁）。かつて、筆者は満州事変期における協力内閣運動が主導者たちの国民代表としての自意識に基因していたことを指摘した（拙著『立憲民政党と政党改良』北海道大学出版会、二〇一三年、第一章第三節を参照）。本章では、普通選挙下における「道民」代表としての北海道選出政友会代議士の政治行動に着目する。

（3）　北海道編『新北海道史』（第五巻・通説四）北海道、一九七五年、三二頁。

（4）　北海道もまた、政界再編成の影響を受けている。政友本党代議士の栗林五朔の死去にともない、栗林を支持していた室蘭同志会は民政党に合流せず、政友会に公認候補者擁立を依頼した（『北タイ』（一九二五年五月二五日））。政友会は小樽市の実業家の板谷順助を推薦し、板谷は、補欠選挙で初当選を果たしている。

（5）　立憲政友会北海道支部編「北海道新拓殖計画対案」立憲政友会北海道支部、一九二五年、北海道大学附属図書館北方資料室所蔵「高倉文庫パンフレット」（高倉パンフ　127-01）七、八頁。

（6）　「北海道拓殖計画案」『政友』（二九六）一九二五年、五三頁。

（7）　『北タイ』（一九二五年一二月一五日）。

（8）　田中は「産業立国策即海外発展」を提唱し、満州への大規模移民を企図していた（小林道彦「大陸政策と人口問題」伊藤之雄・川田稔編『環太平洋の国際秩序の模索と日本』山川出版社、一九九九年、二一三頁）。

（9）　土川信男「政党内閣と産業政策　一九二五～一九三二年（一）」『国家学会雑誌』（一〇八―三・四）一九九五年、三二四、三二五頁。

（10）　「第二期計画に両党支部協力せよ」『道民』（一四―三）一九二九年。

（11）　奥健太郎『昭和戦前期立憲政友会の研究』慶應義塾大学出版会、二〇〇四年、三二頁。

（12）　同右、一二三頁。

（13）　黒澤良『内務省の政治史』藤原書店、二〇一三年、六八頁。

(14)『北タイ』(一九二七年五月一八日)。
(15)『北タイ』(一九二七年七月一一日)。
(16)『北タイ』(一九二七年一一月二日)。
(17)「北海道支部大会」『政友』(三二三)一九二七年、四七頁。
(18)小川鉄相は「政友会北海道支部大会に臨席す。新入党者三万二千余人の報告あり。入党書几上に山を成す。会衆気勢大に揚る」と日記に記している(「小川平吉日記」(一九二七年一〇月三日)小川平吉文書研究会編『小川平吉関係文書』(一)みすず書房、一九七三年、二五二頁。以降、『小川文書』と略記し、巻数と頁数のみ表示する)。
(19)『北タイ』(一九二七年一〇月九日)。
(20)政友会北海道支部「拓計改訂の経過報告」(中)『北タイ』(一九二七年一一月二六日)。
(21)『北タイ』(一九二七年一〇月一六日)。
(22)『北タイ』(一九二七年一〇月二六日)。
(23)『北タイ』(一九二七年一〇月三〇日)。
(24)『大阪朝日新聞』(一九二七年一一月二日)。
(25)『北タイ』(一九二七年一一月九日)。
(26)前掲・政友会北海道支部「拓計改訂の経過報告」(中)『北タイ』(一九二七年一一月二六日)。
(27)『北タイ』(一九二七年一一月一三日)。
(28)同右。
(29)前掲・政友会北海道支部「拓計改訂の経過報告」(中)『北タイ』(一九二七年一一月二六日)。
(30)『北タイ』(一九二七年一一月一五日)。
(31)この点を鋭く指摘したのが、時言「拓殖計画と道民」北海道大学附属図書館所蔵マイクロフィルム『函館毎日新聞』(一九二八年一〇月三〇日。本書では、以降、『函毎』と略記し、年月日のみ表示する)である。
(32)『北タイ』(一九二八年二月七日)。寺田は小樽市の大地主であり、代議士経験を持つ政友会支部顧問役会長であり(田辺新一・友田孝治編『寺田翁喜寿記念帖』一九三五年(北海道大学附属図書館貴重資料室・佐藤昌介文庫所蔵))、持田は北海タイムス取締役の経歴を持つ政友会支部顧問で、支部幹事長の田中は北海道協会専務理事でもある。三者は、季武嘉也氏が言う

「参謀」であろう（季武嘉也『選挙違反の歴史』吉川弘文館、二〇〇七年、一二五頁）。

(33)『北タイ』は「開票の結果は都市を地盤とする候補者に有利に展開したやうである。都市の特性として有権者が小地域に集団している関係上、有権者の接触も普遍的となり投票の行使も容易である、特に、本道の如く、都市が独立した選挙区でなく、郡部に包含されている場合は、この特性の齎す影響は甚大である」と選挙結果を分析している（『北タイ』（一九二八年二月二五日））。

(34)『北タイ』（一九二八年二月二七、二八、二九日、三月二、三日）。得票数に関しては「第十六回衆議院議員総選挙一覧」（衆議院事務局、一九二八年）を参照した。

(35)『北タイ』（一九二八年二月四、七日）。

(36)『北タイ』（一九二八年二月二七日）。

(37)『樽新』（一九二八年二月三日）。

(38) 例えば、『北タイ』（一九二八年二月二五日）の観測。また、札幌鉄道局長の気賀高次は「本計画案の骨髄をなす最も緊要なるものは、道内における交通機関の整備にありといふ点に於て、各方面の意見が一致しているのである」と述べている（気賀高次「北海道の開発と鉄道との関係」北海道大学附属図書館所蔵『北海道拓殖時報』（一）北海道協会、一九二六年、九頁）。一万二〇〇〇人の有権者を持つ札幌鉄道局は棄権防止のため、投票日を工場の休日としている（『樽新』（一九二八年二月一八、五日））。

(39)『北タイ』（一九二八年二月九、一〇日）。

(40)『北タイ』（一九二八年二月二八日）。

(41)『北タイ』（一九二八年二月一五日）。

(42)『北タイ』（一九二八年二月五、一六日）。

(43)『北タイ』（一九二八年二月二八日）。

(44)『北タイ』（一九二八年二月一七日）。

(45)『北タイ』（一九二八年二月一九日）。

(46)『北タイ』（一九二八年二月二九日）。

(47)『北タイ』（一九二八年七月二八日）。

(48)『北タイ』(一九二八年二月二八日)。
(49)『北タイ』(一九二八年三月二日)。
(50)『北タイ』(一九二八年二月二九日)。
(51)同右。これは既成政党に所属しながら、その限界を克服しようとする農村改造運動(雨宮昭一『総力戦体制と地域政治』青木書店、一九九九年、五五頁)の一端であろう。
(52)『北タイ』(一九二八年二月一、二、五日、三月三日)、『樽新』(一九二八年二月六日)。千葉の公認問題は、支部の調停能力の低さ(前掲・升味『日本政党史論』(第四巻)二八四、二八五頁)の典型例である。
(53)東は「遺憾に思ふのは四万以上有権者のある北見から二人共当選を見なかつたことで斯は将来、北見開発に影響するところがあらう」と述べている(『北タイ』(一九二八年二月二四日))。
(54)『北タイ』(一九二八年二月一一日)。
(55)『北タイ』(一九二八年二月一一、一三日)。
(56)『北タイ』(一九二八年二月二二日)。
(57)普通選挙によって北海道における有権者数は、八倍の四五万人に増大している(前掲『新北海道史』(第五巻・通説四)三〇頁)。
(58)『北タイ』(一九二八年二月七日)。
(59)『北タイ』(一九二八年二月二七日)。
(60)「立憲民政党々報」『民政』(二―二)一九二八年、八五頁。
(61)「第二怪文書不起訴に対する抗告」『民政』(二―八)一九二八年、五二頁。
(62)横山勝太郎「天下を驚かした第二怪文書の正体」『民政』(二―五)一九二八年、一五、一六頁。
(63)『北タイ』(一九二八年二月二二日)。全体の選挙違反人員は政友会一六四名、民政党一七〇一名である(川人貞史『日本の政党政治　一八九〇―一九三七年』東京大学出版会、一九九二年、二六七頁)。
(64)『樽新』(一九二八年二月二九日)。
(65)山本悌二郎宛木下成太郎書簡(一九二八年六月一六日)前掲『小川文書』(二)五二八頁。
(66)「立憲政友会東北大会」『政友』(三三三)一九二八年、三八、四〇頁。

(67) 前掲・土川「政党内閣と産業政策　一九二五～一九三二年(二)」三二四、三二五頁。
(68) 北海道議会事務局編『北海道議会史』(第三巻)北海道議会事務局、一九六二年、一頁。
(69)『北タイ』(一九二八年八月一四日)。
(70)『北タイ』(一九二八年八月六日)。
(71) 太田は「苦戦に苦戦を重ねて来たが、東政務次官、其他名士の応援に依り、勢力挽回、漸く当選圏内に入つたものの如くであるが、尚楽観を許さず」と報じられている(『北タイ』(一九二八年八月八日))。七日の東による太田候補の応援演説は「聴衆多数」であったと言う(『樽新』(一九二八年八月九日))。なお、地方選挙における腹心の応援は、代議士の地盤培養方法の一つである(前掲・季武『選挙違反の歴史』一三三頁)。
(72)『北タイ』(一九二八年八月八日)。
(73)『北タイ』(一九二八年八月一四日)。
(74) 同右。
(75)『樽新』(一九二八年七月一〇日)。
(76)『北タイ』(一九二八年七月二九日)。
(77) 同右。
(78)『北タイ』(一九二八年八月八日)。
(79)『北タイ』(一九二八年八月一四日)。
(80) 政友会の一党優位政党制時代の地域内対立は政友会分裂を経て、政友会、民政党の二大政党に再編された(清水唯一朗「立憲政友会の分裂と政党支持構造の変化」坂本一登・五百旗頭薫編『日本政治史の新地平』吉田書店、二〇一三年、二六五頁)。留萌、増毛、羽幌町はその典型だろう。
(81)「立憲民政党々報」『民政』(二―九)一九二八年、八六頁。
(82)『樽新』(一九二八年七月二二日)。
(83)『樽新』(一九二八年七月二八日)。
(84)『樽新』(一九二八年七月二一日)。
(85) 小山俊樹『憲政常道と政党政治』思文閣出版、二〇一二年、二〇九、二一〇頁。

(86)『東京朝日新聞』(一九二八年一〇月一九日)。
(87)『北タイ』(一九二八年一〇月二三日)。
(88)『北タイ』(一九二八年一〇月二四日)。
(89)『函毎』(一九二八年一〇月二五日)。だが、岡崎は三土蔵相を擁護している(『函毎』(一九二八年一〇月二九日))。
(90)『北タイ』(一九二八年一〇月二六日)。
(91)『北タイ』(一九二八年一〇月二七日)。
(92)同右。
(93)『北タイ』(一九二八年一〇月二八日)。
(94)『北タイ』(一九二八年一〇月二九日)。
(95)同右。
(96)『樽新』(一九二八年一〇月二九日)。
(97)『神戸新聞』(一九二八年一〇月二九日)神戸大学附属図書館デジタルアーカイブ『新聞記事文庫』(日本)(二一―〇八四)。
(98)『北タイ』(一九二八年一〇月二九日)。
(99)『北タイ』(一九二八年一〇月三一日)。
(100)『函毎』(一九二八年一〇月三〇日)。
(101)村井良太『政党内閣制の展開と崩壊　一九二七～三六年』有斐閣、二〇一四年、四九頁。床次脱党問題と民政党については、前掲・拙著『立憲民政党と政党改良』第一章第二節を参照。
(102)前掲・小山『憲政常道と政党政治』二〇二、二〇三頁、前掲・村井『政党内閣制の展開と崩壊　一九二七～三六年』三四、三五頁。
(103)東武、丸山浪弥、田中喜代松、林儀作は人脈的に床次に近く(前掲・奥『昭和戦前期立憲政友会の研究』五八頁)、後年、林路一は床次の昭和会に参加する。
(104)『北タイ』(一九二八年一〇月三一日)。東北組合流の観測記事は同日の『樽新』と『函毎』にも見られる。
(105)『樽新』(一九二八年一一月一日)。
(106)『樽新』(一九二八年一〇月二八日)。

(107)「北海道の拓計に就て一柳支部長語る(中)」『樽新』(一九二八年一一月七日)。
(108)『北タイ』(一九二八年一一月一日)、『函毎』(一九二八年一一月二日)。
(109)『北タイ』(一九二八年一〇月三一日)。
(110)『北タイ』(一九二八年一一月一日)。
(111)前掲・奥『昭和戦前期立憲政友会の研究』三五、二三頁。木下と板谷は、他の北海道選出代議士から党幹部の職を辞任するように要求されている(『函毎』(一九二八年一〇月二七日))。
(112)若月剛史『戦前日本の政党内閣と官僚制』東京大学出版会、二〇一四年、一四二、一四三頁。
(113)持田謹也「拓計案に殉ずる政友幹部の意気(下)」『北タイ』(一九二八年一一月二日)。
(114)『北タイ』(一九二八年一一月五日)。
(115)この点は政府委員の秋田清が第五六議会において指摘している(秋田清の言「予算委員第二分科(内務省及拓殖省所管)会議録」(第四回)(一九二九年二月八日)『帝国議会衆議院委員会議録』(昭和篇八)東京大学出版会、一九九〇年、六三六頁)。
(116)『北タイ』(一九二九年四月一五日)。
(117)『北タイ』(一九二九年六月二日)。
(118)同右。九日夜に林は政友会支部案を携えて上京している(『樽新』(一九二九年六月一〇日))。
(119)田中義一宛木下成太郎電報(一九二九年六月一〇日)木下成太郎先生伝刊行会編『木下成太郎先生伝』みやま書房、一九六七年、四六〇頁。
(120)『北タイ』(一九二九年六月一二日)。北海道拓殖調査会の原型は前年に田中内閣が設置した経済審議会(前掲・土川「政党内閣と産業政策　一九二五～一九三二年(二)」三二七、三二八頁)であろう。
(121)『樽新』(一九二九年六月一五日)。
(122)『樽新』(一九二九年六月一四日)。
(123)『北タイ』(一九二九年六月一二日)。
(124)前掲・若月『戦前日本の政党内閣と官僚制』一四五頁。
(125)『函毎』(一九二九年六月一二日)。八日の全道土功組合連合代議委員会は北海道拓殖調査会に期待し、「本道選出代議士の超党派的援助」を要求している(『樽新』(一九二九年六月九日))。

(126)『樽新』(一九二九年七月一一日)。木下は浜口内閣成立と同時に北海道拓殖調査会廃止の情報を得ている(『北タイ』(一九二九年七月二日))。

(127)『北タイ』(一九二九年八月九日)。

第四章　立憲民政党政権と北海道政治

——戦前二大政党制と地域開発——

序　節

本章の目的は、立憲民政党政権期における二大政党（民政党及び立憲政友会）と地方政治との関係の一端を両党の北海道支部の視角から明らかにすることである。具体的には北海道政治の二大政党化の過程と、そのことが北海道第二期拓殖計画（第二期拓計）に及ぼした影響を検討する。その上で、民政党と政友会の北海道支部の特質を中央の本部との関係から明らかにしたい。

有泉貞夫氏は「昭和恐慌前後の地方政治状況」において、浜口雄幸民政党内閣から岡田啓介内閣までの山梨県の政治状況を明らかにした(1)。第三章において指摘したように、一九二八年二月の第一六回総選挙（第一回普通選挙）において、与党の政友会は第二期拓計を党勢拡張の手段に利用し、民政党に対する絶対的優位を確保しようとした。だが、この試みは失敗し、北海道政治は二大政党の勢力伯仲状況となった。

右の状況を踏まえ、本章が第一に着目するのは、二大政党の北海道支部と一九三〇年二月の第一七回総選挙

（第二回普通選挙）との関係である。升味準之輔氏は『日本政党史論』第五巻において「本部の支部統制力」に疑義を呈し、「代議士候補の公認決定も支部に委ねられていた。本部は公認料を渡すだけで候補や地盤を動かす力をもたなかったのである」と主張している。(2) 升味氏の指摘は政友会支部の動向と合致するが、民政党支部に関しては様相が異なる。一柳仲次郎民政党支部長は『小樽新聞』において、公認候補の選考に関して「今回の総選挙に当つては立候補の希望者が自然多数に上つているが本部では厳選主義を取つて濫立を絶対に許さないので、支部と本部との間に未だ解決し得ない問題が二、三残つているが、結局は本部の裁定に依るの外なきものと思つている」と語っている。(3) すなわち、民政党支部は公認決定を本部に依存していた。一柳ら支部幹部は安達謙蔵内相及び本部選考委員と意見交換を行っており、(4) 厳選主義は安達内相の意向である。だが、道東の第五区では本部が釧路の候補を優先的に公認したことで地元候補擁立を企図する十勝が反発し、「釧勝根北四ヶ国会議」（釧路、十勝、根室、北見）が開催される事態となった。(5) 第一節では、本部、支部、地域という三つの視角から北海道における安達内相の選挙対策を考察する。そのことで、民政党が政友会に対する絶対的優位を築くことに失敗し、北海道政治の二大政党化が決定的となったことを明らかにする。

本章が第二に着目するのは、民政党政権期の第二期拓計問題と二大政党の北海道支部との関係である。北海道政治における絶対多数党の不在は、第二期拓計の政治主体の分裂をもたらした。さらに、浜口内閣の金解禁政策と昭和恐慌の結果、北海道拓殖政策は未曽有の危機に直面する。第二節では北海道政治の二大政党化を前提に、政権与党の民政党支部及び野党の政友会支部の第二期拓計問題への取り組みの推移を検討し、同問題の迷走と変容を考察する。右の作業を通して、戦前二大政党制の弊害の一端を明らかにしたい。

第一節　民政党政権の成立と北海道政治の二大政党化

有泉貞夫氏は浜口雄幸民政党内閣成立直後の山梨県会に着目し、野党となった政友会と民政党系知事の間で対立が予想されたが、平穏無事に推移したことを明らかにした。同時に、一九三〇年二月の第二回普通選挙において、山梨県の政民両派が党幹部の談合によって候補者を決定し、無競争選挙となったことを指摘している(6)。本節では民政党政権成立から第二回普通選挙までの北海道に着目し、山梨県の事例と対照的に、北海道会（道会）及び第二回普通選挙において二大政党間の対立が激化したことを明らかにする。

第一項　政権交代と北海道会の混乱

本項では、政友会から民政党への政権交代が道会に及ぼした影響について検討する。一九二九年七月二日に浜口内閣が成立すると、大規模な地方官人事は北海道にも波及した。五日、政友会系の沢田牛麿北海道庁長官が更迭され、民政党系の池田秀雄元朝鮮総督府殖産局長が後任に就任した。一〇月二〇日時点の道会において、民政党の二四議席に対して二七議席を有する政友会は、第一党に君臨していた(7)。九月二日、池田長官が提示した昭和四年度地方費実行予算の緊縮方針に対して、丸山浪弥道会議長ら政友会道議と中立道議三〇名は臨時道会の招集を要求した(8)。臨時道会招集要求書は第四項に「昭和四年度北海道地方費歳入歳出予算、実行予算更生に関する件」を掲げた。しかし、臨時道会招集を機に他の府県からも同様の要求が継起することを警戒する安達内相の意向もあり、池田長官は招集に難色を示した。一一日、道参事会員に内示された昭和四年度地方費実行予算は六四万六〇〇〇円の削減となった。民政党支部が賛意を示す一方で、一三日の政友会支部幹部会は、浜口内閣打倒のため、臨時支部総会と臨時道会の同時開催を企図した(9)。

九月中旬から、政友会本部は浜口内閣の実行予算編成を政治問題化させていた(10)。当該期に池田長官が臨時道会を開催した場合、政友会支部が緊縮財政批判を噴出させることは必至であり、他の府県に拡散する危険性もあった。ゆえに、池田長官は招集要求書の第四項の削除と他の三項に理由を附すことと引き換えに臨時道会招集を承認したものの、要求書を内務省に提出しようとしなかった。内務省が漸く承認したのは一〇月一四日であり、開催日は招集要求から二か月以上が経過していた。このため、政友会支部は総会を延期せざるを得なくなり、倒閣の気勢は大きく殺がれることになった。一一月五日、府県制第五一条に基づき、政友会道議の要求によって、臨時道会が開催された。議員要求による地方議会開催は日本初である。だが、池田長官は昭和五年度拓殖費予算交渉のために上京し、臨時道会に出席しなかった(11)。これには、政友会支部との衝突を回避しようとする池田長官の思惑もあったように思われる。

一一月二〇日に開催された通常道会において、政友会道議と中立道議は池田長官が道会の承認を得ることなく、昭和四年度実行予算を削減したことを激しく攻撃した。道会は政友会道議と中立道議によって二七日から二九日まで休会となり、池田長官を支持する民政党道議はこれに反発した。最終的に、中立道議五名が民政党に加担したために政友会は譲歩し、三〇日の池田長官の釈明によって妥協が成立した(12)。

このように、政友会支部は本部の倒閣運動を道会に持ち込み、北海道政治を二大政党間対立の渦中に巻き込んだのである。

第二項　北海道における第二回普通選挙と安達内相の誤算

本項では一九三〇年二月の第二回普通選挙に着目し、激しい選挙戦の末に北海道政治の二大政党化が決定的となったことを明らかにする。民政党支部は浜口内閣の金解禁政策の下で拓殖費予算削減方針の支持を余儀なくされた。北海道における民政党の不安材料は浮動票の獲得が期待できないことであり、このことが本章の序節で指摘した安達内相の厳選主義の背景にあった。他方、一九三〇年一月二四日の政友会支部の緊急顧問会議は選挙委員に寺田省帰ら地方政治家を任命した。一部の例外を除き、政友会支部は「現代議士中心主義」を徹底させた。その際に、新支部長に就任した東武を中心に候補者の独自調整を行った。このことは、安達内相に公認選定を依存していた民政党支部と対照的である(13)。

二月二〇日に実施された第二回普通選挙の結果、民政党は北海道において、解散前の六議席から一一議席に増大し、第一党となった。政友会は一一議席から八議席に後退し、政友会系中立候補の村田不二三を含めても九議席に終わった(表1を参照)。全体では政友会の一七四議席に対して、民政党は二七三議席を獲得した。だが、北海道第五区では、一議席の民政党が三議席の政友会(解散前はともに二議席)に敗北した。

道中心部の第一区(札幌、小樽市、石狩、後志支庁)において、解散以前に一議席を有するのみだった民政党が上位三位(一柳、沢田、山本)を独占したのに対して、二議席を有していた政友会は一議席も獲得することができず、政友会系中立の村田が一議席を獲得した。道北の第二区(旭川市、上川、宗谷、留萌支庁)において政民両党は二議席ずつ分け合ったが、前代議士の林路一政友会支部幹事長は落選した。名寄町民政倶楽部が水上政治会長を推したために浅川候補への悪影響が懸念されたが、水上は乱立を許可しない党本部の意向によって立候補を断念した(14)。名

表1　第17回総選挙

選挙区	選出地域	当選代議士名
第1区	札幌，小樽市，石狩，後志支庁	一柳仲次郎（民・3） 沢田利吉（民・2） 山本厚三（民・4） 村田不二三（中政・1）
第2区	旭川市，上川，宗谷，留萌支庁	浅川浩（民・4） 東武（政・7） 近藤豊吉（政・1） 坂東幸太郎（民・3）
第3区	函館市，檜山，渡島支庁	前田卯之助（民・2） 佐々木平次郎（政・5） 渡辺泰邦（民・1）
第4区	室蘭市，空知，胆振，浦河支庁	手代木隆吉（民・2） 板谷順助（政・3） 神部為蔵（民・3） 松実喜代太（政・4） 岡田春夫（民・1）
第5区	釧路市，河西，釧路国，根室，網走支庁	東条貞（政・1） 木下成太郎（政・4） 小池仁郎（民・6） 三井徳宝（政・2）

「政」は政友会，「民」は民政党，「中政」は政友会系中立，数字は当選回数。当選順に掲出した。
出所）「普選第二回の総選挙結果」『政友』（353）1930年，13，14頁，宮川隆義編『歴代国会議員経歴要覧』政治広報センター，1990年，北海道議会事務局政策調査課編『道議会百十年小史』北海道議会事務局，2011年より作成。

寄町において六一七票を獲得した浅川が東を斥けてトップ当選を果たしたことは、安達の選挙戦略の成果だろう。伝統的に政友会が強固な地盤を持つ道南の第三区（函館市、檜山、渡島支庁）において、解散前に議席なしの民政党は二議席を獲得し、一議席の政友会に勝利した。民政党候補の渡辺（早稲田大学出身、元函館市会議員）は金力において有利とされながら、「興民会」という「党中党」を形成したことから支部との関係が悪かった[15]。民政党では安達内相の指示によって道議の大田半三郎と北林屹郎が立候補を断念した[16]。支部の信頼が皆無だった渡辺が優先的に公認されたことは渡辺が安達内相の腹心の中野正剛に近かったことと関係しているように思われる[17]。民政党の「金城湯池」と評された道央の第四区[18]（室蘭市、空知、胆振、浦河支庁）において、民政党は三議席（解散前は二議席）を獲得したが、政友会は前代議士の板谷と松実を当選させ、現状を維持している。

選挙結果を概観すると、選挙前に一議席増を予想していた第五区[19]（釧路市、河西、釧路国、根室、網走支庁）の敗北は北海道の選挙戦における安達内相の唯一の誤算であったことがわかる。当選した政友会の木下と民政党の小池は北海道政治の長老格の実力者である。すなわち、民政党は残りの二議席を政友会に奪われた。ここでは、候補者選定過程における民政党支部の紛糾に着目する。まず、十勝の遠山房吉(道議)と釧路の菊地三之助(道議)との対立が挙げられる。一月二六日、民政党本部委員会は小池(根室)を介して一柳支部長と両派に菊地の公認を伝えた。「地元擁立主義」の遠山派は激しく反発し、地盤協定問題は三〇日の「釧勝根北四ヶ国会議」へと持ち越された。支部代表の出町初太郎道議は本部の意向として一名の擁立を要求したが交渉は決裂し、遠山は単独立候補した。一柳支部長は遠山の独走を抑制できなかった。[20]

「四ヶ国会議」において、十勝の民政党員は「さきの選挙には釧路より出馬せる前田前代議士を十勝の有志が応援したのであるから、まげて此の度だけは釧路の菊地公認候補を取消さしめて、遠山氏を公認たらしめ、極力応援して欲しい」と主張している。[21] 前回総選挙において、釧路の前田政八は他の地域に地盤関係を有していなかったが、帯広町の四八四票など、十勝地方から多数の票を獲得し、四位当選を果たした。[22] 釧路には、前回選挙において十勝の応援を受けた前歴があったのである。他の十勝の民政党員は「本部では遠山、菊地両氏とも公認たらしめないと断言して居り乍ら」、「菊地氏は小池氏の肝いりで公認となつたことどもが小池派に対する遠山派の反感を拡大ならしめたものと云はなければなるまい」と語っている。[23] 遠山派が態度を硬化させたのは、菊地が安達側近の小池を後ろ盾としていたためだった。二月七日、約五〇〇名を動員した十勝国民大会は「民政党本部並に小池公認候補が今回の総選挙に際して遠山候補に対してとれる態度を難詰」した。[24] さらに、北見では吉野恒三郎(道議)と野坂良吉(十勝畜産組合副組合長)が公認を争い、本部及び支部の調整によって吉野の公認に決定した。だが、「四ヶ国会議」において小池の地盤とされた野付牛民政倶楽部(北見)は吉野派と小池派に分裂した。結果的に、菊地と遠山は共倒れとなり、当選を確実視されていた吉野までが次点で落選した。[25]

右のように、道東地域の内部対立は安達内相の統御から逸脱した。民政党の地盤争奪は政友会に対する絶対的勝利を妨げ、北海道では政民両党の勢力伯仲状況が継続された。第二回普通選挙は、北海道政治の二大政党化を決定的なものにしたのである。

第二節　民政党政権期における北海道第二期拓殖計画問題と二大政党の北海道支部

本節では第二回普通選挙から民政党政権崩壊までの北海道に着目し、北海道政治の二大政党化の下で第二期拓計が停滞していく過程を検討する。その結果、北海道政治において千島開発運動が高揚し、第二期拓計問題が変容したことを明らかにする。

第一項　民政党政権の動揺と北海道第二期拓殖計画改訂の気運

本項では、第二回普通選挙直後から浜口内閣総辞職までの北海道政治に着目する。第二回普通選挙において、民政党が政友会に相対的勝利をおさめたことは、北海道政治における二大政党間の競合を激化させた。一九三〇年六月二三日の道民大会（一五〇〇名を動員）が政友会支部の単独開催となったことは、そのことの象徴である。木下支部長は七月二日の犬養毅総裁宛書簡の中で「道民大会相開き、本道に於ける多大の反響を与へ、現内閣打倒の声、逐日、喧騒を極め」たと述べている(26)。

民政党支部は昭和恐慌にともなう失業対策に奔走していた。七月一八日の民政党支部幹部会（浅川、渡辺、岡田、神部ら代議士、札幌所属道議）は「失業問題対策を議題に供し、大蔵省預金部より、大体、三百万円の低利資金を償還年限二十ヶ年位として地方費に転貸し、全道に土木工事を起こすこと」を決定し、一九日から政友会支部に提携交渉を行った。二〇日の政友会支部幹部会は「民政支部の決議はその趣意において賛成である」と述べ、「応急的経済調査委員」七名を任命した[27]。だが、民政党支部は、二二日、大蔵省預金部から低利資金三〇〇万円を借り入れることを取り消した[28]。これは、浜口内閣下における失業対策の限界だろう。硬化した政友会支部は委員を挙げて協議することを拒否し、両支部は互いの案を持ち寄って協議することで合意した。八月一日の両支部代表者会合において、民政党支部が「超党派的」見地から「失業救済の為め、地方費は土木工事を起こすこと」等の成案を提示したが、政友会支部は成案を示さなかった。二日、政友会支部は浜口内閣の拓殖費削減の結果として「拓殖事業の頓挫、失業者の続出を惹起」したと批判し、民政党支部案を拒絶した[29]。政友会支部は民政党支部との提携による失業対策に冷淡であった。

このことは、政友会本部の動向と関係している。七月初頭から、政友会総務会及び幹部会は全国への経済調査隊の派遣を決定した。床次竹二郎班長の調査隊は八月八日から一二日まで、札幌、旭川、小樽、室蘭、函館市と北見地方の経済状態及び拓殖事業を調査した。八日には政友会支部幹部が床次班に対して「本道拓殖問題に因んだ諸般の政治経済状態を開陳」し、直後に「不景気退治懇談会」を開催した[30]。政友会支部は倒閣を前提に、本部に恐慌対策を一任し、民政党支部との提携に熱意を示さなかったのである。

ここで、地方選挙戦に着目したい。道会と市会においても、北海道政治の二大政党化は進行していた。五月二四日の道議補選において、民政党は三議席、政友会は二議席を獲得し、道会の勢力図は二大政党が二五議席ずつ分け合う(残りの七議席は中立)結果となった[31]。九月二五日の石狩支庁の道議補選の勝利によって、民政党は一議席差で道会第一党となった[32]。衆議院と同様、道会においても、民政党は政友会に対する相対的優位を確立した。一〇月の六市市会議員選挙では民政党の八八議席に対して、政友会は九三議席を獲得し[33]、北海道政治における両党の競合は激化した。

他方で、第二期拓計問題は浜口内閣によって等閑視された。浜口内閣はロンドン海軍軍縮条約問題で政友会と激しく対立しており、第二期拓計問題を顧みる余裕はなかった[34]。九月一五日に開催された民政党支部大会には枢密院との紛糾によって安達内相に代わり、斎藤隆夫内務政務次官が派遣されている[35]。同大会決議の乙号は「拓殖計画は予算金額に拘泥せず、実質的事業進向を期す」を第一項に掲げた[36]。昭和恐慌下において、拓殖事業を計画通りに遂行することは不可能であり、この決議は第二期拓計問題に対する民政党支部の消極姿勢を象徴している。

しかし、井上準之助蔵相による拓殖費削減は、民政党支部に危機感を与えるのに十分なものだった。大蔵省の強硬姿勢の前に、池田長官と民政党支部の折衝の効果はなく、昭和六年度の拓殖費予算は北海道拓殖計画創始以来の最小予算となった[37]。さらに、中央政治の紛糾が民政党支部を積極行動に追いやる。一一月一四日の浜口首相狙撃事件の結果、一五日に幣原喜重郎外相が民政党内閣の首相代理となった。一七日の民政党支部幹部会は第二期拓計に関する声明を発表することを決定し、深沢吉平、佐々木鉄之助、黒沢酉蔵、大島寅吉、山本市英ら道議を起草委員に任命した。二〇日公表の民政党支部の声明書は、第二期拓計の「根本的改訂を断行すると同時に、財源確立の必要を認むるものなり」、「予定計画の国策遂行が公債充当によるの外なく、国家の財政亦之を許すの時期なりと認むるに至らば、必ずや之が実行に吝ならざるべきを信ずるものなり」と主張した[38]。井上財政に屈服してきた民政党支部は、公債発行を基軸とする第二期拓計改訂を公言した。

同時に、民政党道議二六名と中立道議一名は拓殖促進に関する建議案を道会に提出し、第二期拓計改訂を要求した。同建議案の理由には「政府当局は、公債、其の他適当の方法に依り、財源の確保を図」ることが明記された。他方、一一月二三日の政友会支部大会決議は乙号に第二期拓計改訂と公債発行を掲げる一方で、甲号に「速かに現内閣の倒壊を期す」を掲げた[39]。政友会支部は第二期拓計改訂と民政党内閣の打倒を不可分のものと認識していたのである。政友会道議二三名もまた、公債発行を明記した北海道拓殖に関する建議案を道会に提出した。一二月一一日の道会の建議案調査委員会において、民政党の黒沢道議は政友会案の一部削除を要求し、政友会道議はこれに反対した。一二日の建議委員会において、民政党道議は政友会道議の要求を多数の力で否決した。一六日には、民政党案を軸とする第二期拓計改訂に関する建議案が同党道議の賛成多数で可決された[40]。

民政党支部が第二期拓計への公債適用を決定し、道会の主導権を握ったことは、政友会支部の路線転換をもたらした。一九三一年一月九日の政友会支部幹部会は「過般の通常道会では公債政策を執ることに政民両派意見の一致を見るに至つたので、従来の計画を時代に適応せしめるやう、改訂案を作成すると同時に、一面、民政党支部に向かつても協力を求め、その目的の貫徹に努力すること」を決定し、一〇日から民政党支部への交渉を開始した。一一日の民政党支部幹部会は「拓殖計画改訂提携運動に関する政友会支部の交渉に対しては両党、別個に行動するを以て、機宜に適するものなりとするの見地より、之が回答をなす事」を決定した[41]。一二日、沢田代議士と本間久三道議が政友会支部を訪問し、「公債を拓殖費の財源に充て、事業の繰上施行を為すことは貴党と一致の意見を有するも道会に提出したる建議案は、吾等の理想を表示せるものにして今直ちに之が実行を望むことは政府与党の立場として考慮せざるべからざる点あり」、「両派提携して実行運動に当ることは困難ならんと思はる。寧ろ、各独自の立場に於いて発動するも得策なり」と回答した。一〇日に民政党内閣は幣原首相代理で第五九議会に臨むことを決定しており、民政党支部は党の統制を乱すことを警戒し、政友会支部からの第二期拓計改訂運動に関する共闘要請を拒絶したのである。

一月一三日の政友会支部幹部会の申し合わせは「虚心坦懐、此時に処し、挙道一致の権威ある要望を力強く、中央に反映せしむるの時機来せるを信じ、本月十日、民政党支部に向いて、政民両派提携して、超党派的に善処せんことを交換する所ありたり」、「民政党支部に提携を求めたるは真に道論の一致を事実上に具現して、中央を動かし、以て、拓殖の完成を促進せんとする微衷の発露に外ならず」と述べ、民政党支部の言明を「信頼」することに決定した。(42)このように、政友会支部は民政党支部に対する排撃路線を放棄し、道会において決議された第二期拓計改訂案を軸に提携する路線を選択したのである。中央政治において政友会本部が浜口内閣打倒に注力する一方で、北海道政治では政友会支部が民政党支部との提携という独自の路線を選択していたのである。

北海道選出政友会代議士七名によって第五九議会に提出された「北海道拓殖ニ関スル建議案」、北海道選出民政党代議士一〇名によって同議会に提出された「北海道拓殖計画ニ関スル建議案」は拓殖費財源として公債発行を要求している。(43)三月一日の「北海道拓殖問題座談会」において、政友会の板谷順助は池田長官に対して「民政党の諸君が道会及衆議院に提出せる、建議案は吾々のと変りがないのであるから、出来得れば、長官が斡旋役と云つては甚だ失礼ですが、此問題に就いて協議会を作る機会を作つて頂きたいと思ひます」と提案し、「若し、政府が主張を容れなければ、脱党を賭しています。若し、民政党諸君の主張が、吾々の主張に合致した場合には、一致の行動をとるのに吝ではない」と語っている。(44)両建議案の一致を機に、板谷は民政党系の池田長官を斡旋役とすることで、民政党支部を政友会支部との提携に踏み切らせようとした。政友会支部は民政党支部と提携し、道庁を後押しすることで「挙道一致」の合意を形成し、中央の民政党政権に対して第二期拓計の危機を訴えようとしたのである。

だが、二月三日の幣原首相代理失言問題以降、政友会本部は倒閣運動に忙殺されており、同党支部が民政党支部と提携するためには、板谷が言うように、政友会脱党も視野に入れなくてはならない政治状況だった。さらに、民政党支部は党本部への配慮から、政友会支部との共闘に消極的だった。これらのことは、第二期拓計問題への対処を大きく遅滞させる結果となったのである。

第二項　「北方拓発」の登場と民政党政権の崩壊

本項では、第二次若槻礼次郎内閣の成立から民政党政権崩壊までの北海道政治に着目する。一九三一年四月、第二次若槻内閣の成立によって、井上財政と幣原外交は延命した。五月七日、民政党支部は大会に代わる評議員会を開催した。同会は小池仁郎の逓信政務次官就任と一柳仲次郎支部長の総務就任を受け、山本厚三を後任の支部長に推薦し、第二次若槻内閣の政策を承認することを決定した。さらに「拓殖計画改訂調査委員」として、浅川浩、坂東幸太郎、岡田春夫、神部為蔵、沢田利吉ら代議士と黒沢酉蔵ら一〇名の道議を選出し、「本道拓殖計画の根本的改訂を期す」ことを決議した。八日、政友会支部は政務調査委員会を開催し、「本道拓殖計画の根本的改訂」について、板谷順助、松実喜代太、東条貞ら代議士、道議一四名を特別委員に選出した。同委員会では、「北洋漁業問題」及び「千島開発」に関する成案の策定を決定した。板谷は「拓殖計画の如きは、超党的に道論を統一して取扱ひたいと考へておる」と述べる一方で、北洋漁業権擁護を訴えた。「外交問題は対外的に国論を統一して、幣原外交の如き、官僚式事務的の外交を絶対に排除せねばならない」という板谷の主張は、協力内閣運動を主導することになる民政党の中野正剛の幣原外交批判と共通する[45]。本章が着目したいのは、政友会支部において、北洋漁業権問題が第二期拓計問題と同時に高唱されていることである。

ここで、北洋漁業権問題の沿革について概観する。一九二八年一月の日ソ漁業条約調印を機に日本人漁業者の経営する漁区が次々とソ連側に競り落とされ、一九三〇年には日本側の漁区占有率は条約締結以前の八割から五割にまで減少していた。強い危機感を抱いた日本人漁業家は漁区問題の政治的解決を試みるようになっていた[46]。同年八月から一〇月にかけて、ソ連財務人民委員部極東機関は朝鮮銀行ウラジオストク支店の検査を実施し、同支店にのみ許可されていたルーブリ自由取引を禁止、一二月には同支店閉鎖を命令した。ソ連による突然の行政措置の結果、借区料等の支払い用にルーブリを公定相場よりも安価に購入していた日本人漁業家の特権的利益は剝奪された[47]。政友会支部及び北海道選出政友会代議士は、日本人漁業家の不満を背景に、北洋漁業権擁護を高唱した。ここで重要なことは、北洋漁業権問題が対ソ強硬論と結びついていたことである。一九三一年二月一二日の衆議院予算委員会において、政友会の東武は北洋漁業権問題と対ソ外交の根本方針に関して幣原首相代理兼外相を詰問している。東は「「ソビエット」政府ハ我ガ日本帝国トハ国体上カラ言ツテモ、思想上カラ言ツテモ、感情上カラ言ツテモ、到底、両立セザルコトハ極メテ明白デアル」と主張し、幣原外相の対ソ外交方針を批判した[48]。外交交渉による日ソ関係の安定化に自信を示す幣原の立場[49]は、東の反ソ論の対極にあった。

北洋漁業権擁護の観点から、北海道政治において浮上してきたのが千島開発問題である。道庁は北千島方面の視察調査を二度実施した上で第一期事業として五か年計画を策定して民政党政権に提起した。八月二九日には北海道協会主催の千島開発促進協議会が開催され、官民八十余名が参加した。北海道協会の中心は政友会支部であるが、民政党支部を代表して沢田利吉が参加している[50]。千島開発促進協議会の宣言は「本会多年、北海道拓殖ノ促進ヲ高唱シ、聊カ是ニ竭ス所アリタリト雖モ、北方拓発ノ完成ハ、固ヨリ、本道内陸ノ開発ノミヲ以テ足レリトスベキニアラズ。更ニ進ンデ、北洋開発ノ大事ヲ成就シ、点睛ノ業ヲ遂ゲザル可ラズ」と主張している[51]。ここで、北海道拓殖は千島を拠点とする北洋開発と接合され、「北方拓発」の一翼とされるに至った。換言すると、当該期における二大政党の北海道支部と道庁は第二期拓計を単独問題として提起しようとしなかった。第二期拓計の停滞に対する蓄積された不満は、北洋漁業権擁護の要請と結びつき、対ソ強硬論へと転換されたのである。

だが、九月一八日の満州事変の勃発は千島開発問題を置き去りにした。事変勃発直後の一〇月二日、池田長官は京城日報社長に転じ、京都府知事の佐上信一が後任となった。池田前長官が提出した昭和七年度拓殖費予算は大蔵省によって、二五七〇万円から一八二〇万円に減額された。この大削減に対して、七日から一柳と手代木隆吉は安達内相に対して予算復活運動を展開した。八日の民政党支部緊急幹部会は「拓殖予算復活の件」を決議した。[52]二八日には一柳ら民政党支部常任幹事が拓殖費復活と千島開発を要請し、安達内相の「大なる同情と共鳴」を得た。三一日、山本支部長ら在京代議士を中心とする民政党支部は、支部大会に中野正剛か永井柳太郎を迎えることを決定した。[53]これは、民政党の党人派が協力内閣運動による井上財政の打倒を企図していたことと関係しているのだろう。大蔵省の譲歩の結果、昭和七年度拓殖費は二一四〇万円で妥結したが、道庁が提出した五か年事業の千島開発費二五〇〇万円は全額削除された。[54]

一一月二〇日、政友会支部大会は「北方拓発」の観点から千島開発を要請した。[55]なお、千島開発は、二大政党の北海道支部の共通した要請であった。二一日の臨時道会は「千島開発の建議案」を満場一致で可決した。同建議案は「北方拓発の大使命」を主張し、理由には「国勢北進の段階的施設として、現行北海道拓殖計画の外に、千島経営の雄図を策立し、速に之が実現を要す」ことが明記された。[56]ここにおいても、第二期拓計は「北方拓発」の一部と認識されている。この場合、当面の優先事項は第二期拓計ではなく、千島開発となる。だが、北海道政治において最優先課題とされた千島開発は対ソ強硬論を内包しており、関東軍の北満進出の抑止に尽力していた幣原外相の警戒対象となる。

さて、「北方拓発」の障壁は、中野ら協力内閣派が打倒対象とする井上財政と幣原外交である。一一月二一日は安達内相が協力内閣声明を公表した日であり、北海道政治は中央政局と連結しつつあった。だが、二二日に若槻首相が協力内閣反対を明言した結果、情勢は一変する。民政党幹部会が現内閣支持を決議した二四日、同党支部連合協議会は「政局と安達内相の態度」を協議した。一二月一日の民政党支部大会の宣言は政友会の金再禁止政策を批判し、決議は第一項に「吾人は極力、現内閣を支持、督励し、以つて我党政策の遂行を期す」ことを掲げた[57]。表面的には、安達側近の小池仁郎までが「余は時局重大なるが故に、水と油の寄合ひ所帯の政府では反つて、機宜の処置を誤るものであると思ふ」と協力内閣反対を公言している[58]。木下政友会支部長も、協力内閣運動を「安達派の策動」と批判し、北海道における協力内閣の気運は霧散した。安達内相が倒閣を決断した一二月一一日、民政党支部緊急幹事会は協力内閣派を支援しなかった[59]。小池、渡辺泰邦ら側近を擁し、井上財政と幣原外交の打倒という共通の目的を有しながら、安達内相や中野ら協力内閣派は民政党支部と連携することができず、同支部は若槻首相を支持した。民政党支部は党本部の方針に従属し、安達内相を後方支援しようとしなかった。

このように、第二期拓計問題は政民両党の北海道支部によって千島開発とともに「北方拓発」として発信された結果、危機の深刻さが明確に伝わらず、中央政治において閑却されたのである。

結節

政友会から民政党への政権交代は、北海道政治における二大政党間の対立を激化させた。浜口内閣の緊縮財政を受け、一九二九年一一月の道会は多数を有する政友会道議と民政党系の池田長官及び民政党道議との対立で紛糾した。一九三〇年二月の第二回普通選挙では、二大政党が北海道政治における絶対的優位を確立するため、全道各地において激しい選挙戦を展開した。このように、北海道の政治状況は有泉貞夫氏が指摘した山梨県の事例と対照的であった。第二回普通選挙において、政友会支部が独自の候補者調整を行ったのに対して、民政党支部は選挙対策を安達内相に一任した。安達内相の統制力によって、民政党支部は北海道における選挙戦を有利に進めた。例外的に、道東地域は独自の候補者擁立の気運が高く、「釧勝根北四ヶ国会議」は民政党本部及び支部の意向を無視して、候補者選定や地盤協定を主導した。候補者乱立や地盤争奪の結果、民政党は第五区においてのみ、政友会に敗北した。この結果、民政党は政友会に対して絶対的優位を確立することができず、北海道政治の二大政党化は決定的となった。

北海道政治における二大政党の勢力伯仲状況は、第二期拓計の停滞をもたらした。一九三〇年一一月の浜口首相狙撃事件を転機に、二大政党の北海道支部は昭和恐慌への対処のため、第二期拓計改訂という共通の目的から、道会及び衆議院において意見の一致を見たが、中央における二大政党間対立の激化を受けて超党派提携を実現できなかった。政友会支部は倒閣に邁進する同党本部に対して、第二期拓計改訂のために民政党支部との提携を試みた。だが、民政党支部は政権維持に苦慮する同党本部への配慮から、政友会支部との提携を拒絶した。第二期拓計改訂運動の行き詰まりは政友会支部をソ連への攻撃性を帯びた千島開発運動へと追いやり、民政党支部も同調した。二大政党の北海道支部は、北海道拓殖政策を千島開発とともに「北方拓発」の一端として提起していた。北海道拓殖政策が「北方拓発」に包摂されたことは、第二次若槻内閣に対して第二期拓計の重要性を認識させる力を弱める結果となった。一九三一年一二月、第二期拓計問題を閑却したまま、民政党政権は崩壊した。

本章において明らかにしたように、戦前二大政党制の絶頂だった民政党政権期は「北海道拓殖政策の冬の時代」であった。二大政党制の確立は北海道政治の主体を分裂させ、地域開発政策の停滞をもたらしたのである。なお、政党内閣崩壊以降の千島開発運動は「満洲国」の重要性を前提として展開され[60]、効力を半減させる。その結果、第二期拓計問題は、「北方拓発」から独立した問題として提起されるようになる。第五章において検討するが、一九三二年二月の第三回普通選挙において民政党支部に対して絶対的優位を確立させた政友会支部を中心に、第二期拓計改訂運動が展開されることになる。

(1) 有泉貞夫「昭和恐慌前後の地方政治状況」『年報・近代日本研究(六) 政党内閣の成立と崩壊』山川出版社、一九八四年。
(2) 升味準之輔『日本政党史論』(第五巻) 東京大学出版会、一九七九年、二三五頁。
(3) 『樽新』(一九三〇年一月二八日)。
(4) 『樽新』(一九三〇年一月二六日)。
(5) 『北タイ』(一九三〇年二月一日)。
(6) 前掲・有泉「昭和恐慌前後の地方政治状況」二四〇、二四一頁。
(7) 『北タイ』(一九二九年一〇月二一日)。
(8) 『北タイ』(一九二九年九月三日)。
(9) 『北タイ』(一九二九年八月五日、九月五、一〇、一一、一二、一四、一六日)。
(10) 拙著『立憲民政党と政党改良』北海道大学出版会、二〇一三年、五一頁。
(11) 『北タイ』(一九二九年九月一五、一六、一九日、一〇月一五、一九日、一一月六、一〇日)。
(12) 『樽新』(一九二九年一一月二八、三〇日)、『北タイ』(一九二九年一二月一日)。
(13) 『北タイ』(一九三〇年一月二五、二七、二八、三一日)。
(14) 『樽新』(一九三〇年一月二四日、二月一日)。
(15) 『樽新』(一九三〇年一月一日)、『北タイ』(一九三〇年一月一九日)。
(16) 『樽新』(一九三〇年一月二九、三〇日)、『北タイ』(一九三〇年一月二五日)。
(17) 『北タイ』(一九三〇年一月二七日)。
(18) 『樽新』(一九三〇年三月一日)。
(19) 『北タイ』(一九三〇年二月一四日)。
(20) 『樽新』(一九三〇年一月二八日、二月一、三日)。
(21) 『北タイ』(一九三〇年二月一日)。
(22) 『北タイ』(一九二八年二月二日、三月三日)。
(23) 『北タイ』(一九三〇年二月七日)。
(24) 『北タイ』(一九三〇年二月八日)。

(25)『北タイ』(一九三〇年一月三〇日、二月三、六日)、『樽新』(一九三〇年二月六日)。
(26)犬養毅宛木下成太郎書簡(一九三〇年七月二日) 木下成太郎先生伝刊行会編『木下成太郎先生伝』みやま書房、一九六七年、四六一頁。
(27)『樽新』(一九三〇年七月一八、二一日)。
(28)『北タイ』(一九三〇年七月二三日)。
(29)『樽新』(一九三〇年八月二、三日)、『北タイ』(一九三〇年八月三日)。
(30)「北海道経済調査報告要旨」『政友』(二六〇) 一九三〇年、四〇頁、『北タイ』(一九三〇年八月九日)。
(31)民政党は札幌市、渡島、空知支庁、政友会は網走、上川支庁で勝利した。残る函館市は政友系中立である(『北タイ』(一九三〇年五月二七日))。
(32)『北タイ』(一九三〇年九月二六日)。
(33)札幌では政友会が一七、民政党が一六、旭川では政友会が二〇、民政党が一五、釧路では政友会が一二、民政党が一〇、小樽では政友会が一五、民政党が一八議席を獲得、室蘭では一一、函館では一八議席ずつ分け合っている(『北タイ』(一九三〇年一〇月一日))。
(34)ロンドン海軍軍縮条約の政治問題化については、村井良太『政党内閣制の展開と崩壊　一九二七～三六年』有斐閣、二〇一四年、一〇七～一一六頁を参照。
(35)伊藤隆編『斎藤隆夫日記』(上) 中央公論新社、二〇〇九年、六八一頁。
(36)『樽新』(一九三〇年九月一六日)。
(37)『樽新』(一九三〇年一〇月二七、三〇日、一一月一、一三日)。
(38)『樽新』(一九三〇年一一月一八、二二日)。
(39)『北タイ』(一九三〇年一一月二二、二五日)。
(40)『北タイ』(一九三〇年一一月二六日、一二月一二、一三日)、『樽新』(一九三〇年一二月一二、一七日)。
(41)『北タイ』(一九三一年一月一〇日)、『樽新』(一九三一年一月一三日)。
(42)『北タイ』(一九三一年一月一三、一五日)。
(43)「衆議院議事速記録第三十二号ノ建議案」(一九三一年三月二八日)『帝国議会衆議院議事速記録』(五六) 東京大学出版会、

一九八三年、三八、三九頁。

(44) 板谷順助の言「北海道拓殖問題座談会」橘富士松編『北海道と拓殖』東亜振興会、一九三一年、三〇～三二頁、北海道大学附属図書館所蔵「高岡・松岡旧蔵パンフレット」(高岡・松岡パンフ　H0077-007)。

(45) 『樽新』(一九三一年五月八日)、『北タイ』(一九三一年五月八、九、一〇日)。中野については、前掲・拙著『立憲民政党と政党改良』六七、六八頁。

(46) 神長英輔『「北洋」の誕生』成文社、二〇一四年、九〇、九一頁。

(47) 富田武『戦間期の日ソ関係』岩波書店、二〇一〇年、一七四頁。

(48) 東武の言「予算委員会議録」(第一三回)(一九三一年二月一二日)『帝国議会衆議院委員会議録』(昭和篇一七)東京大学出版会、一九九一年、四八五～四八七頁。

(49) 酒井哲哉『大正デモクラシー体制の崩壊』東京大学出版会、一九九二年、一六四頁。

(50) 『北タイ』(一九三一年八月三〇日)、『樽新』(一九三一年八月三〇日)。

(51) 「千島開発の宣言及決議」田中清輔編『千島と北洋』北海道協会、一九三一年、二頁、北海道大学附属図書館所蔵「高岡・松岡旧蔵パンフレット」(高岡・松岡パンフ　H0007-002)。

(52) 『北タイ』(一九三一年一〇月四、七日)、『樽新』(一九三一年一〇月九日)。

(53) 『樽新』(一九三一年一〇月二九日、一一月一日)。

(54) 『樽新』(一九三一年一一月五日)、『北タイ』(一九三一年一一月八日)。

(55) 『政友』(三七五)一九三一年、四八、四九頁。

(56) 『樽新』(一九三一年一一月一九、二二日)。

(57) 『樽新』(一九三一年一一月二五日)、『北タイ』(一九三一年一二月二日)。

(58) 『樽新』(一九三一年一一月二六日)。

(59) 『北タイ』(一九三一年一二月二、一二日)。

(60) 千島開発促進を高唱していた木下は、国防拠点としての「満洲国」の重要性も主張している(斎藤実宛木下成太郎書簡(一九三二年一〇月一六日)国立国会図書館憲政資料室所蔵「斎藤実関係文書」(書簡の部一・六九四―一))。

第五章　斎藤実内閣期における北海道政治
――災害対策と地域開発――

序　節

本章は凶作と水害対策及び北海道第二期拓殖計画（第二期拓計）改訂問題を中心に、斎藤実内閣期における立憲政友会及び立憲民政党の北海道支部と北海道庁の動向を検討することによって、北海道における地方利益要求の貫徹方法を明らかにすることを目的としている。そのことを通して、政党内閣崩壊以降における中央政治と地方政治の関係の一端を提示する。本章の考察の結果、政友会と民政党の地方政治における影響力の強さの一端とともに、中央政治における両党の力の限界が明らかになるだろう。

本章が斎藤内閣期の北海道政治に着目する理由は、北海道が国費の投入によって開発の対象とされる地域であり、その開発（第二期拓計）が危機的状況にあっただけではなく、未曽有の災害（凶作と水害）にも直面していたためである。災害は東北地方に象徴されるように、北海道以外の地域も直面していた危機であるが、第二期拓計は、他府県に存在しない。すなわち、北海道は他の被災地域と比較すると、危機の性質が異なる。第二期拓計の停滞と災害の発生という「二重の危機」は北海道特有の問題だったのである。

有泉貞夫氏は「昭和恐慌前後の地方政治状況」において「昭和七年斎藤内閣成立後の地方における既成政党の影響力の急激な低下の一因が、挙国一致を標榜する斎藤内閣下での党色知事の退場と、官吏分限令改正により身分保障を強化された地方官による時局匡救事業の実施にあった」と述べている(1)。有泉氏の指摘は山梨県の地方政治状況を明らかにした点において意義があるが、こうした政党の影響力の過小評価はすべての地方において妥当だろうか。後述するように、北海道においては政党内閣の支配から自立した道庁（佐上信一長官）の復権が顕著となる一方で、政民両党の北海道支部が依然として無視できない影響力を有していた。原敬内閣以来、北海道政治を掌握してきた政党の地盤は健在だった。本章では、道庁と政民両党の北海道支部を対立関係ではなく、協調関係として捉える。

一九三二年は前年から続く凶作に水害が加わり、農村を中心に北海道が大打撃を受けた年である(2)。例えば、山内鉄蔵網走町長は九月一九日の陳情書の中で「昭和六年ニ於ケル凶作ノ創痍尚癒エザル今又、未曽有ノ凶作ニ遇ヒ、大部分ノ農作者ハ今ヤ全ク飢餓ニ瀕スルノ状態ニ付、実情御精査ノ上、之ガ救済ニ関シ、適切ナル対策ヲ講ゼラレ度」と訴えている(3)。本章が着目したいのは、政民両党の北海道支部の災害対策が第二期拓計改訂運動と密接な関係にあったことである。第二期拓計改訂運動は一九三五年、岡田啓介内閣が北海道拓殖調査準備委員会（北海道における第二期拓計改訂の調査審議機関、会長は佐上長官）と北海道拓殖計画調査会（中央における第二期拓計改訂の諮問機関、会長は後藤文夫内相）を設置したことで、本格化する。政民両党の北海道支部が中心となって完成させた「北海道拓殖調査準備委員会決定案」（一九三五年八月三〇日）には「近年、幾多災害ノ頻出ニ顧ミ、道ノ更生振興、既住民ノ安定繁栄ヲ策」することが明記されている(4)。一九三二年の災害対策は、一九三五年の第二期拓計改訂運動の始点として重要である。すなわち、政民両党の北海道支部は第二期拓計と災害を同時に解決すべき問題と認識していた。本章では、政民両党の北海道支部による「二重の危機」対策の検討を通して、政党の地域全体の開発政策への寄与を明らかにする。

同時に、斎藤内閣期における北海道政治の動向と中央政治における政党内閣復活の試み――一九三四年の大同団結運動――との関係を指摘する。大同団結運動に関しては多くの先行研究が存在するが[5]、同運動は対外危機克服の手段及び政友会内の権力闘争の観点から捉えられ、運動の主導者たちと選挙区の状況との関係について、ほとんど着目されてこなかった。こうした傾向を踏まえ、本章が新たに導入するのは、災害が発生した地域の代議士による大同団結運動への関与という視角である。具体的には、大同団結運動の主導者の一人だった木下成太郎政友会支部長に着目し[6]、北海道における「二重の危機」が政党内閣復活の試みの背景にあったことを指摘する。

第一節では、政民両党の北海道支部と道庁が結束して災害対策を中央政治に働きかけていく過程を検討する。第二節では、政民両党の北海道支部の第二期拓計改訂運動が中央の大同団結運動に影響を及ぼしていく過程を検討する。

第一節　一九三二年の災害と北海道政治の転換

本節では、一九三二年の北海道における凶作と水害を機に、政民両党の北海道支部が対立から提携へと転換していったことを明らかにする。その上で、政民両党の北海道支部と道庁の復旧対策について、中央政治（主として後藤文夫農相）との関係から検討する。

第一項　北海道における第三回普通選挙と二大政党

ここでは、斎藤内閣期の北海道政治を考察する前提として、犬養毅政友会内閣の下で実施された第一八回総選挙(一九三二年二月の第三回普通選挙)に着目する。同選挙は過去二回の普通選挙で構築された北海道政治における二大政党間の勢力均衡を崩壊させた。同選挙において、政友会は三〇一議席を獲得し、一四六議席の民政党に大勝した。北海道においても、一四議席を獲得した政友会に対して、民政党は六議席しか獲得することができず、全選挙区において敗北した。第二期拓計の危機をもたらした民政党に対する有権者の批判を政友会が吸収したことは確かだろう。だが、政友会の勝因はこのことだけだろうか。ここでは、北海道における選挙結果について概観する(7)(表1を参照)。

道中心部の第一区(札幌、小樽市、石狩、後志支庁)において、前回選挙において一議席も獲得できなかった政友会が三議席を獲得したのに対して、民政党は山本支部長が二位当選したのみであった(前回は三議席)。民政党の最大の誤算は一柳仲次郎前支部長が七票差で岡田に敗れ、落選したことだろう(8)。唯一の当選者の山本でさえ、選挙戦終盤において苦戦が報じられていた(9)。

道北部の第二区(旭川市、上川、宗谷、留萌支庁)において、政友会は当選上位三名を独占した。民政党は坂東が四位当選を果たしたのみで、前回トップ当選の浅川浩は落選した。前回、前々回選挙において二議席ずつ分け合った二大政党の勢力均衡は崩れた。田中の当選の背景には、政友会支部の実力者の村上元吉道会副議長が同士討ちを避け、立候補を辞退した経緯があった(10)。

道南部の第三区(函館市、檜山、渡島支庁)において、政友会は一、二位を独占した。前回選挙で二議席を獲得した民政党は、大島が三位当選を果たしたのみであった。民政党系の『小樽新聞』は選挙戦終盤において佐々木と林の同士討ちを報じ、民政党の二議席獲得を予想していたが(11)、想定外の結果となった。

道央部の第四区(室蘭市、空知、胆振、浦河支庁)において、政友会は一、二位を独占し、松尾が四位で初当選を果たした(前回は二議席)。民政党は山本が三位、手代木が五位当選を果たしたものの、前回選挙の三議席から後退し、政友会に第一党の座を奪われた。松実の当選の背景には政友会支部の調整によって、東英治が同士討ちを避け、立候補を辞退した経緯があった(12)。ここで重要なことは、三位当選の山本が選挙戦直後に民政党を脱党し、政友会に入党していることである(13)。民政党の獲得議席は手代木のみとなった。第四区は民政党の「金城湯池」と称された地域であり(14)、右の結果は、第三回普通選挙における政友会の攻勢を象徴している。

道東部の第五区(釧路市、河西、釧路国、根室、網走支庁)において、政友会は上位三名を独占し、強固な地盤を示している(前回も三議席)。民政党は小池が四位当選を果たしたの

表1　第18回総選挙

選挙区	選出地域	当選代議士名
第1区	札幌，小樽市，石狩，後志支庁	寿原英太郎(政・1) 山本厚三(民・5) 丸山浪弥(政・2) 岡田伊太郎(政・4)
第2区	旭川市，上川，宗谷，留萌支庁	東武(政・8) 林路一(政・2) 田中喜代松(政・1) 坂東幸太郎(民・4)
第3区	函館市，檜山，渡島支庁	佐々木平次郎(政・6)*1 林儀作(政・1)*1 大島寅吉(民・1)
第4区	室蘭市，空知，胆振，浦河支庁	板谷順助(政・4) 松実喜代太(政・5) 山本市英(民・1) 松尾孝之(政・1) 手代木隆吉(民・3)
第5区	釧路市，河西，釧路国，根室，網走支庁	三井徳宝(政・3) 尾崎天風(政・1) 木下成太郎(政・5) 小池仁郎(民・7)

*1　佐々木と林の死去にともなう1935年6月の補欠選挙の結果，民政党の恩賀徳之助と政友会の登坂良作(函館市会議長)が初当選。

「政」は政友会，「民」は民政党，数字は当選回数。当選順に掲出した。

出所)「普選第三回総選挙の結果」『政友』(379) 1932年，11頁，宮川隆義編『歴代国会議員経歴要覧』政治広報センター，1990年，北海道議会事務局政策調査課編『道議会百十年小史』北海道議会事務局，2011年より作成。

みだった。三井は奥野小四郎（元代議士）、尾崎は東条貞（代議士）の辞退により、同士討ちを避けることができた。[15]特に、北見の東条会は政友会本部に対して東条公認を強硬に主張したが、東条本人に説得され、翻意した。[16]ここでも、政友会支部の調整力が発揮されたのである。他方、民政党は公認をめぐり、遠山房吉（芽室町の元道議、前回選挙で民政党非公認候補、落選）と田中一磨（帯広町の弁護士、十勝民政支会長）が激しい候補者争いを展開した。一月二四日の帯広民政同志会総会は田中の単独立候補を強硬に主張し、遠山派が反発した。三〇日の民政党支部幹部会は遠山の公認候補を決定したが、田中派は納得しなかった。[17]結局、遠山は最下位で落選している。選挙戦前半において、『小樽新聞』は政民両党が二議席ずつ分け合うことを予想していたが、[18]想定外の結果となった。六月に小池が民政党を脱党した結果（後に国民同盟へ参加）、同選挙区における民政党の代議士は消滅した。[19]

このように、第三回普通選挙において政友会支部は候補者調整力を発揮し、圧倒的多数の代議士の獲得に成功した。北海道が危機に直面する一九三二年八月、民政党がわずか四議席だったのに対して、政友会は一五議席を有していた。第四章において指摘したように、民政党支部は前回選挙において、候補者調整を安達謙蔵内相に依存していた。このことを考慮すると、一九三一年一二月の安達の民政党脱党は同党支部にとって痛手だっただろう。さらなる衝撃は民政党の選挙戦を指導し、選挙資金の大部分を負担していた井上準之助前蔵相の横死だった。[20]民政党支部に対する選挙指導者が存在していれば、全面敗北には至らなかったように思われる。視点を換えると、民政党支部は本部の統制から自由となり、政友会支部との提携に応じやすい状況となった。

第三回普通選挙を機に、北海道政治は一九二八年以来の二大政党の勢力均衡が崩壊し、民政党に対する政友会の圧倒的優位へと変貌した。斎藤内閣期の災害対策は本部から強い自立性を持つ政友会支部優位に展開されることになる。

第二項　凶作水害善後対策道民大会と北海道第二期拓殖計画改訂問題

一九三二年五月に成立した斎藤内閣は政友会と民政党を与党としており、衆議院は「無野党状態」となった[21]。政民両党の北海道支部の共通認識は、第二期拓計改訂の必要性だった。七月二一日、若槻礼次郎総裁を迎えて開催された民政党支部臨時大会の宣言には「吾党は当局をして案を立て、策を練り、拓殖計画の基礎を改訂し、一面公債財源の途を開き、速やかに之が実現を期せしむべく、現内閣に迫りつつあり」という主張が見られる[22]。二四日、旭川市において開催された政友会東北北海道大会の決議（乙号）の第二項には、「北海道拓殖政策の根本的改訂を期す」ことが明記された[23]。

だが、政友会、民政党の北海道支部は斎藤内閣期においても、相手の攻撃に没頭していた[24]。八月一〇日の第一〇期道会議員選挙において、政友会（三〇）と民政党（二八）の議席数は拮抗した（残り三議席は中立）。この直後、北海道選出政友会代議士一二名は「北海道拓殖計画ニ関スル建議案」を第六三議会に提出した。北海道選出民政党代議士四名もまた、同一名称の建議案を提出した。政友会案が八月二九日の建議委員会において可決される一方で、民政党案は九月一日の同委員会において政友会案と同一視され、提出者の一人の手代木委員の反対にもかかわらず、政友会委員の賛成多数で審議不要とされた。ここで問題となったのは、委員ではない木下政友会支部長が第二期拓計の財源問題について「憲政会当時ヨリ、民政党ニナツテモ公債ノコトハ反対シテ居ル、ソレデアルカラ若シ之ニ賛成デアルト云フナラバ、吾々ノ案ニ降参ヲシタト云フコトハ明カデアル」と発言したことである[25]。手代木は九月三日の『小樽新聞』において、「今日の木下代議士の暴言は政治家として誠に恥づべきもの」と批判し、「今日の政友会の横暴に対しては、必ず、道民にその実情を訴へて、大いに世論を喚起する心算である」と語っている。[26] 政友会支部が衆議院絶対優位に驕る一方で、民政党支部は道議選の結果に自信を深め、政友会との対決姿勢を強めていたのである。

災害の発生は政民両党の北海道支部に対して路線転換を余儀なくさせた。八月から九月にかけての集中豪雨により、石狩、空知地方において大水害が生じた。夕張川と江別川が増水した結果、石狩川が氾濫し、岩見沢全町に浸水予報が出された。七月の異常低温と直後の大水害の結果、昭和七年度の水稲の収量は平均収量の三一・八%、小麦は六四・五%、大豆は三一・七%、小豆は三三・六%に止まる大冷害となった。[27] 政友会支部は水害対策として道庁の協力を要請した。九月一一日、木下政友会支部長は、佐上信一長官に宛てた電報の中で「帰札以来、各方面調査スルニ、刻々、増水被害区増大シ、本日ノ如キ滝川・岩見沢間汽車不通トナリ、天候亦不良、此状態ナレバ、尠クモ道民百万ハ食糧欠乏シ、越年見込ナク、自暴自棄ニ陥リ、或ハ暴動化スルノ虞レアル」と述べている。[28] 同日、民政党の深沢吉平、西岡斌両道議は北海道支部を代表して上京し、内務省当局及び佐上長官との折衝を開始した。九月一二日、政民両党の北海道支部幹部会は別個に、緊急の食糧対策を決定した。[29] だが、一転して、一八日の政友会支部幹部総会は凶作と水害の善後策として道民大会を開催するため、民政党支部に対して交渉を開始することを決定した。同時に、民政党支部幹部会においては「凶作水害救済対策については、予て道庁長官に対し、政党を超越して民政両派協力して対策を講ずることを勧告していたが、協力することに大体話が進んだ」ことが報告された。[30] 凶作と水害に対する共通の危機意識から政民両党の北海道支部は対立から提携に転じ、佐上長官の協力を得ることに成功したのである。

九月一九日、道会議事堂における政民両党の北海道支部連合協議会は「政党政派を超越し、挙道一致の下に努力せんとするの趣意」から道民大会開催を決定し、[31] 政民両党の交渉委員を大会準備委員とした。[32] 民政党政権時代の一九三一年一月段階から、政友会支部は「挙道一致」をスローガンとして民政党支部に提携を働きかけていた

（第四章を参照）。一九三二年九月の道民大会はその成果だろう。二三日、政民両党の北海道支部は、札幌市公会堂において「凶作水害善後対策道民大会」を共催した。開会の辞の中で、民政党前代議士の沢田利吉は「吾等は北海道の為めに北海道党として奮闘したい」と述べている。座長に指名された木下政友会支部長は「党派の如何、感情の如何を総て擲つて、献身的に北海道再建の大業に努力したい」と述べ、宣言及び決議を可決した[33]。宣言には「今や方に拓殖政策を根本的に改訂し、本道の復活再建に努むべきの秋に会せり」、「道民自ら奮起して挙道一致対策実現に驀進するを急務とす。区々私情に捉はれ、党派の別に捉はれ、党派の別に膠着するが如きは、此重大なる危局に処する所以の道にあらず」と明記された[34]。ここで着目したいのは、第二期拓計改訂が北海道再建の手段と認識されていることである。第二期拓計問題は災害対策と結びつくことで、従来の政党間競争の束縛から自由となった。決議の第一項には「拓殖計画を根本的に改訂し、就中、農業政策を更新して、之が経営の方法を地方個々の実情に適合せしむると共に、既定治水計画を促進するは勿論、速かに全道各河川の防護施設を完整することと」が掲げられた[35]。凶作対策として第二期拓計改訂による農業政策の更新、水害対策として治水計画の促進と全道河川の防護施設の完整が要請された。

ここで重要な点は第二期拓計改訂と治水対策が長期目的であり、当面の目的が罹災者の生活問題の解決にあったことである。山本厚三民政党支部長は「本日、此席で挙げられた実行委員は、先づ、此生活問題を第一に解決する」、「次に、復興に進むべきで、此復興については第一に拓殖計画の改訂を要求する。現在多大の見込違ひを生じつつある拓計を本道の現状に適否せしめなければならない」と演説している[36]。山本もまた、北海道復興の手段として第二期拓計改訂を要請した。政友会代議士の東武は九月二〇日から二三日までに実施した空知、上川方面の視察経過を説明し、「仮令ば、凶作地として最も甚大な宗谷沿線、天塩、北見方面では水稲の如きは見渡す限り、何千町歩の美田をすみからすみ迄探しても、一粒の米が実つてをらないのであります。上川管内の和寒、士別、多寄、美深方面にては立派に御穂並の揃つた田園の中を歩いて見たが、実に一粒の米が実つてをりませぬ。其外の雑穀類は燕麦でも、馬鈴薯でも、南瓜でも、玉葱でも、悉く腐敗して、農家と云ふ農家は、即今、只今から口に入るものは何に一つもありませぬ」と演説した。その上で、東は、一〇〇万人の生活維持のために政府所有米を借り入れることを要請した。[37] 道民大会では「実行委員百二十有余名ヲ選ビテ、事務所ヲ北海道庁内ニ設ケ、各地ノ陳情ヲ受クル一方、四班ノ視察調査隊ヲ罹災地ニ派シテ、地方ノ声ヲ聴キ、是等諸報告ヲ基礎トシテ、応急対策ヲ樹ツル所」があった。[38] 実行委員一二二名は、政民両党の北海道支部の関係者（代議士、道議等）で構成される。[39] 九月三〇日、「凶作水害対策常任委員」の政民両党道議は、四班に別れて実地視察を開始した。凶作と水害の被害地域の道議に対して自身の選挙区ではない地域を担当させたことは、[40] 限られた災害対策費を被災住民に容認させる意図があったのだろう。選挙戦において不利になることを未然に防止しようという政党側の思惑と思われる。

政民両党本部においても、北海道の災害対策が企図されていた。九月二〇日、民政党本部は特派員全員の帰京を待って「北海道水災救済委員会」を設置した。二二日、政友会本部では鈴木喜三郎総裁の指名によって、「北海道災害地救済対策委員会」が設置され、東、木下らが委員に任命された。[41] 二七日、同会委員の加藤粂四郎、綾部健太郎は後藤文夫農相に対して北海道を視察するように陳情した。両委員は斎藤首相に対する陳情後に民政党本部を訪問した上で「北海道の災害救済について、政民両派共同動作をとりたし」と要請し、小山松寿幹事長の同意を得た。[42] 他方、北海道選出政友会代議士の板谷順助鉄道参与官（道民大会実行委員）は斎藤首相と山本達雄内相を訪問し、北海道の「惨憺たる実情の写真を提示して、速急的に、対応策を講ずるやう奔走して」いた。板谷は二八日に後藤農相を訪問し、「東北視察に際しては是非、北海道の惨状も視察されたい」と懇請した。後藤農相は政民両党からも板谷と同様の要請があることを理由に、「来月六日、仙台に赴き二三県の視察を為す予定を変更して、仙台から北海道へなるべく直行する旨」を回答した(43)。後藤農相は経済更生計画を主導しており、斎藤内閣の中心閣僚だった。木下政友会支部長は一〇月六日の書簡の中で「本道再建を計図候事不容易難事に候。然れども、此難関は如何なる犠牲を払ひ候とも、突破致度覚悟を決め居候」、「兎も角、農相を引出し、百聞一見に如かざる迄漕付け、其上に致度と存じ候て東上も差控へ、過般来、中央同志と相謀り、此点に全力を注きたる甲斐ありて、数日後には後藤農相も来道と相決し、之を一段階として発動のトップを切り度、所期の目的は首尾能く相運び来れるは、御同慶の至に存候」と述べている(44)。北海道の木下と中央の板谷が緊密に連携し、災害対策の第一段階として、後藤農相の北海道視察を実現させたことがわかる。他方で、後藤農相と緊密な関係を持つ佐上長官の存在も看過できない(45)。佐上長官は後藤農相の北海道視察に同行し、災害の深刻さを説明している(46)。

一〇月八日、北海道視察を目的とする後藤農相は、板谷参与官や東とともに札幌市に到着、道民大会常任委員と会見し、災害の陳情を聴取した(47)。木下政友会支部長は後藤農相に対して「対策としては先づ食料の配給である」と陳情した(48)。前日、道民大会常任委員会は後藤農相の視察について協議するとともに「貸付米配給準備の件」に関して佐上長官と協議しており(49)、木下の陳情は道庁の協力を得た「挙道一致」の要請であったと言える。一〇月九日には、災害状況視察のために名寄町を訪問した後藤農相に対して、各区農家数百名は「田畑から自分の刈取つた実ならない黒く乾からびた稲穂や、泥まみれになつて馬も食はない燕麦大豆などを手にして」迎えた。一〇日、後藤農相は「北海道の凶作と水害は想像していたよりズツトひどいやうだ」と語っている(50)。一四日の定例閣議において、後藤農相は「水害地域の地図、写真、立枯れた稲の穂等を示して詳細報告」した。同日の凶作水害善後対策道民大会実行委員会は、「北海道凶作水害善後対策要項」を決定した。同要項は「罹災各地ノ陳情及本会調査班ノ報告等ヲ資料トシテ実行委員協議ノ結果決定セルモノ」であり、第三項「政府米払下ノ件」の中に「政府米ノ貸付金並廉価払下ノ手続ヲ簡捷ニシ、罹災農漁民全般ニ恩沢ヲ蒙ラシムルコト」を掲げている(51)。他方、農林省作成の「北海道ニ於ケル水害及凶作ノ概況カーボン」は「農林省ニ於ケル措置」の冒頭に「食糧米ノ供給ニ関スルコト」を掲げている。[52] 一九日には災害罹災民に対する政府所有米七二万石の貸し下げが決定した。[53] 佐上長官は二一日に上京し、内務、農林両省を訪問した後、斎藤首相、山本内相、高橋是清蔵相、後藤農相を訪れ、罹災者救済に奔走した。[54] 一二月一六日、斎藤内閣は「北海道水害及び凶作地産業助成費」（農林省所管）として一〇八万円の支出を決定した。[55] 斎藤内閣が北海道の復旧対策に積極的になったという点において、後藤農相の視察は一定程度の効果があったと言えるだろう。

ここで着目したいのは、政民両党が財界に対して義捐金募集を働きかけていたことである。九月三〇日、政友会の「北海道災害地救済対策委員会」は「義捐金を急速に募集すること」等を決議し、斎藤内閣と道庁を鞭撻することになった。この直後、政友会の加藤と浜田国松は民政党本部を訪問して小山幹事長や山本支部長と会見した。その上で、代表者を出して貴衆両院議員、実業家方面から義捐金を募集することを決定した。[56] 一〇月七日には政友会の東と加藤、山本民政党支部長が財界の実力者の郷誠之助と王子製紙の藤原銀次郎を訪問し、義捐金募集を具体化させた。一〇日、山本、東、民政党の金子元三郎（北海道選出貴族院議員）は、三菱の木村久寿太（日本工業倶楽部会長）と三井の有賀長文から災害救済応援の承諾を得た。[57] 一一月一四日の定例閣議直後、斎藤首相は首相官邸に政財界の有力者百余名を招待し、義捐金を募集した。[58] 道庁もまた、義捐金募集のために北海道水害凶作会を設置している。[59] この結果、一一月末には義捐金の総額が事前予想の倍に達した。[60]

北海道における未曽有の凶作と水害は、藤原銀次郎が言うように「火と水の如く闘争し、互に提携することの出来なかつた」政民両党の北海道支部を「一致団結」させた。[61] 政民両党の北海道支部と道庁は、「挙道一致」で北海道の復旧対策に奔走したのである。

第二節　北海道復興対策の限界と北海道第二期拓殖計画改訂運動の本格化

本節では、道庁との協調を前提とした政民両党の北海道支部の復興対策が第二期拓計改訂運動に収斂されていく過程について、中央政治(主として高橋是清蔵相)との関係から検討する。その上で、北海道政治と中央の大同団結運動との連動性についても考察する。

第一項　一億円融資案と治水計画独立案

一九三二年暮れには食糧配給を中心とする復旧対策が一段落し、北海道選出代議士は第六四議会に向けて復興対策に着手する。一一月九日、凶作水害善後対策道民大会実行委員の木下政友会支部長、山本民政党支部長、小池仁郎(国民同盟北海道支部長)は斎藤首相を訪問し、「北海道更生復興方策に関する件」に関して陳情した。同陳情書において着目されるのは「政府は北海道復興を助成する為め、時局匡救に関する融資の外、昭和八年度に於て特に一億円を融資すること」という箇所である[62]。一七日、高橋蔵相は北海道選出代議士一〇名に対して、一億円融資案の財源に特別融資金を充てたい考えを示した。一九日、東、山本、小池は後藤農相に対して一億円融資案を閣議に提出するよう陳情した[63]。政民両党の政務調査会はともに一億円融資案を承認しており[64]、同案の提示は政民両党の北海道支部の独断ではない。上京中の佐上長官もまた、二一日に内務、農林両省を訪れ、一億円融資案の実現を要望している[65]。二〇日には、凶作水害善後対策道民大会の決議を基に、「非常時北海道の窮状を打開すべく」」、第二次臨時道会が開催された[66]。

一一月二二日の臨時道会では、「北海道更生復興資金ニ関スル件」及び「北海道拓殖計画改訂ニ関スル件」が全会一致で可決された。道会は、「北海道凶作水害善後対策意見書」という形式で両建議案を斎藤首相に提出した。本章では、「北海道拓殖計画改訂ニ関スル件」に着目したい。第一項には「拓殖費ノ財源ハ、既定ノ方法ニ依リ、歳入超過額ヲ以テ之ニ充ツルモ、猶予定ノ事業遂行ニ不足ヲ告グル場合ハ、一般財源、又ハ公債財源ヲ以テ、之ヲ補充スルコト」が掲げられた。ここで重要なのは「石狩川、十勝川、天塩川ノ三大河川水系ノ治水工事ハ本支流共ニ之ヲ拓殖費以外ニ置キ、一般財源ヲ以テ施行スルト同時ニ、其ノ他、重要河川ノ治水施設及中小河川護岸並改修工事ノ普及ヲ期スルコト」を掲げた第二項である。第二項の「理由」は「従来ノ治水計画ハ財源ノ貧弱ナル拓殖計画ニ全テ包含セラレタルガ為、事業遅々トシテ進マズ」、「今次大災害ハ実ニ此ノ怠慢ニ対スル天譴ト謂フモ敢テ不可ナシ」と述べている[67]。これは、従来の北海道拓殖政策の根本的修正要求である。第一期拓計開始時から、河川費は拓殖費の一部として扱われるようになった[68]。道会は、一九三二年の水害が治水計画を軽視し続けてきた道庁の怠慢に基因すると批判したのである。同年一〇月末、道庁は「石狩川本流第二区（神居古潭下流）、天塩川、網走川、涌別川、後志利別川、渚滑川ノ治水事業ヲ拓殖費以外ニ置キ、十ヶ年間ニ之ヲ竣工スルノ案ヲ立テ」、内務省に提出していた[69]。道会側は道庁案を不徹底と見なし、十勝川を治水計画の対象に加えることを主張した。第二期拓計の枠組みから治水計画を独立させる方針は、一〇月二〇日の政友会支部政務調査会において重視されていた[70]。政友会支部及び道会と道庁は、拓殖計画からの治水計画の独立という方針で一致していたのである。

一九三三年一月一一日、北海道選出政民両党代議士は「本道凶作水害善後対策に関する復興資金一億円融資」に関する協議会を開催した。この直後、北海道選出政民両党代議士は各大臣を訪問した。この時、斎藤首相は

「当の高橋蔵相がどう考へて居るか判らぬので、十三日の閣議席上よく相談した上、出来るだけの努力をしたい」と述べ、三土忠造鉄相は「蔵相ともよく相談し、又預金部資金関係をも調査の上、極力応援する」と語った(71)。しかし、大蔵省は「預金部資金枯渇の理由を以て」一億円融資要請に応じず(72)、一八日の預金部運用委員会は、「水害凶作関係資金」として六〇〇万円の融通を決定したのみだった(73)。他方、道庁の治水計画は一二日に内務省によって財政困窮の理由から見送られ、昭和八、九年度分の一五六七万円が拓殖費追加予算に繰り入れられた。石狩川本支流、天塩川、網走川、涌別川、後志利別川、渚滑川は水害対策として昭和八年度から一斉工事に着手することを決定し、昭和九年度分には中小河川費一九三万円が含まれていた(74)。このように、斎藤内閣は北海道の水害対策に一定程度の理解を示したが、治水計画を拓殖計画から独立させようという道会と道庁の要請を容認することはなかったのである。

一月二七日、北海道選出代議士一九名の協議会は三派共同で「不動産融資及び損失補償法中改正案」の第六四議会提出を決定した(75)。同案の趣旨は凶作対策のため、大蔵省が北海道拓殖銀行（以降、「拓銀」と呼ぶ）の債務者に対して、無期限で資金融通を行うという特例措置を導入することにあった(76)。不動産融資及び損失補償法は普通銀行を対象としており、拓銀のような特殊銀行への適用は目的としておらず、拓銀側も同法改正案の実現を困難視していた(77)。ゆえに、改正案は、否決されることを前提としていたように思われる。北海道選出代議士の意図は、実現不可能な改正案を提示することで、大蔵省から凶作対策に関する妥協を引き出すことにあったのだろう。三月に入り、大蔵省は北海道選出代議士が同法案を撤回することと引き換えに、「北海道更生資金」を融通することを決定した(78)。三月二四日の大蔵省議は、第一項に「北海道民有未墾地開発資金を増額する事」、第二項に「自作農創設資金を増額する事」、第三項に「産業組合普通事業資金を増額する事」、第四項に「北海道凶作関係資金を追加する事」、第五項に「負債整理組合に対し資金を融通する事」を決定した。当初は拓銀を通じて低利資金を融通することになっていたが、第一項、第二項、第三項は道庁を通じて取り扱うことになった[79]。これは、佐上長官の災害対策に対する熱意のように思われる。なお、第二項は農林省の自作農創設維持事業の一環であり[80]、後藤農相の関与を窺わせる。七月一七日に北海道更生道民大会実行委員が作成した「北海道更生要策」は「五項目ニ対シ、八年度ニ於テ、一千万乃至一千五百万円ノ特別融資ヲ為スノ言明ヲ得タルニ止マリ、其本格的対策ニ至リテハ後日ノ解決ニ委セザルヲ得ザルノ結果ヲ齎シタリ」と述べている[81]。大蔵省の融資額は、松実喜代太が衆議院において要求した「七千五百万円」を大きく下回るものであり、「東京ノ大震災ニ準ズル位ニ思切ツテ金ヲ出シテ」ほしいという山本厚三の要請[82]から乖離していたのである。

次に、水害対策の政治過程について概観する。一月三一日、北海道選出代議士は三派共同で「北海道更生復興方策に関する建議案」とともに、「北海道拓殖計画改訂に関する建議案」を衆議院に提出した。後者の建議案には「石狩川、十勝川、天塩川の三大河川水系の治水工事は本支流ともに之を拓殖案外に置き、一般財源を以て施行し、その促成を期する事」等が掲げられた。これは、治水計画を拓殖計画から独立させようとする道会の要請を踏襲している。三月二日、大蔵省主計局が道庁に内示した昭和八年度追加予算は、六四二万円（道庁の要求額は二六〇〇万円）にすぎなかった。四日、北海道選出代議士は院内交渉室に集合し、佐上長官と協議し、「全代議士が政治的に奔走して、道庁案を援助すること」を決定した。ここでも、政党と道庁は緊密に連携している。

だが、昭和三陸津波への対応のため、追加予算の要求は困難な状況となっていた[83]。七日の大蔵省議において、道庁が復活要求した昭和八年度治水費七二五万円は、全額削除となった。九日には北海道選出代議士が山本内相と会見し、治水費四八〇万円の復活に関して高橋蔵相に折衝するように要請した。一一日、高橋蔵相、山本内相、三土鉄相の三相会議は、高橋蔵相の主導によって治水費を葬る代わりに災害関係費を認めることを決定した。一四日の閣議は、北海道の昭和八年度追加予算九三九万円を承認した[84]。一七日の衆議院予算委員会において、高橋蔵相は昭和九年度の治水計画実行に対して同意しなかった[85]。一八日、松実と林路一は政友会幹部会に諮り、追加予算承認に関して「政府は北海道治水に関し、九年度予算にその経費を計上し、速に治水計画を確立されたし」という希望条項を附与することを決定した[86]。同日の衆議院予算委員会において、政友会の青木精一総務は「希望意見」として「北海道ニ於ケル水害ノ激甚ナルニ鑑ミ、治水事業促成ノ要、極メテ緊切ナリト認ム。仍テ政府ハ適当ナル治水計画ヲ樹テ、成ベク速ニ之ガ実行ヲ期セラレタシ」と述べている[87]。松実と林の奔走の結果、政友会本部は北海道の水害対策を議会に働きかけたが、高橋蔵相の支持を得るには至らなかった[88]。高橋蔵相は、昭和八年度予算案中の満州事変費、兵備改善費、時局匡救費などを「非常手段」と認識しており[89]、北海道の復興要請に対して特別な配慮を行う財政的余裕はなかった。

このように、政民両党の北海道支部は道庁とともに中央政治において復興対策を要請したが、その大部分は高橋蔵相に阻まれたのである。

第二項　第二次北海道更生道民大会と北海道更生要策

一九三三年五月二一日、政民両党の北海道支部は札幌市豊平館において「第二次北海道更生道民大会」を共催した。同大会は、一二〇名の実行委員（木下、山本両支部長ら）を決定した。大会の宣言には「根本的対策とせる拓殖計画の改訂、治水事業の促進、更生復興を助成する低資の融通は未だ其緒を開くに至らず」とある。以降、「三大決議」に着目したい。第一項では、「北海道拓殖計画に対し、左の改訂を期す」、「拓殖費の財源は既定の方法に依り、歳入超過額を以て之に充つるも、なほ、予定事業遂行上、不足を告ぐる場合は、一般会計、又は公債財源に依り、之を補充すること」、「拓殖費の事業は官民を委員とする調査会を設け、其調査に基き、改訂を行ふている。第二期拓計改訂の具体策として、官民一致の調査会の設置が要請されていることである。この要請は、岡田啓介内閣期において、北海道拓殖計画調査会として具体化する（第六章を参照）。第二項には、「全道各河川に亘り、治水事業の速成を期す」ことが掲げられており、ここでも、治水計画は第二期拓計改訂問題と切り離されている。第三項には「本道の更生復興を助成する為、左の方策の実行を期す」、「北海道拓殖銀行に低資を供給して、土地を担保とする債務の借換を為し、金利の低減、償還年限の延長及鑑定価格と同額迄の貸増を行はしむる事」等が掲げられている。[90] これは、凶作に苦しむ農家救済のための拓銀の支援である。「三大決議」の中で着目されるのは、政民両党の北海道支部が第二期拓計改訂のための具体策を前面に出したことだろう。

中央政局では、斎藤内閣と政友会の協調関係が動揺していた。五月二三日、斎藤首相は高橋蔵相の留任意思表明を受けて、政権担当の意思を正式に表明し、鈴木総裁の「円満授受」戦略の破綻は明らかとなった。[91] 三一日、政友会支部幹部会は木下支部長に対して倒閣運動の自重を促す電報を送り、北海道選出代議士は結束して自重派に合流した。六月一日の政友会自重派の有志代議士会（七九名）では、木下が発起人代表、東が座長となっている。[92] 同会においては「争は政策本位、国策本位でなければならないのであつて、政権争奪の為の争の如く、誤られることは避けねばならぬこと」が議題となり、「吾人は現下政局の重大なるに鑑み、大義名分に立脚し、国策の遂行に邁進せん事を期す」ことを決定した。[93] 木下と東が最も警戒する事態は、政友会が斎藤内閣と絶縁し、民政党が同内閣の単独与党となることだった。[94] 解散、総選挙となれば、政友会にとって不利になるだけではなく、更生道民大会の「三大決議」に基づく民政党支部との共闘が破綻する。木下と東にとって、斎藤首相及び民政党と鈴木総裁が協調関係を築くことは、第二期拓計改訂運動の観点から重要であったのである。一四日、鈴木総裁は木下ら自重派の政策本位路線を選択し、政変は回避された。[95]

右のことは、北海道における第二期拓計改訂運動に力を与えることになった。六月一四日、北海道更生道民大会実行委員会総会において、政友会の松実喜代太は、同委員会の中に常任委員を設置することを提案した。選挙の結果、北海道選出貴衆両院議員二二名、政民両派から一五名が常任委員に任命された。二一日、常任委員は協議後に佐上長官と会見し、「常任委員中より、更に、審査委員を選任し、道民大会に於ける決議案並に建議案に就き審査すること。而して両党幹事長はその世話人とす」等の協議事項に関して、道庁に対して協力を要請した(96)。

七月五日、常任委員会は「拓殖計画改訂綱領」を完成させた。同綱領は、政民両党の北海道支部が中心となって策定したことに意義がある。同綱領の第一項には「昭和十年度ヲ起点トシ、総費額十億円ヲ目標トシテ、新ニ、二十箇年計画ヲ樹テ、其事業ハ年度割ヲ定メ、確定的ニ之ヲ実施スルコト」、第二項には「拓殖費ノ事業ニシテ国家百年ノ大計ニ属スル第一次的ノ事業ハ公債ニ依リ、又直接産業ノ振興、道民ノ生活ニ資スル施設ハ道民辛酸ノ成果タル歳入超過額ヲ以テ、之ニ充ツルヲ原則トス」、第三項には「前項ノ原則ニ拠リ、在来ノ治水費、港湾費、道路橋梁費及殖民費（民有未墾地開発費ヲ除ク）ニ属スル事業ハ、公債ニ依リ以テ、其速成徹底ヲ期スルコト」が掲げられた(97)。ここで着目される点は「道民ノ生活」への言及が示されていることである。これは従来の北海道拓殖政策には見られない発想である（第六章を参照）。危機の深刻化によって、政民両党の北海道支部は拓殖計画からの脱却を志向した。次に、治水費が第二期拓計に包摂されたことは、政民両党の北海道支部が治水計画独立案を放棄したことを示す。さらに、第九項において「昭和九年度ニ於テ官民合同ノ調査会ヲ設ケ、具サニ施行事業ノ調査研究ヲ遂ゲ、昭和十年度ヨリ之ヲ実行セシムルコト」が掲げられたことは(98)、政民両党の北海道支部が第二期拓計改訂問題を緊急課題として認識していたことを意味する。ここで重要なことは、「拓殖計画改訂綱領」が一九三五年の第二期拓計改訂運動においても重視されていることである。同年五月八日の「北海道拓殖計画改訂ニ関スル役員会」（政民両党の北海道支部関係者の多くが参加）は同綱領を中心に審議している。「拓殖計画改訂綱領」は、松実が言うように、「両支部ヨリ選マレタ委員ノ手ニ依テ練リ上ゲラレタモノ」であった[99]。

一九三三年七月六日の常任委員会は、前日に小委員（政友会の松実や林、民政党の沢田ら）が政民両派の案を基礎に作成した「三大決議」に関する成案（「拓殖計画改訂の件」、「治水事業の件」、「更生復興資金の件」）を承認した。八日の常任委員会の直後、松実は「三大決議に関する根本方針」を佐上長官に手交した。第二期拓計改訂運動は政民両党の北海道支部と道庁の連携の下で進められたのである。一七日、佐上長官は昭和九年度拓殖費予算案に関して内務省との折衝を開始した。同日の常任委員会は、「北海道更生要策」として、「昭和九年度拓殖費対案」と「更生復興資金対案」を決定している[100]。まず、「昭和九年度拓殖費対案」は第二期拓計の「根本的改訂の即行を希ふと雖、政府の予算編成期切迫せる今日、直に全機構の建直しを望む能はざるを慮り、その実現は後年度に期し、取敢へず、九年度拓殖費予算に対し、緊要避く可らざる施設の追加増額を要望せんとす」と主張し、昭和九年度拓殖費四六〇〇万円を要求した[101]。斎藤内閣の予算編成に対する配慮から、政民両党の北海道支部は「官民合同の調査会」設置による第二期拓計改訂作業を先送りし、拓殖費増額を当面の政治目的としたのである。拓殖費対案中の「治水事業費」は、九一〇万円（前年度から六四五万円の増額）に達した。「甜菜糖菜奨励費」は二六九万円（前年度から一七〇万円の増額）に達し、「一ハ拓殖財源涵養ノ見地ヨリシ、一ハ地産増殖ノ為、既設二工場ノ外、更ニ四工場ヲ増設セシメ」ることを要求している[102]。道庁が要求していた昭和九年度拓殖費（総額は、三八〇〇万円）は「治水事業費」が四九〇万円、「製糖事業奨励費」が七七万円であり[103]、政民両党の北海道支部は、水害対策としての治水工事、凶作対策としての甜菜（ビート）栽培を重視していたことがわかる。他方、「更生復興資金対案」は前年一一月の道会の建議案「北海道更生復興資金ニ関スル件」を踏襲したものであり、目新しさはない。

八月一〇日、道庁が要求した昭和九年度拓殖費予算は内務省によってほぼ原案通りに承認され、大蔵省に送られた。政友会の岡田、山本市英、民政党の手代木ら北海道選出代議士を中心とする更生道民大会実行委員は三日に上京、一〇日に山本内相、一一日に高橋蔵相を訪問し、道庁の拓殖費予算の原案通過を要求した[104]。政民両党の北海道支部と道庁は緊密に連携していた。九月八日、上京した実行委員五十余名は、拓殖費増額、治水速成、一億円融資に関して折衝することを決定した。九日には、木下、山本両支部長を中心とする実行委員が斎藤首相を訪問した。二六日には手代木ら更生道民大会上京委員が賀屋興宣大蔵省予算決算課長、黒田英雄大蔵次官、藤井真信大蔵省主計局長を訪問し、拓殖費予算の全額通過を陳情した。同日、木下、山本両支部長ら上京委員二十余名は拓殖費予算の原案通過のために実行委員会を開催し、高橋蔵相に重ねて陳情することを決定した[105]。このように、北海道選出代議士は、道庁が要求した昭和九年度拓殖費（総額三八〇〇万円）の全額通過のために奔走した。「昭和九年度拓殖費対案」の四六〇〇万円はあえて実現不可能な金額を提示することで、大蔵省に対して道庁案を承認させようとする政民両党の北海道支部の現実主義的な戦略であろう。

だが、道庁が要求した昭和九年度拓殖費予算案（三八〇〇万円）は大蔵省によって二五〇〇万円に削減され、治水費は全額削除となった。一一月一三日には、更生道民大会常任委員会（松実、手代木らが参加）が緊急開催され、予算復活に向けて佐上長官と在京北海道選出代議士を督励することを決定した。なお、治水費に関しては、一河川への集中工事を要求する大蔵省に対して、佐上長官が六大河川を対象とすることを主張していた。一六日、佐上長官、東、山本厚三らは協議会を開催し、大蔵省に対する治水費及び糖業奨励費（ビート等）の復活提案を長官に一任することを決定した。その上で、更生道民大会は長官案の支持を申し合わせた[106]。一八日、佐上長官は大蔵省に対して四五〇万円の復活要求を行った。同要求の中には、治水費二五〇万円と糖業奨励費五八万円が含まれていた。二七日、大蔵省は普通費一五〇万円を治水費（石狩川一〇〇万円、他の五河川五〇万円）に充てることを決定した。他方、糖業奨励費は削除となった[107]。治水費の一部復活を例外として、大蔵省に対する政民両党の北海道支部及び道庁の敗北は明らかである。

一一月二七日、更生道民大会実行委員は、木下、山本両支部長の名をもって「政府は昭和九年度において北海道拓殖改訂調査会を設置し、広く官民を委員として審理を為し、現行計画に適当なる修補改訂を加へ、これを十年度より実施されたい」という陳情書を山本内相と高橋蔵相に提出した[108]。大蔵省に対する妥協工作の失敗を機に、政民両党の北海道支部は第二期拓計改訂問題を政治行動の前面に出すことになる。

第三項　大同団結運動と北海道政治

一九三四年一月二三日の第六五議会において、政友会領袖の床次竹二郎は政党が大同団結することで、斎藤内閣を積極的に支持していくことの緊要性を説いた[109]。これに積極的に対応したのが、木下政友会支部長である。二月六日、木下を中心とする政友会有志会合は「政党も大同団結して協力一致、国難に当るの外なしといふに意見一致し」、北海道選出代議士の林路一ら九名を世話人に任命している[110]。林は、同日の衆議院予算委員第三分科会において、第二期拓計改訂に関して「北海道ハ今日政党政派ヲ超越シテ、二十名ノ各派ノ代議士ガ一致シテ、政府ニ此改訂、調査会ノ設置ヲ御願シテ居ルノデアル」、「是ハ一個ノ私ノ希望デハナイ、北海道民三百万人ノ希望デアリ、北海道ノ二十人ノ代議士ノ総意ヲ代表シテ言フコトデアル」と述べるとともに、「北海道ガ凶作水害ノ経綸ニ依リマシテ、寒地農業トシテ適作物「ビート」ガ最モ適当デアル」と主張した[111]。一月二九日、北海道における政民両派協議会は「北海道拓殖計画改訂に関する調査会設置要求及甜菜糖業奨励」に関して協議しており[112]、林の発言はこれに基づくものである。大同団結運動は、北海道における第二期拓計改訂及び甜菜増産運動と連動していた。二月一二日の衆議院予算委員第二分科会では、民政党の土屋清三郎が内務省予算に対して「現行ノ北海道拓殖計画ハ其事業ノ内容及財源ニ於テ遺憾ノ点、少カラズ。依テ速ニ拓殖計画調査会ヲ設ケ、之ガ改訂ノ途ヲ講ズベシ」という希望条項を附した[113]。第二期拓計改訂運動は、北海道から中央へと拡大しつつあった。さらに着目されるのは、第六五議会における河川法中改正法律案の可決である。河川法の眼目は、内相の選択に基づく同法適用河川にのみ、国直轄か国庫補助によって維持管理、改修工事を実施することにあった[114]。河川法中改正法の結果として、北海道への河川法適用が実現したことは、水害対策の観点から見ると大きな前進だろう。

他方、政友会支部は衆議院における絶対多数の力を背景に、地方への鉄道敷設を企図し、民政党支部の反発をもたらした。二月五日の衆議院本会議において、山本民政党支部長は名寄・朱鞠内間の敷設が「ドウシテモ今年ヤラナケレバナラヌト云フ程ノ強イ利益ハ私ハ認メナイ」と述べた[115]。九日の衆議院予算委員第六分科会においても、北海道選出民政党代議士の大島寅吉は名寄町長の陳情を受けた某代議士が三土鉄相に鉄道敷設を働きかけ、三土が承認したことを指摘した[116]。三月五日の貴族院本会議において、同成会（民政党系の会派）の青木周三が「名寄ト云ヒ、雨竜ト云ヒ、若クハ朱鞠内ト云フヤウナ小サナ村ヲ、鉄道ヲ以テ繋グト云フコトハ誠ニ意味ノナイコトデアリマス」と批判したことに対して、三土鉄相は「北海道庁長官カラモ熱心ニ之ヲ希望シテ参ツタノデアリマス」、「鉄道ノ新線設置ニ付キマシテモ、北海道庁長官ノ意見ヲ私ハ余程尊重スルノデアリマス」と回答した[117]。六日、民政党系の『小樽新聞』は「佐上長官が政治的に活躍したことが暴露されるに至った」と批判している[118]。七日、政友会系の『北海タイムス』は政友会の東武が「君は鉄道敷設に反対したりして北海道の拓殖を阻害する様な行動をしては困るのではないか」と詰問したことに対して、山本民政党支部長が「佐上長官の遺口が気に食はない。何時の会合でも政友会の人ばかり、多数招んで我党のものを疎外して怪しからぬ」と答え、東が「政友会の代議士は十五人だが、君の方は皆揃つてもたつた四人ではないか。長官が公平に招んでも十五対四と云ふ数字になるのは已むを得まい」と述べたと報じた[119]。民政党支部の反対にもかかわらず、第六五議会は名寄・朱鞠内間の一部着工を承認した[120]。

右のように、政友会支部は佐上長官と三土鉄相を通して「拓殖」を名目に党勢拡張を企図した。山梨県と異なり、北海道では、政友会支部が道庁との緊密な関係を構築していたのである。山本民政党支部長は佐上長官の態度に不満を述べているが、佐上は民政党政権の下で長官に就任しており、政友会系とは断定し難い。佐上は一九三一年（第二次若槻礼次郎内閣）から一九三六年（広田弘毅内閣）までの五年にわたって長官職にあった。これは、中央の政変に左右されやすい大正期以降の道庁長官として異例の長さである。政治的に中立な立場の佐上だからこそ、政民両党の北海道支部の共闘を容易にしたように思われる。佐上長官は、北海道政治において絶対多数を誇る政友会支部の地方鉄道敷設要請に譲歩せざるを得なかったのだろう。(121)

ここで、北海道選出代議士を中心に、大同団結運動から斎藤内閣の崩壊までの政治過程を概観する。二月二一日の「第一回拡大同志懇談会」において、世話人代表の木下政友会支部長は、大同団結運動の目的が「適切なる国策の樹立を為し、政党の権威を保持」することにあると主張した。林は前日の北海道支部在京役員会において「吾々ハ時局ノ重大ナルニ鑑ミ、益々、立党ノ精神ヲ発揮シ、挙国一致、以テ時艱克服ニ邁進セムコトヲ期ス」と申し合わせたことを告げ、「北海道支部は本運動に全然、同意するものである」と報告している。懇談会の参加者五三名の中で、北海道選出代議士は一〇名に及んだ。(122)二〇日の北海道選出政友会代議士会において、木下は「本道の代議士は、所謂、党内のアノ派コノ派に深い関係を有するものもなく、北海道の問題に対しては、由来、超党派的にすら進んで来たのであるから、諸君も個人的の事情は捨て、我々の行動に共鳴されたい」と語っている。(123)このように、北海道選出政友会代議士は中央政治において大同団結運動を推進することで、北海道における政民連携の成果を中央政治に波及させようとした。中央の政民両党の紐帯が強化され、斎藤内閣が政治力を強化した場合、第二期拓計改訂運動の展開に有利な状況となるからである。三月二二日、政民両党有志の拡大懇談会は会名を「政党連携懇話会」と改称し、木下が政友会代表となった。同会には北海道選出政友会代議士一一名、民政党支部からは手代木が参加している。[124] だが、大同団結運動は総裁派打倒に利用する久原派に主導権を奪われ、鈴木総裁によって弾圧されるに至る。[125] 以後、木下と鈴木総裁及び政友会執行部との対立は決定的となる。

七月三日、斎藤内閣は帝人事件によって崩壊し、岡田啓介が組閣の大命を受けた。岡田内閣期において、中央の政民連携は決裂するが、政民両党の北海道支部は提携を維持し、斎藤内閣期の「拓殖計画改訂綱領」を基軸として第二期拓計改訂運動を推進する。他方、政民両党の北海道支部と道庁との関係は協調から対立へと転じることになる。

結　節

一九三二年二月、犬養毅政友会内閣の下で行われた第三回普通選挙は、北海道政治に変動をもたらした。従来の二大政党間の勢力均衡は崩壊し、政友会は民政党に対して圧倒的優位を確保した。政友会大勝の一因として、同党支部が独自の候補者調整を行ったことが挙げられる。斎藤内閣成立直後の八月時点において、北海道選出政友会代議士が一五名に増加する一方で、民政党代議士は四名にすぎなかった。災害の発生を契機に、政民両党の北海道支部は対立から提携に転換し、九月に「凶作水害善後対策道民大会」を共催した。同大会の宣言では、第二期拓計改訂問題が災害対策と結びつけられた。このように、二大政党の対立に翻弄されてきた第二期拓計問題は、政民両党の北海道支部によって超党派問題として再確認された。政民両党の北海道支部関係者で構成される道民大会実行委員は佐上信一道庁長官と協力し、復旧対策に奔走した。超党派の道議は被災地を視察し、北海道選出代議士は政民両党の本部に復旧対策を訴えた。道民大会実行委員の最大の成果は、後藤文夫農相の北海道視察だった。後藤農相は災害状況を斎藤内閣に伝達し、食糧配給や多大な義捐金をもたらした。北海道の復旧が順調に進展した背景には、政民両党の北海道支部、本部、佐上長官、後藤農相の緊密な連携があったのである。

北海道の復興対策は復旧対策と異なり、順調に推移しなかった。北海道選出代議士は凶作対策として、一億円の融資を高橋是清蔵相に要求した。道会と道庁は水害対策として、治水計画を第二期拓計から切り離そうとした。だが、高橋蔵相は前者を北海道更生資金(一〇〇〇万〜一五〇〇万円)に置換し、後者も容認しなかった。これを機に、政民両党の北海道支部は、長期的な北海道開発構想を提示するようになった。一九三三年五月、政民両党の北海道支部は、第二期拓計改訂の要請を「第二次北海道更生道民大会」の「三大決議」に掲げた。七月、更生道民大会実行委員は「拓殖計画改訂綱領」を完成させた。長期的に見ると、同綱領は一九三五年の第二期拓計改訂運動の指針となる先駆的な地域開発構想であった。だが、実行委員の当面の目的は、昭和九年度拓殖費の増額だった。「昭和九年度拓殖費対案」(「北海道更生要策」の一つ)は第二期拓計改訂問題を先送りし、拓殖費四六〇〇万円を要求した。その上で、実行委員は佐上長官を支援し、道庁案(昭和九年度拓殖費三八〇〇万円)を大蔵省に承認させようとした。道庁案は実行委員の最低譲歩ラインだったが、大蔵省によって大幅に削減された。一九三四年に入り、木下成太郎支部長ら北海道選出政友会代議士は、大同団結運動の中核となった。政友会支部は北海道における政民連携の成果を中央政治に波及させ、第二期拓計改訂実現に有利な政治状況の創出、すなわち、政友会と民政党の連立内閣による政党内閣復活を企図したのである。しかし、鈴木喜三郎総裁を中心とする政友会執行部の容認するところとはならなかった。

本章において明らかにしたように、斎藤内閣期において、政民両党の北海道支部は超党派で佐上長官を後方支援し、中央政治に対して復旧、復興対策を要請するという方針を貫徹した。従来の政民両党間の抗争、政党と道庁との対立を克服し、「挙道一致」で「二重の危機」に対処したことは北海道政治史において画期的なことであった。政民両党の北海道支部は地域住民の実情調査及び第二期拓計改訂案の立案、佐上長官は中央政治家及び官僚との折衝というように、斎藤内閣期の北海道では政党と道庁が役割を分担していた。同内閣末期には、北海道選出代議士が地方政治における政民連携の成果を大同団結運動という形で中央政治にまで反映させた。北海道の事例は中間内閣期における政党内閣復活の試みが主導者の選挙区の危機的状況と密接な関係にあったことを示している。中央政治において、北海道選出代議士と災害が生じていない地域の代議士との間では危機意識に対する落差があったように思われる。この視角は、大同団結運動が失敗に終わった要因を考察する上で、重要だろう(126)。

斎藤内閣期の北海道における政民両党の影響力は、災害対策と地域開発政策への寄与に見られるように、軽視できないものであった。他方で、高橋財政下で復興対策を十分に進められなかったことや大同団結運動の失敗に象徴されるように、中央政治における政民両党の力には限界があった。地方と中央において、政党の力の不均衡が生じたところに斎藤内閣期の北海道政治の特色がある。

一九三五年の第二期拓計改訂運動時(岡田啓介内閣期)において、政民両党の北海道支部は地域住民の多様な要請を汲み上げる過程において、新たな地域開発構想を発信する結果となり、第二期拓計の微修正を企図する内務省及び道庁と対決することになる(第六章を参照)。なお、一九三七年以降における政友会支部は、弱体化した本部に対する攻撃を開始する。木下が一九三九年の政友会分裂や一九四〇年の近衛新党運動に密接に関与していたことは、日本政治史における一九三四年の大同団結運動の重要性を示している(第七章を参照)。

(1)　有泉貞夫「昭和恐慌前後の地方政治状況」『年報・近代日本研究(六)　政党内閣の成立と崩壊』山川出版社、一九八四年、二五二頁。

(2)　関秀志・桑原真人・大庭幸生・高橋昭夫編『新版北海道の歴史』(下)　北海道新聞社、二〇〇六年、一二二頁。

（3）　陳情書「凶作対策ニ関スル件」（網走町）北海道大学附属図書館北方資料室所蔵「北海道資料パンフレット」（北資パンフ166–10）。
（4）　「北海道拓殖調査準備委員会決定案」八頁、北海道大学附属図書館所蔵「高岡・松岡旧蔵パンフレット」（高岡・松岡パンフ　H0078-003）。
（5）　酒井哲哉『大正デモクラシー体制の崩壊』東京大学出版会、一九九二年、九四頁、松浦正孝『財界の政治経済史』東京大学出版会、二〇〇二年、一四〇〜一四二頁、奥健太郎『昭和戦前期立憲政友会の研究』慶應義塾大学出版会、二〇〇四年、一〇五、一〇六頁、坂野潤治『近代日本の国家構想』岩波書店、二〇〇九年（初版一九九六年）、二五九頁。大同団結運動は岡田内閣期の宇垣新党運動への連続性という観点からも重要である（拙著『立憲民政党と政党改良』北海道大学出版会、二〇一三年、一五四頁）。
（6）　木下については、古川隆久『政治家の生き方』文藝春秋、二〇〇四年が言及している。
（7）　「普選第三回総選挙の結果」『政友』（三七九）一九三二年、一一頁。
（8）　『北タイ』（一九三二年二月二四日）。
（9）　『樽新』（一九三二年二月一三日）。
（10）　『樽新』（一九三二年一月二七日）、『北タイ』（一九三二年一月二八日）。
（11）　『樽新』（一九三二年二月一七、一九日）。
（12）　『北タイ』（一九三二年一月二九日）。
（13）　『東京朝日新聞』（一九三二年三月二日）。
（14）　『樽新』（一九三〇年三月一日）。
（15）　『北タイ』（一九三二年一月二二日）。
（16）　『樽新』（一九三二年一月二九日、二月四日）。
（17）　『北タイ』（一九三二年一月二六、三一日、二月三日）。
（18）　『樽新』（一九三二年一月二八日）。
（19）　小池は岡田内閣期において、民政党に復党する。
（20）　特に、第二区の坂東と浅川に与えた衝撃は大きかった（『樽新』（一九三二年二月一一日））。

(21) 佐々木隆「挙国一致内閣期の政党」『史学雑誌』(八六―九) 一九七七年、四五頁。
(22) 『樽新』(一九三二年七月二二日)。
(23) 『北タイ』(一九三二年七月二五日)。
(24) 北海道議会事務局編『北海道議会史』(第三巻) 北海道議会事務局、一九六二年、四六〇頁。
(25) 木下成太郎の言「建議委員会議録」(第三回)(一九三二年九月一日)『帝国議会衆議院委員会議録』(昭和篇二七) 東京大学出版会、一九九二年、五五一頁。
(26) 『樽新』(一九三二年九月三日)。
(27) 農林水産省北海道統計情報事務所編『北海道の冷害』北海道農林統計情報事務所、一九九四年、一五、一六頁。
(28) 佐上信一宛木下成太郎電報(一九三二年九月一一日) 木下成太郎先生伝刊行会偏『木下成太郎先生伝』みやま書房、一九六七年、三八四頁。
(29) 『北タイ』(一九三二年九月一一日)、『樽新』(一九三二年九月一三、一四日)。
(30) 『樽新』(一九三二年九月一九日)。
(31) 『北タイ』(一九三二年九月二〇日)。
(32) 準備委員は、林路一、三井徳宝両政友会代議士を中心に、政民両党の元代議士及び道議一四名で構成されている(『樽新』(一九三二年九月二〇日))。
(33) 『北タイ』(一九三二年九月二五日)。
(34) 「凶作水害善後対策道民大会宣言及決議」(一九三二年九月二三日) 北海道大学附属図書館北方資料室所蔵「高倉文庫パンフレット」(高倉パンフ　129–13)。
(35) 同右。
(36) 『樽新』(一九三二年九月二五日)。
(37) 『北タイ』(一九三二年九月二五日)。
(38) 「諸言」前掲「高倉文庫パンフレット」(高倉パンフ　129–13)。
(39) 『北タイ』(一九三二年九月二五日)。
(40) 『北タイ』(一九三二年九月二九日)。北海道議会事務局政策調査課編『道議会百十年小史』北海道議会事務局、二〇一一年、

一七五、一七六頁。
(41)『樽新』(一九三二年九月二三日)。
(42)『樽新』(一九三二年九月二八日)。
(43)『北タイ』(一九三二年九月二九日)。
(44)宛先不明木下成太郎書簡(一九三二年一〇月六日)前掲『木下成太郎先生伝』三八九、三九〇頁。
(45)戦後、後藤は佐上の伝記の序文の中で「佐上君が北海道庁長官の在勤中に政変が起こり、佐上君を新内閣の法制局長官に栄転させる話が持ちあがつた。私もその推進役のひとりであつたが」、佐上に断られたと回想している(佐上武弘編『佐上信一』良書普及会、一九七二年、三頁)。後藤は内務官僚出身であり、佐上と親密な関係にあったようである。
(46)『東京朝日新聞』(一九三二年一〇月一四日)。
(47)『樽新』(一九三二年一〇月九日)。
(48)後藤文夫宛木下成太郎陳情書(一九三二年一〇月八日)前掲『木下成太郎先生伝』三九〇頁。
(49)『北タイ』(一九三二年一〇月八日)。
(50)『樽新』(一九三二年一〇月一一、一五日)。
(51)「凶作水害善後対策要項」(一九三二年一〇月一四日)前掲「高倉文庫パンフレット」(高倉パンフ　129-13)。
(52)農林省「北海道ニ於ケル水害及凶作ノ概況カーボン」(一九三二年)国立国会図書館憲政資料室所蔵「斎藤実関係文書」(一四六　農林水産8)。以降、「斎藤文書」と略記する。
(53)『樽新』(一九三二年一一月二日)。
(54)『東京朝日新聞』(一九三二年一〇月二二日)。
(55)斎藤実、高橋是清「陸軍省所管災害費、拓務省所管拓務省庁附属建物其他風水害復旧費、文部省所管千葉医科大学其他風水害復旧費、農林省所管北海道水害及凶作地産業助成費、内務省所管地方災害旅費外一件、外務省所管国際経済財政会議参列費、第二予備金ヨリ支出ス」(一九三二年一二月一五、一六日)、アジア歴史資料センター(請求番号　類01793100　国立公文書館所蔵)(レファレンスコード　A14100334500)。
(56)『樽新』(一九三二年一〇月一日)、『北タイ』(一九三二年一〇月一日)。
(57)『樽新』(一九三二年一〇月八、一一日)。

(58)『樽新』(一九三二年一一月一五日)。
(59) 北海道庁「北海道水害凶作ノ状況並ニ其ノ対策」北海道大学附属図書館北方資料室所蔵「北海道資料パンフレット」(北資パンフ 166-5) 一一頁。義捐金募集に関して道庁側の中心は佐上長官である(『読売新聞』(一九三二年九月一三日))。
(60)『樽新』(一九三二年一二月一日)。
(61) 藤原銀次郎「和衷協力の精神で」『北タイ』(一九三三年一月一二日)。
(62) 陳情書「北海道更生復興方策に関する件」(斎藤実宛木下成太郎、山本厚三、小池仁郎) 前掲『木下成太郎先生伝』三九五、三九六頁。
(63)『樽新』(一九三二年一一月一八、二〇日)、『北タイ』(一九三二年一一月二〇日)。
(64)『樽新』(一九三二年一一月一七日)、「政友会々報」『政友』(三八八) 一九三二年、五四頁。
(65)『読売新聞』(一九三二年一一月二一日)。
(66)『北タイ』(一九三二年一一月二一日)。
(67)「北海道拓殖計画改訂ニ関スル件」「北海道凶作水害善後対策意見書　北海道会昭和七年一一月二二日」前掲「斎藤文書」(一四六　農林水産7)。
(68) 北海道編『新北海道史』(第四巻・通説三) 北海道、一九七三年、七一二頁。
(69) 北海道更生道民大会実行委員「北海道更生要策」北海道大学附属図書館北方資料室所蔵「高倉文庫パンフレット」(高倉パンフ 129-14)。
(70)『北タイ』(一九三二年一〇月二二日)。
(71)『樽新』(一九三三年一月一二日)。三土鉄相は高橋蔵相の代理として予算編成において無視できない役割を果たしており、「大蔵副大臣」と呼ばれていた(大前信也『昭和戦前期の予算編成と政治』木鐸社、二〇〇六年、一三九頁)。
(72)『北タイ』(一九三三年二月二六日)。
(73)『樽新』(一九三三年一月一九日)。
(74)『樽新』(一九三三年一月一二、一三日)、『北タイ』(一九三三年一月一三日)。
(75)『北タイ』(一九三三年一月二八日)。
(76)「衆議院議事速記録第四号　不動産融資及損失法案外一件」(第一読会)(一九三三年一月二七日)『帝国議会衆議院議事速記

録』（五八）東京大学出版会、一九八三年、四四頁。
(77)『北タイ』（一九三三年一月三一日）。
(78)『北タイ』（一九三三年三月一三日）。
(79)『樽新』（一九三三年三月二四、二五日）。
(80) 前掲『新北海道史』（第四巻・通説三）一一九頁。
(81) 前掲「北海道更生要策」。
(82) 松実喜代太、山本厚三の言「六大都市ニ特別市制実施ニ関スル法律案委員会議録」（第一五回）『帝国議会衆議院委員会議録』（昭和篇三二）東京大学出版会、一九九二年、六二〇、六二二頁。
(83)『北タイ』（一九三三年二月一日、三月三、五日）。
(84)『樽新』（一九三三年三月九、一〇、一四、一五日）。
(85) 松実喜代太、高橋是清、林路一の言「予算委員会議録」（第一三回）（一九三三年三月一七日）『帝国議会衆議院委員会議録』（昭和篇二九）東京大学出版会、一九九二年、四三五～四四〇頁。
(86)『北タイ』（一九三三年三月一九、二〇日）、『樽新』（一九三三年三月一七日）。
(87) 青木精一の言「予算委員会議録」（第一四回）（一九三三年二月一八日）前掲『帝国議会衆議院委員会議録』（昭和篇二九）四八八、四八九頁。
(88) 山本民政党支部長は「治水費はすでに内務省の諒解を得、ゴール前まで非常によいコンデイシヨンのもとに進んで来たのに最後のドタン場に至つてひつくり返つたのは恐らく高橋大蔵大臣の頭が変つていたためである」と語っている（『樽新』（一九三三年三月二六日））。
(89)『東京朝日新聞』（一九三三年三月九日）。
(90)『北タイ』（一九三三年五月二二日）。
(91) 前掲・奥『昭和戦前期立憲政友会の研究』九九頁。
(92) 前掲『木下成太郎先生伝』四四二頁、『北タイ』（一九三三年六月二、三日）。
(93)「情報」「政府と政友会との絶縁問題に対する木下代議士らの動向情報墨書」前掲「斎藤文書」（一四三　政党活動17）。
(94) 民政党は斎藤内閣に協力することで、政友会との差異を強調していた（前掲・拙著『立憲民政党と政党改良』一三七頁）。

(95)　前掲・佐々木「挙国一致内閣期の政党」六四頁。
(96)　『北タイ』(一九三三年六月一五、二二日)。
(97)　「北海道拓殖計画改訂ニ関スル役員会議事録」三頁、北海道庁編「北海道拓殖調査準備委員会　其二」一九三五年、北海道大学附属図書館所蔵「高岡・松岡旧蔵パンフレット」(高岡・松岡パンフ　H0442)。
(98)　同右。
(99)　同右、二頁。
(100)　『北タイ』(一九三三年七月五、七日)、『樽新』(一九三三年七月九、二〇日)、『読売新聞』(一九三三年七月一八日)。
(101)　前掲「北海道更生要策」。
(102)　同右。
(103)　『北タイ』(一九三三年八月六、一〇日)。
(104)　『北タイ』(一九三三年八月一〇、二二日)。
(105)　『北タイ』(一九三三年九月二六日、一〇月二七日)。
(106)　『北タイ』(一九三三年一一月一一、一七日)、『樽新』(一九三三年一一月一四日)。
(107)　『樽新』(一九三三年一一月一九、二八日)、『北タイ』(一九三三年一一月二八日)。
(108)　『北タイ』(一九三三年一一月二八日)。
(109)　前掲・佐々木「挙国一致内閣期の政党」七〇頁。前年の一月時点において、床次は「政党の不信用に付ては十分自覚し乍らも絶望はせず、徐に改善出来るならん」と語っていた(伊藤隆・広瀬順晧編『牧野伸顕日記』中央公論社、一九九〇年、五三九頁(一九三三年一月二二日)。以降、『牧野日記』と略記し、頁数と年月日のみ表示する)。
(110)　木下成太郎外三十五名「政党連携に付て党員諸君に訴ふ」五頁、前掲「政府と政友会との絶縁問題に対する木下代議士らの動向情報綴」「斎藤文書」(一四三　政党活動17)。
(111)　林路一の言「第一類第四号　予算委員第三分科会議録」(第一回)(一九三四年二月六日)『帝国議会衆議院委員会議録』(昭和篇三八)東京大学出版会、一九九三年、三九八、三九九頁。
(112)　『北タイ』(一九三四年一月三〇日)。
(113)　土屋清三郎の言「第一類第三号　予算委員第二分科会議録」(第三回)(一九三四年二月一二日)前掲『帝国議会衆議院委員

会議録』（昭和篇三八）四九六頁。

(114) 御厨貴『政策の総合と権力』東京大学出版会、一九九六年、一〇〇頁。

(115) 山本厚三の言「衆議院議事速記録第一〇号　鉄道敷設法中改正法律案」（第一読会）（官報号外一九三四年二月七日）『帝国議会衆議院議事速記録』（六一）東京大学出版会、一九七九年、一九二頁。

(116) 大島寅吉の言「第一類第七号　予算委員第六分科会議録」（第二回）（一九三四年二月九日）『帝国議会衆議院委員会議録』（昭和篇三九）東京大学出版会、一九九三年、四三七頁。

(117) 青木周三、三土忠造の言「貴族院議事速記録第二十三号　鉄道敷設法中改正法律案」（第一読会）（官報号外一九三四年三月六日）『帝国議会貴族院議事速記録』（六〇）東京大学出版会、一九八四年、二六九頁。

(118) 『樽新』（一九三四年三月六日）。

(119) 『北タイ』（一九三四年三月七日）。

(120) 名寄市編さん委員会編『新名寄市史』（第一巻）名寄市、一九九九年、四四七頁。

(121) 橋本東三（道庁拓殖計画課長）の回顧によると、佐上は木下と懇意であったと言う（橋本東三『拓殖後日譚』拓殖後日譚刊行会、一九六一年、二六三頁）。

(122) 前掲・木下成太郎外三十五名「政党連携に付て党員諸君に訴ふ」八〜一〇頁。

(123) 『北タイ』（一九三四年二月二三日）。

(124) 前掲・木下成太郎外三十五名「政党連携に付て党員諸君に訴ふ」一七〜二〇頁。

(125) 前掲・奥『昭和戦前期立憲政友会の研究』一〇三〜一〇五頁。政友会には「斎藤首相へ再降下の場合は床次を内務へ引上ぐべし」という動きがあった（前掲『牧野日記』五七二頁（一九三四年四月二二日））。木下の大同団結運動と連動していたのだろう。

(126) 一九三四年、民政党側の大同団結運動の中心となる富田幸次郎の選挙区である高知県は、同年九月の室戸台風で甚大な被害を受けている。

第六章　岡田啓介内閣期における北海道政治

序　節

本章は二大政党（立憲政友会、立憲民政党）の北海道支部を中心に、一九三五年の北海道第二期拓殖計画（第二期拓計）改訂作業を検討することで、岡田啓介内閣期における北海道政治の実態を明らかにすることを目的としている。

近年の日本政治史研究において、政党内閣崩壊後の中間内閣（斎藤実、岡田内閣）期における政党の影響力の再評価が進み(1)、政党の行政への進出という現象が指摘されている(2)。しかし、当該期の政党と地方政治との関係を対象とした研究は少なく(3)、政党の地方支部や地方議員に関する検討は遅れている。第五章においては、斎藤内閣期の北海道政治を検討した。斎藤内閣期において、政友会と民政党はともに与党だった。本章が対象とする岡田内閣期の政友会は野党だが、衆議院における絶対多数党であり、民政党は衆議院において少数党だが、与党である。北海道政治においても、政友会は民政党に対して圧倒的多数の代議士を有していた。他方、民政党は政府与党の立場を利用し、北海道政治の一翼を担っていた。民政党が北海道政治の第一党の座を政友会から奪うのは岡田内閣末期の第一九回総選挙（第四回普通選挙）であるが、同選挙の検討は第七章に譲る。本章は、政民両党の北海道支部と北海道庁との対抗関係から、岡田内閣期における政党の地方行政への進出過程を検討する。

同時に、本章では、政民両党の北海道支部の北海道開発構想を検討する。従来の北海道拓殖政策の場合、社会基盤（道路、港湾、鉄道）の整備は、あくまで北海道に移民を定住させるための手段となる。すなわち、移民招来が地域住民の生活状況改善に優先する。他方、本章では地域住民の生活条件改善（災害対策を含む）重視の北海道開発構想を「住民重視型総合開発」と定義する。この場合、地域住民の生活状況改善は、他府県からの移民奨励に優先する。相次ぐ凶作と水害発生（第五章を参照）を受け、一九三二年から一九三四年にかけて、北海道からブラジルに移住する人々が続出することとなった[4]。この事態は、北海道拓殖政策の再検討を促すことになった。北海道政治と中央政治において、第二期拓計改訂作業が本格化するのは、一九三五年に岡田内閣が北海道拓殖調査準備委員会（北海道における第二期拓計改訂事項の調査審議機関、会長は佐上信一道庁長官）と北海道拓殖計画調査会（中央における第二期拓計改訂の諮問機関、会長は後藤文夫内相）を設置して以降である[5]。従来の北海道史研究は、一九三五年の第二期拓計改訂作業における道庁の主導性を強調する一方で、政党に関しては、ほとんど着目してこなかった[6]。この見解は、東北史研究に継承されている。例えば、高橋芳紀氏は東北振興調査会が国家レベルで政策を作成したことを指摘する一方で、第二期拓計改訂作業に関しては道庁レベルで政策の原案を作成していたと主張している[7]。このように、従来の地方史研究の課題は、岡田内閣期の北海道政治における政党の役割を捨象してきたことにある。これに対して、本章では、道庁の北海道拓殖政策と、政民両党の北海道支部の住民重視型総合開発という対立軸から、一九三五年の第二期拓計改訂作業の再考察を試みる。

さらに、岡田内閣期の中央政治における政友会の党内状況について、木下成太郎政友会支部長を中心に検討することによって、第七章において検討する一九三九年五月の政友会分裂の政治的背景を明らかにする。

右の視角から、岡田内閣期における北海道政治の実態を明らかにしたいと考える。

第一節　岡田啓介内閣の成立と北海道第二期拓殖計画改訂問題

本節では一九三五年の第二期拓計改訂運動の考察の前提として、岡田啓介内閣成立直後における中央政治と北海道政治を概観する。

第一項　岡田啓介内閣成立直後の政友会と木下成太郎

一九三四年七月八日、岡田内閣成立とともに民政党は少数与党となり、政友会は巨大野党となった。当初、鈴木喜三郎総裁は岡田に対して、党員の入閣を拒否することと引き換えに、政友会の閣外協力を約束していた。岡田は床次竹二郎と望月圭介の入閣に固執したが、鈴木総裁は同意しなかった[8]。結局、岡田は望月の入閣に失敗したが、床次(逓相)、山崎達之輔(農相)、内田信也(鉄相)の入閣に成功し、鈴木総裁は三者を除名処分とした。鈴木総裁の硬化は岡田首相の組閣交渉の不手際に基因するが[9]、政府与党の立場を自ら放棄したことは政友会の内紛を加速させた。

ここで重要なことは、床次が党内反総裁派の反対を押し切って入閣したため、大同団結運動が行き場を失ったことである[10]。大同団結運動の主導者の木下成太郎はどのように行動していたのだろうか。重臣会議において岡田が首相に奏請された七月四日、木下は政友会における反総裁派の結集を企図した。同日の有志代議士会は木下、蔵園三四郎（床次派、後年、昭和会）、鈴木義隆（旧政友派、山本悌二郎系）、豊田収（久原派、島田俊雄系、後年、昭和会）、向井倭雄（床次派）、藤井達也（久原派）、林路一（元総裁派、北海道選出代議士、後年、昭和会）、上原平太郎（三土忠造系）、板谷順助（久原派、北海道選出代議士）、兼田秀雄（床次派、後年、昭和会）、本多貞次郎（床次派）、匹田鋭吉（床次派）、樋口典常（後年、昭和会）が参加している。(11) 岡田内閣が成立した七月八日の『東京朝日新聞』は、木下、林、兼田、匹田、上原、蔵園、鈴木、樋口、向井、磯部尚（元総裁派、鳩山一郎系）、沼田嘉一郎（床次派）、井上知治（床次派）、津崎尚武（床次派）、長島隆二（床次派）、中村嘉寿（床次派）、渡辺与七（床次派）、松山常次郎（久原派）、森肇（久原派、後年、昭和会）、伊坂秀五郎（小川平吉系、後年、昭和会）が前日の有志代議士会において、床次支援で一致したことを報じている。(12) このように、木下は床次支持の立場で一貫しており、政府与党の地位を維持することに固執していた。同日の『北海タイムス』は「木下支部長は、政変当初から入閣援助を強調し来り、従つて床次氏と行動を共にすべくみられるに対し、東武氏は現に政友会総務として、政変以来、党の対策決定に努力し、各機関の議を経て入閣拒絶した今日、党議無視の行動にも出られないと云ふ立場にあるので、この間に立つて極めて自重的態度を持しつつある関係から、支部としての態度決定は非常に困難で、所属代議士の動向は容易に決しまいとみられる」と評している。(13) ここで着目されるのは、東が政友会執行部として反岡田内閣の立場で行動していることである。北海道選出政友会代議士において意見の不一致が見られる。

木下が床次支持に固執した背景には、第二期拓計改訂問題があった。床次の入閣を機に、木下と林は、北海道拓殖計画調査会設置を後藤文夫内相や佐上信一長官に対して働きかけた。(14) 八月一八日、内務省は第二期拓計改訂のための調査会設置を決定した。(15) 北海道拓殖計画調査会の設置（以降、「拓殖調査会」と呼ぶ）は、前年七月の道民大会の要請が実現したことを示している。(16) 三〇日の政友会支部幹部会は本部特派員（大口喜六、立川平）に党情を報告し、九月には「北海道拓殖計画概要」を提出した。(17) 政友会が岡田内閣との関係を悪化させれば、第二期拓計改訂が見送られる可能性が生じる。ゆえに、木下は政友会と岡田内閣との関係の安定化に尽力した。

他方、東は鳩山一郎ら総裁派と提携し、岡田内閣の打倒を企図する。一二月五日、東は「爆弾動議」（一億八〇〇〇万円程度の追加歳出提案）を第六七議会に提出し、結果的に政民連携を破綻させた。だが、床次派と旧政友派は岡田内閣と政友会の協調のために奔走し、議会解散の危機は回避された[18]。一八日、木下は反総裁派の領袖（岡崎邦輔、望月、前田米蔵、山本条太郎、山本悌二郎）に宛てた電報の中で「回顧スレバ、我党ハ日清・日露ノ役ハ勿論、日独戦ニ於テモ、大多数ノ代議士ヲ統御シ、皇室中心ニ依ル国家主義ヲ発揮シ、伝統的精神ヲ以テ、挙国一致ノ実ヲ挙ゲ、政敵大隈伯ヲ鞭撻シテ、世界ノ平和ヲ具現シタリ。然ルニ、往昔ニ倍セル非常国難ニ際会シ、利己的・功利的・党略的本位ニ立脚シ、挙国一致ヲ破リ、遂ニ過日ノ予算総会席上、其ノ醜態ヲ天下ニ暴露シ、人心ヲシテ極度ノ不安ト背信ヲ容認セシメ、更ニ、知名ノ士ヲ逸脱シ、党内亦、極度ノ不安ニ満サル」、「党内、人ナキニ非ラズ。老兄等、振テ其ノ覚醒ノ労ヲ取リ、歴史アル政友会ヲシテ土崩瓦解セシメサラン事ニ尽力ヲ請フ。今ヤ、地方人心ハ我党ヲ離反セル事、名状スベカラズ」と述べている[19]。木下は日清、日露戦争、第一次世界大戦時における挙国一致内閣という先例を引用し、「非常国難」における政争休止を訴えるとともに、東の爆弾動議を酷評した。東の戦略は、岡田内閣打倒による政友会内閣の復活にあった。他方、木下は北海道における政友会の党勢不振に危機感を持ち、政党内閣復活を一時的に断念していた。岡田内閣による第二期拓計改訂こそが木下の目的であり、そのためには政友会の与党化を必要としたのである。

政友会総裁派の強硬論は床次派と旧政友派の穏健論を乗り越えることができず、東と木下の路線対立は後者の勝利に帰結した[20]。この結果、岡田内閣の下で第二期拓計改訂を行うことが政友会支部の基本方針となった。だが、政友会の野党化にともなう岡田内閣の弱体さは木下の解決すべき政治課題として残されたのである。

第二項　北海道拓殖政策と住民重視型総合開発

ここでは中央政治から視点を換えて、北海道政治の動向を検討する。一九三四年一二月七日、政友会道議は、民政党道議及び中立道議とともに、第二期拓計改訂に関する建議案を道会に提出した。同建議案の理由書には「既住民の安定繁栄を図るを第一とし」、「今次調査会に対しては、地元官民協力して、審かに既往の過程と現在の情況と将来の計とを検討し、挙道一致の対案を確立し、之を提げて中央に進み、一糸紊れざるの策動を急要とす」と明記された。八日の道会において、政友会道議の東英治が「長官を会長とする官民有識者を以て準備委員会を開き、十分研究する必要ありと認むる」と要請し、佐上長官はこれを承認した。[21]このように、北海道拓殖調査準備委員会（以降、「準備委員会」と呼ぶ）は政民両党の北海道支部が中心となって道会に提案し、佐上長官が承認を与えることで設置された。なお、建議案の趣旨は「過ぐる大正十五年の北海道拓殖調査委員会は地元官民の意見合致せず、民間側委員の歩調も亦、統一を欠き、為に道論を強く反映し能はざるものあつた」というものであり、[22]憲政会、政友会の北海道支部間の意思統一を欠いた一九二六年の第二期拓計策定作業の反省を踏まえたものであった（第二章を参照）。一九三五年一二月、『北海タイムス』主催の「北海道拓計改訂座談会」において、佐上長官は「恒久対策を樹てねば、北海道は救はれないといふ声が道内一致の輿論でありまして、それがために、拓殖計画の改訂といふことを道民大会に於いて決議して、政府に要望し来つたのであります」と述べている。[23]東英治も、『道民』において「道内の所謂道論を一致せしめて、而して最善の腹案を作り、最も力強くこの調査会に臨むと共に、中央委員をして十分本道を理解せしむる様にしなければならないのである」と主張している。[24]準備委員会設置時点において、道庁と政党による合意こそが「道論」であったのである。

一九三五年三月二〇日、準備委員会は「北海道庁告示第三一八号」によって設置された。準備委員選定作業は二月から道庁拓殖計画課において進められた。「北海道拓殖調査準備委員会規程」には、道庁長官を会長とすること、道庁課長が幹事として起用されることが明記された(25)。準備委員会は総務、土木、殖民、山林、産業の専門委員会で構成され、五部門の委員長は、すべて道庁の部長だった。だが、政民両党の北海道支部から多くの委員が選出されており、「数の力」の面では、道庁関係者をはるかに上回っていた。総務委員には政友会から代議士の木下、東武、丸山浪弥、板谷順助、松実喜代太、道会議長の村上元吉（支部幹事長）、北海道協会専務理事の田中清輔（支部顧問、殖民委員兼任）、民政党から代議士の山本厚三、道議二名、貴族院議員の金子元三郎が任命された。土木委員には政友会から代議士一名と道議四名、殖民委員には政友会から代議士一名と道議三名、民政党から代議士一名と道議二名、山林委員には政友会から代議士三名と道議一名、民政党から代議士一名と道議二名、産業委員には政友会から代議士三名と道議三名、支部政務調査会長の持田謹也、民政党から代議士一名と道議三名が任命された。他方、道庁側の委員は委員長を含め、総務委員三名、土木委員二名、殖民委員一名、山林委員二名、産業委員一名にすぎない(26)。

政民両党の北海道支部は、人選漏れの道議を中心に、政党委員の増員を求めて反発した。このことは結果的に、政民両党の北海道支部政務調査会の活性化をもたらした(27)。四月八日、村上政友会支部幹事長は準備委員会に備え、支部政務調査会の拓殖部会開催を決定した。一六日、政友会支部政務調査会総会は「拓殖計画特別調査会」（一二部門）を設置し、改訂案作成を開始した。民政党支部においても、一三日から政務調査会を一二部門に分け、改訂案の審議を開始した(28)。両支部の政務調査会の機能強化には、調査委員の人選に漏れた道議たちの意見を広く容れるという目的があった。このことは、「吾人の茲に聞かんと欲する所のものは両党支部としての拓計対策であり、政務調査会の活動そのものである」という北海道メディアの要請に応えるものだった(29)。

ここで本章が着目したいのは、準備委員会における政党委員の思惑である。政友会の松実は、一九三五年三月一八日の北海道協会特別委員会において「今の儘なら寧ろ移民招来はやめた方がよいと思ふ。実際、農民は生活不安の状態に居るのだから」と述べていた[30]。農民の生活不安解消のために移民招来策（北海道拓殖政策）を中止すべきだという松実の要請は、序章において引用した東武の主張と同質である。右の背景にあったのが三度の北海道の凶作である。北海道神楽村の青年の山崎浅一は、四月二九日に東京報知講堂で開催された全国青年弁論大会において、「昭和六、七年並昨年と引続く三回の大凶作に遭遇致し、吾等三百万道民は一朝にして貧窮のドン底に喘ぐの惨状を見るに至つたのであります」と演説している[31]。

北海道選出民政党代議士の坂東幸太郎（神楽村を選挙区とする）は一九三五年一一月の『北方持論』において「昨年、北海道の凶作は東北より寧ろ少し酷い位であつたのだが、余り凶作を天下に吹聴しては北海道の評判を悪くし、移民招来の障碍となるからとあつて、道庁が故意に吹聴せしめなかつたのである。之には無論道理はあることと思はれるけれども、凶作罹災者こそ、いい迷惑であつたのである。と言ふのは中央の新聞には毎日、東北凶作の実情が誇大に掲載せられ、街頭には多くの人々が声をからして義捐金を募集したのである。其結果、東北には数十万円の義捐金が集まつた。おまけに政府交付米の五十万石も其大部分は東北に供給せられたのである」、「道庁が故意に秘めた為めに、中央の新聞には北海道の凶作の記事を見たことがない。故に我々に対して、北海道は、本年は豊作の様ですねと言ふ人が沢山あつた程である。其結果として義捐金は一厘も来なければ、又、交付米もたしか二、三万石しか来なかつたのであつた」と批判する[32]。坂東が言う「中央の新聞」に着目すると、一九三四年一〇月二四日の『東京朝日新聞』は政府による東北地方の凶作対策を大きく報じる一方で北海道に対する言及はない[33]。坂東は、道庁が凶作の実情を隠蔽し、地域住民の生活を犠牲にしてまで、他府県からの移民の受け入れを推進していたことを批判したのである。だが、ブラジル移民の続出は、道庁が固執する北海道拓殖政策の行き詰まりをもたらしていた。

ここで視点を換えて、政友会支部の東北振興への対抗意識に着目したい。元来、政友会支部は東北団体に属し、政友会東北大会は東北六県と北海道において交互に開催されていた。一九三五年四月一三日の政友会支部幹部会は、東北団体からの独立を決定した。政友会支部が鈴木総裁に宛てた「北海道団体独立申請書」の「理由」は「東北と本道とは其政治的施設に於いても別箇の検討を要するものあり、殊に、東北は其振興の為に調査機関を設けられんとし、本道亦、近く、政府に於いて、拓殖計画改訂調査会を開かんとする等、各其特殊の事情に応じ、対策を樹立せられんとするの今日、漫然、旧慣に泥みて団を一にせしむるは彼に便せず、我に資する所なく、却つて徒らに煩を醸し、歩を紊すに過ぎざるべし」と述べている[34]。地域開発政策の観点から、政友会支部は東北団体と袂を分かった。松実の主張の根底には、凶作対策において、北海道が東北の後塵を拝しているという坂東と同様の認識があったように思われる。

準備委員会開催時点において重要なことは、政民両党の北海道支部が北海道拓殖政策からの脱却を志向していたことである。佐上長官が政党委員を多数起用した結果、準備委員会は北海道拓殖政策から逸脱する北海道開発構想を抱え込むことになった。以降、政党委員は住民重視型総合開発を要求し、北海道拓殖政策に固執する道庁と対決することになる。

第二節　一九三五年の北海道第二期拓殖計画改訂運動

本節では、政民両党の北海道支部と準備委員会との関係を中心に、一九三五年の第二期拓計改訂運動を明らかにすることを目的としている。

第一項　内閣審議会問題と政友会北海道支部

ここでは、第二期拓計改訂運動の考察の前提として、内閣審議会問題を中心に政友会本部と北海道支部の動向を概観する。

国体明徴運動を政友会の倒閣運動としてのみ捉えてきた従来の研究に対して、官田光史氏は政友会内の勢力対立に関して、新たな図式を提示している。官田氏が描く政友会内の二つの勢力は「国体明徴運動の論理を文言の枠内で解釈することによって国体問題を政治争点化せず、岡田内閣と妥協する形で政権への展望を開こうとする政友会の大部分」と「国体明徴運動の論理を「重臣ブロック排撃」論に変換することによって国体問題を政治争点化し、内閣を打倒する形で政権への復帰を果たそうとする久原系」である。[35] この指摘は、政友会内の多数派が岡田内閣との協調を志向していたことを明らかにした点において意義がある。だが、視点を国体明徴運動から内閣審議会問題に移すと、政友会内の多数派は一枚岩ではない。内閣審議会問題は総裁派と反総裁派の対立を激化させた。本章では、岡田内閣との協調を志向する一方で鈴木総裁の打倒を企図した木下成太郎に着目する。[36] そのことを通して、第二期拓計改訂運動時における中央政治状況を整理する。

内閣審議会問題は政友会の野党化を決定的なものとした。五月七日、木下は政友会所属の貴衆両院議員に対する意見書の中で「既に予算を協賛したる国策樹立に就いて責任を負荷するは論理必然の帰結たるべく、絶対過半数の議席を擁する天下の大政友会を以てして、今に及んで此責任の外に立たんとするが如くんば、公党の面目威信を如何にせんとするか、宜しく率先して内閣審議の機関に参し、敢えて其の主張すべきを主張し、其要求すべきを要求し、互に審議討究して一大国策を樹立すべし」と述べている[37]。木下は衆議院絶対多数党の政友会の内閣審議会参加に固執していたが、九日に鈴木総裁は岡田首相に対して正式に拒絶要請を行った[38]。内閣審議会が設置された一一日の書簡の中で、木下は「政界の混乱は逐日、其の度を加へ、紙上、弱体内閣と歌はれたるも、転じて強腰となり、国策審議会問題を中心に、我が党は益々、不利の立場と相成、昨日は水野を逸し、今又、望月を去らしむるの止むなき事情を生じ候。是等は所謂、我が党伝統の国家本位の見地よりして、政権欲にのみ膠着し、党利・党略を是能事とする我が党幹部及び首脳部とは別箇の見地より、国家非常時に対する旧政友会の真精神を発揮せるものにして、又、大義名分も此間に進展可致、毀誉褒貶を度外し、名利の外に在りて、国家を救はんとする其の真情と其の悲壮なる決意は御了解可被下」と述べている。政友会は党の方針に反して内閣審議会入りした水野錬太郎と望月を除名したが、木下は両者の行動を支持していた。すなわち、木下は政友会の政権与党化を一貫して主張していた。ここで着目したいのは、木下が「小生等の苦衷は、本道拓殖問題も独り、内務省に於ける一時的解決に甘んぜず、審議会の議に上程して本道拓殖上の恒久性を有する鉄策を決定し、本道民をして安堵せしめ、併而、北進論を意義あらしめんとするに有之候」と述べていることである。木下の目的は、内閣審議会において、第二期拓計改訂を審議することにあった。すなわち、木下は拓殖調査会が内務省の管轄となったことに不満を持っていた。さらに、木下は「小生、壮年の頃より苦心せる陸上の開拓・地下開拓、若しくは海田開発、更に、生産業的に六千万里に飛躍的大経綸を行ひて、少なくも年々、二十五、六億の生産の本道より産出せしむべき理想実現に伴随し、本道よりも、六、七十名の代議士を出し、併而、国務大臣たるべき幾多人材を中央に送らんと欲する」と述べている[39]。政友会の与党化要求は、北海道の政治的影響力の拡大要請と結びついていたのである。

ここで重要なことは、木下と床次派が反鈴木総裁という点において久原派と共闘していた点である。五月一四日の政友会有志による時局懇談会は、幹部排撃と新党樹立を協議した。同会において、発起人の木下、林(元総裁派、北海道選出代議士、後年、昭和会)、尾崎天風(久原派、北海道選出代議士)、伊藤仁太郎(旧犬養毅系)、上原(三土忠造系)、井上(床次派)、渡辺与七(床次派)、渡辺幸太郎(旧政友派、山本悌二郎系)、長田桃蔵(小川平吉系、後年、昭和会)、寺田市正(床次派)、児玉右二(久原派)、板野友造(久原派)、本多(床次派)、熊谷五右衛門(床次派、後年、昭和会)、金井正夫(床次派)、沼田(床次派)、伊坂(小川平吉系)、向井(床次派)、出塚助衛(旧政友派、山本悌二郎系)、匹田(床次派)、蔵園(床次派、後年、昭和会)、庄晋太郎(久原派)、鈴木義隆(旧政友派、山本悌二郎系)、鈴木辰三郎(久原派)、倉本要一(久原派)、松山(久原派)は即時脱党を断念し、自重を申し合わせた。[40] 参加者の中で、林は政友会の脱党を公言していた。同日の『北海タイムス』は「林氏の脱党実現によつて、従来、氏と行動を共にして来た木下支部長が林氏一人を党外に見送る事を敢へてするか、将又、この際、北海道組中の同志を糾合して、林氏と共に党を去るに到るかは、各方面より注視される所であるが、何れにせよ、政友会内の特殊の存在として、最近、異端視されて来た北海道組が従来の日和見的態度を捨てて、各自の進路を明確にすべき時期が近づいた訳で、大勢が如何なる方向に向ふかは興味ある問題である」と報じている。[41]

五月一六日、函館市に帰着した木下は、「新党に北海道組が参加するかどうかは、支部伝統の建前上から、自ら明白である。政友会の立党精神は国家的問題に対し、党派的立場を棄てると云ふ事である。日本の政党的デモクラシイに其根拠をもつものでなく、国家主義に立つと云ふ事を忘れて居るのが利己主義、個人主義の鈴木総裁等の一派だ。之では党を誤るばかりでなく、国を誤るも甚だしいものである。床次氏等を始め、我々の運動は国家的意識に依る清党運動である。殊に、本道は二十五億を生産する理想実現のために拓計問題解決の使命をもつ北海道支部員は徒らに党利党略のみを計り、鈴木総裁等と軌を一にしては大変だ」と語っている。[42] このように、木下は、床次新党と政友会支部の合流を企図していた。木下は第二期拓計の政治主体としての政友会に限界を感じていたのだろう。その原因は、政友会が鈴木総裁の下で野党化したためである。当該期には床次を中心とする非政友連合運動（民政党を含む）が企図されており[43]、木下は岡田内閣の与党に参画することで、第二期拓計改訂を有利に進めようとした。同日の『小樽新聞』は「党本部の形勢は必然的に北海道支部にも反映し、今回、林代議士の脱党声明となり、本道政界に一大衝動を与へるに至つた」、「林氏の背後に北海道支部の主流があり、早晩、北海道支部も又本部と同様、大分裂の兆をはらんでいる。政友会北海道支部は今や一大爆発を前にして陰惨なる空気がただよつている。然して、目下のところ、林代議士同様、床次系と行動せんとする諸氏は木下支部長、尾崎、山本（市）、松尾の諸氏で、その他、二、三日和見主義」であるが、「結局、過半数は政友会を離党して、来るべき政界新分野に投ずる模様で、道政界に時ならぬ波瀾、動揺をはらみつつあることは注目すべきである」と観察している[44]。

だが、一転して、木下は五月一八日の政友会支部幹部会において「北海道としては一面、拓計問題があるので出来得るだけ、隠遁自重の必要があると考へている」と述べる[45]。右の背景には、北海道政治において木下に比肩する実力者の東武の存在があったのではないだろうか。東は『政友』において「内閣審議会には何等の期待を持ちませんから、別に考へたこともありません。かつぱが水に溺れたと同様、岡田首相は審議会で命を取らるる事と存じます」と語っていた[46]。二四日の『小樽新聞』によると、二三日の政友会幹部会において「大石幹事より、北海道支部長木下成太郎氏の党議紊乱に関する文書を朗読し、東顧問より二、三代議士のため、北海道選出代議士の節操を云為せらるることは、甚だ迷惑である。木下氏は昨年すでに本部から警告を受け、謹慎を誓ひたるに拘らず、最近眼にあまる言動あり。最早、党において処分すべき時期に達したと思ふと木下氏の除名を主張し、本部の善処方を要望」したと言う[47]。二五日の政友会幹部会においても、東は島田俊雄、安藤正純両総務、松野鶴平幹事長とともに、木下と林の除名を協議している[48]。東は執行部と結託し、木下の追放を企図していた。板谷順助もまた、小党分立を嫌い(49)、木下に同調しなかった。前年の「爆弾動議」で後退した東の反転攻勢の前に、木下は政友会支部内において劣勢に立たされたのである。

東と木下の対立は、政友会の林儀作と佐々木平次郎の病死にともなう第三区補欠選挙にも波及している。五月七日の『北海タイムス』において、木下は「自分としては、この際、無駄な競争を避け、民政とも話して協定に進みたしと考へて居る」と語り、山本厚三民政党支部長は「民政党としては公認候補一名と決したのだ。其順調も新聞に出て居る処に、恩賀氏に当然、落付くだらうから、政友会さへ無競争で進んで呉れれば、民政党としては大いにそれは望む所だ」と応じている。政友会と民政党の無競争協定は本部間の交渉へと移行した(50)。だが、一九日の『北海タイムス』は「木下支部長は、十六日、総務まで登坂氏一名候補擁立を力説したらしいが、東顧問、その他多数は二名を主張して居るから、本部は二名に決定して居る」と報じている(51)。同日の『小樽新聞』によると、島村鋭郎(道議)が東の支持を得た上で、本部から公認されたと主張している(52)。政友会本部は「堂々、一戦を交へて信を選挙民に問ふを正常なりとして、既に公認候補も二名と決定」した。同日の政友会支部幹部会において木下は譲歩し、登坂良作(函館市会議長)と富合才一郎(道議)の公認が決定した。だが、政友会本部は木下の床次新党運動への関与を危惧し、支部の人選に反対した(53)。政友会本部は木下の除名と同時に、北海道支部の統制を企図したのである(54)。二九日の政友会支部最高顧問会議において、木下は候補者決定を本部に任せざるを得なかった(55)。木下の譲歩は政友会残留の代償だろう。六月五日の政友会総務会は、候補者調整を松野幹事長と東に一任した(56)。だが、本部と支部の確執を憂慮した登坂が出馬辞退を申し出たため(57)、七日夜から八日朝にかけて、東は島村を説得し、出馬を断念させた(58)。一三日の政友会幹部会は、登坂と富合を公認候補とすることに決定した。結果的に、支部案が確定したのである。二〇日の補欠選挙では登坂と民政党の恩賀徳之助が当選し、富合は落選した(59)。

木下の無競争協定構想は中央政治における非政友連合運動、北海道政治における第二期拓計改訂運動(後述)と一体の関係にあった。無競争協定によると、政友会は民政党に一議席を譲ることになる。このことに反発した政友会本部や東は公認候補二名の選出を北海道支部に強制したが、支部の推薦する候補を統制することはできなかった。木下は候補者二名に関して譲歩したが、候補者選出過程における支部の主体性は保持した。

中央政治においては、木下の提携相手だった久原派が反鈴木連合から離反した。木下は六月一二日の岡崎邦輔宛書簡の中で、政友会が内閣審議会に参加しなかったことによって「敢えて反対党に名を為さしむると同時に、天下無縁孤立の地に我が党を置き、天下の不評判の存在を認めしめ、思慮の浅薄、笑ふの外なく、前途、一の理想なく、逐日、我が党をして総裁あるを識りて、政友会あるを忘れしめんとし、党内の紛更は到底容易に収拾すべからざる事態は更に御審知の次第にて、現時の情勢にては俗物跳梁して我が党を益々狭小ならしめ、伝統を破壊し、人心を失ひ、捲土重来など思ひも寄らず、内地は素より、本道に於いても人心、多くは党を離反し居れる実勢は筆紙にする迄も無之、痛嘆措く処を知らず」と述べている。その上で、木下は久原房之助の人物を批判し、「現時の我が党は、一、党内の清党、即ち、利己主義・功利主義・民主的傾向に対し、大義名分の根本原理を認識せしむる事。二、除名者を復帰せしめ、現内閣を其儘、捕獲すると同時に、我が党、積年の主張を漸次実行せしむる事。三、老兄の最後の決意を為す事是なり」と主張している[60]。前日の六月一一日は、鈴木総裁が久原の「重臣ブロック」攻撃批判に賛意を示した日である[61]。久原が鈴木総裁との共闘を突如として選択したことは、木下や床次派にとって重大な違約行為であり、反鈴木連合は崩壊した。北海道における政友会の党勢不振を背景に、木下は総裁派の打倒及び脱党組の復党と政友会の与党化に固執したが、九月八日に肝心の床次が病死し、一連の運動は水泡に帰する[62]。この結果、第二期拓計改訂に有利な政治状況が中央政治に形成されることはなかった。

ここで着目したいのは、一九三九年の政友会分裂時における対立図式が一九三五年六月段階において見られることである。木下や旧床次派、旧政友派の多くは床次に代わる反主流派の旗頭として中島知久平を擁立し[63]、鈴木総裁を支えていた鳩山は中島に対抗するため、久原と共闘することになる（第七章を参照）。

第二項　北海道拓殖計画改訂意見と北海道拓殖調査準備委員会

ここでは中央政治から北海道政治に視点を移し、政民両党の北海道支部の第二期拓計改訂作業を検討する。五月六日の「土功組合救済打合会」において、民政党道議の坂東秀太郎が「時局柄、拓計改訂は政民一致して当らねば、主張を貫徹することは困難だ。両党が各々異なる案を以て臨むことはお互ひに牽制し合ふこととなつて面白くない。両党一致の案を作成すべく、両党より委員を挙げて、この問題に当つては如何」と提起したことを契機に、両党協議会の開催が急遽決定した。[64]政民両党の北海道支部には、準備委員会において道庁と意見調整を行う前提として結束を強める必要があった。四月二五日の準備委員会の初会合において、政友会の松実、板谷、丸山、民政党の山本厚三は佐上長官に対して「委員会の組織、権限、財源関係並に改訂に関する根本方針」に関する質問を行った。五月九日、政民両党の北海道支部は「政民両党、政党協調の下に一致の案とすべく」、改訂協議を開始した。この協議には、政友会支部から松実、山本市英両代議士、村上支部幹事長、持田支部政務調査会長、田中支部顧問、民政党支部から河合才一郎支部幹事長、坂東秀太郎、出町初太郎、深沢吉平の三道議が参加した。五月一〇日の政友会支部の「拓殖改訂調査会」は、民政党支部との交渉委員に、松実、山本の両代議士、村上、持田と三道議（伊藤八郎、東英治、上野貫一）を任命した。持田は「拓殖計画改訂に際し、道論を一致して協力邁進すべく」、「道民の要望及び拓計改訂準備委員会の各部会における意見等を参酌し」、両党支部の「交渉委員会の決定意見」を整理した。[65]二二日、民政党議員総会は政友会との提携を破棄した。だが、民政党支部は本部の意向よりも、政友会支部との間で成立していた政策提携を優先させた。

六月三日、両党支部の交渉委員会は「北海道拓殖計画改訂意見」(以降、「改訂意見」と呼ぶ)という大綱を決定し、「今次拓殖計画改訂に対し、政民両党支部は道論の帰趨を察し、慎重審査、本成案を得たるを以て協力戮力、これが貫徹を期す」ことを申し合わせた(66)。ここで言う「道論」には、地域住民の要請が含まれている。以降、改訂意見について検討する。

改訂意見の中で第一に着目されるのは「林業政策」において「道内大小河川ノ治水ニ悩ム所以ハ一ニ掛リテ、山火及山林ノ濫伐ニ依ル林相ノ破壊ニ在リ」、「森林ハ国土ノ被服ニシテ、国土保存ノ唯一貴重ノ要素ナリ。若シ、国土ニシテ、一朝、此ノ被服ヲ失ハンガ、恰モ人類ノ着衣ヲ失フト一般、殆ド生活条件ヲ失ヒ、遂ニ、死ヲ待ツノ外ナキニ酷似セリ。今此ノ点ヨリ考慮スルニ、道内、現存ノ林地ハ最小限トシテ成ルベク之ヲ保持スルノ要アリ」と主張していることである(67)。これは、森林を木材供給資源ではなく、国土保存のための重要な公益的装置として捉えた点において、一九八三年の第四次全国総合開発の理念に通じる構想と言える(68)。

改訂意見の中で第二に着目されるのは、「河川政策」の第三項「市町村費支弁河川ノ施設」において、「国費、若クハ地方費支弁大中河川ノ工事ニシテ完成ヲ見ルモ、是ニ流入スル市町村支弁ノ小河川ヲ放置スルニ於テハ、治水ノ効果ヲ挙グル能ハザルハ勿論、是等小河川ハ年々氾濫シテ沃土ヲ決壊シ、土砂ヲ流出シ、惨害、歳ト共ニ甚ダシキニ拘ラズ、疲弊セル本道市町村ハ、到底、自力ヲ以テ之ニ当ル能ハズ、国土保全、産業擁護ノ見地ニ依リ、宜シク其ノ情況ニ応ジ、地方費支弁ノ資格アルモノハ、速ニ之ヲ移管シテ、前項ノ方法ニ依リ、工事ヲ施行シ、其他ノ主流ノ河川ハ、全額、拓殖費ヲ以テ施行スルヲ要ス」と主張していることである。すなわち、改訂意見には「国土保全」の観点から市町村費支弁の「小河川」の氾濫対策として、地方費支弁への移管(「前項ノ方法」とは七割以上を拓殖費負担とすること(69)、地方費負担は三割)及び拓殖費による補助が掲げられた。この背景には、河川施設費を捻出する余裕がない北海道の市町村財政の窮迫状況があった。後述するが、「国土保全」からの「中小河

川」の氾濫対策という発想は、一九六二年の第二期北海道総合開発計画へと継承される。(70)

改訂意見の中で第三に着目されるのは、「教育、社会、衛生政策」が新たに登場したことである。この政策は「小学教育ニ関スル事項」(「一、新移住地小学校教育施設」、「二、僻陬地小学校教育施設」)、「衛生ニ関スル事項」(例えば、「農家栄養食糧指導」、「衛生指導施設」)等からなる。(71)「農家栄養食糧指導」と「衛生指導施設」は、八田満次郎(八田鉱山社長)の持論の影響を受けている。八田の「農村衣食住改良模範研究所」の設置要求に対して、政民両党の北海道支部関係者の大部分は賛意を示していた。(72)七月一日、政友会の東武(準備委員会総務委員)は八田宛書簡の中で「今回ノ拓殖改訂調査会ニ際シテハ、物的要素ニ重キヲ置キ、人的要素ニ重ヲ置カザル感有之候。要ハ人的要素ヲ最先ニシテ、始テ百事成功可致。此ノ点ニ付キ、貴下ノ御所論、一々、首綮ニ膺リ、深ク敬意ヲ表シ候。吾等亦、微力相尽シ、幾分ニテモ、貴下ノ所論ノ実行ヲ期待仕候」と述べている。(73)東は「物的要素」(府県からの移民のための社会基盤)を重視する道庁を批判するとともに、「人的要素」(地域住民の生活)の重視を企図したのである。

準備委員会において、政党委員と道庁との対決が表面化したのは、総務部会だった。総務部会には準備委員会の基本的な方向性を決定する役割があり、前節において指摘したように、政民両党の北海道支部は実力者を総務委員に送っていた。七月五日の準備委員会の第一回総務部会において、政友会の板谷委員は「準備委員会には、各方面から種々の陳情、請願が来ているると考へるから一括配布し、これを基礎として、普遍的に各方面の要望を入れる必要がある」と提言し、佐上「長官が単なる政府委員のやうな態度で調査会に臨んでいる点を非難し、要するに道民要望の徹底を力説」した。一三日の準備委員会の第二回総務部会では板谷の提起に従って、各方面(留萌町など)の陳情を聴取した。一五日の政民両党の北海道支部代表者協議会は、準備委員会各専門委員の提出案に対する「追加修正意見」を決定した。同意見の中で、第一に着目されるのは「治水費に関する事項」の「希望条項」の中で、「国土保全」の観点から市町村費支弁河川改修助成が主張されていることである。第二に着目されるのは「拓殖教育に関する事項」と「拓殖衛生に関する事項」が追加されていることである。(74) いずれの条項も、六月の改訂意見を継承している。ここに、政党委員は住民重視型総合開発を準備委員会に反映させたのである。

右の主張は、北海道拓殖政策からの脱却要請と一体の関係にある。持田政友会支部政務調査会長は、改訂作業が「従来の内地移民一本槍の方針を既住民本位に転換して、既往農家及転業者のために生業の安定を期するといふことに重点を置いた」と述べている。(75) しかし、道庁には改訂意見を容認する意思がなかった。七月二三日、政民両党の北海道支部と道庁との懇談会において、政友会の松実委員は「各専門委員会の答申事項を見ると、拓殖教育、衛生、警察に関する施設を見ないが総務部会に提案する考へか」と詰問した。前日、松実は織田信恒拓殖調査会特別委員長との会談において、「元来、拓殖計画の本義は拓地殖民にあるのだが、一面東北においても東北振興のため、今回、内閣直属の東北振興調査会なるものが出来て、現に調査研究中である。之の意味から考へ、本道は東北以上に年々歳々、凶作、水害に悩まされているから、拓殖問題を離れても本道振興を図ることは非常に必要なことである」と述べていた。(76) 松実の中で、北海道拓殖政策からの脱却は災害対策の前提となっている。

北海道拓殖政策の維持を志向する佐上長官は政党の要請を圧殺しようとする。八月二二日、道庁幹事は準備委員会の第三回総務部会に幹事案（支出総額七億三〇〇〇万円）を提出した。(77) この時、佐上長官は「幹事案を十分検討して官民一致の案に練り上げて中央にもつて行きたい」と明言した。二三日の民政党支部幹部会は橋本東三（道庁拓殖計画課長）を招き、幹事案に関する説明を受けた。政友会支部は三日間、幹事案を検討し、「改訂ならざる改悪案」、「事業計画中には政党側の主張せるものを削除せるものあるため、到底、満足する能はず」と断定した。二六日の準備委員会の第四回総務部会では、民政党の山本委員が幹事案の支出総額の少なさを指摘した（政党側の支出総額は九億六〇〇〇万円）。二七日、政民両党の北海道支部は「政党側最後案」をまとめるために協議会を開催し、幹事案修正を開始した。完成した「政党修正案」は二八日の準備委員会の第五回総務部会の協議の後、二九日の最終委員会において松実によって提示され、山本が賛意を示した。「政民両党修正案は道論一致の案」であると言う東武の強硬な動議によって政党修正案は裁決へと持ち込まれ、満場一致で可決された[78]。三〇日の準備委員会総会は政党修正案を満場一致で可決し、幹事案は敗北した[79]。政党委員が「数の力」で道庁委員を上回っていたため、幹事案に対する政党修正案の勝利が可能となったのである。

政民両党の北海道支部によって「北海道拓殖調査準備委員会決定案」(以降、「決定案」と呼ぶ)は「道論」として提示され、北海道拓殖政策に固執する道庁の意向は排除された。当該期の北海道政治において、二大政党の行政への進出は顕著なものとなっていたのである。

第三項　北海道拓殖調査準備委員会決定案と北海道拓殖計画調査会

ここでは、住民重視型総合開発の視角から、一九三五年八月三〇日の決定案の具体的な内容について検討する。まず、「林業奨励費」は専門委員会案に盛り込まれていたが幹事案から削除され、政党の修正によって復活した。決定案の「林業奨励費」には、「荒廃林地復旧事業」(一六四万円)が新規導入された。右の事業には「本道ノ民有保安林ハ昭和九年度末現在ニテ一四、六二四町歩(北海道地方費ヲ除ク)アリ。之ガ整備スルト否トハ国土保安、治水上ニ及ボス影響、甚大ナルモノアルモ、所有者ハ伐採ニ制限ヲ受クル為メ、造林ノ如キハ全ク考慮セラレズ」、「拓地殖民ノ進捗ニ伴ヒ、各河川ノ水源地方並流域地帯ノ森林荒廃ノ結果ハ降雨ノ度毎ニ増水ヲ招キ、被害、逐年増加シツツアルニヨリ、治水上、重要ノ関係アル林野ハ之ヲ保安林ニ編入スルト共ニ、開墾ノ制限禁止ヲナシ、土木費、治水事業ト併行シテ、被害ノ根源ヲナス山林荒廃地帯ニ恒久的治山施設ヲナスノ要アリ」という要請が掲げられた(80)。ここで着目されるのは、拓殖事業の進捗が森林荒廃による増水被害をもたらしたという認識である。すなわち、政民両党の北海道支部は「国土保安」と治水対策を不可分のものとして捉えていた。「国土保安」という発想は、一九三五年四月の「拓殖改訂要綱案」において、すでに見られる。「拓殖改訂要綱案」は、民政党支部東京出張所（民政党支部の代表が拓殖関連予算の折衝を行うための機関）が作成した草案であり、民政党道議の深沢吉平（準備委員会総務委員）が橋本道庁課長に送附したものが北海道立文書館所蔵の「橋本東三資料」に残されている。同案には「殊ニ、国有林ハ道ノ森林政策ノ根幹ヲナスモノニシテ国土保安ノ上ニ、至大ノ関係ヲ有ス」という主張が見られる(81)。深沢は民政党支部の発想を準備委員会に反映させたのである。

次に、治水政策に着目したい。決定案の「河川施設」には政党によって「町村費支弁河川改修補助」（一五〇万円）が追加された。さらに、希望条項には政党によって、「国費若クハ地方費支弁大小河川ノ工事ニシテ完成ヲ見ルモ、是ニ流入スル、市町村支弁ノ小河川ヲ放置スルニ於テハ、治水ノ効果ヲ挙クル能ハザルハ勿論、是等小河川ハ、年々、氾濫シテ沃土ヲ決壊シ、土砂ヲ流出シ、惨害歳ト共ニ甚タシキニ拘ラズ、疲弊セル本道市町村ハ到底、自力ヲ以テ之ニ当ル能ハズ、国土保全、産業擁護ノ見地ニ依リ、宜シク其ノ情況ニ応シ、地方費支弁ノ資格アルモノハ速ニ之ヲ移管シ、工費ノ三分ノ二ヲ拓殖費ヨリ補助シ、其他ノ主要ノ河川ハ全部拓殖費ヲ以テ施行スルコト」が明記された(82)。「国土保全」の観点からの市町村費支弁「小河川」の氾濫対策という要請は、六月の改訂意見を継承している。

右のように、政民両党の北海道支部は水害対策の観点から、森林政策と河川政策を一体の政策として捉えた決定案を完成させた。これは、一九三二年八月以来の災害への対応策でもあった。「国土保安」、「国土保全」という発想は、道庁の幹事案に見られない。さらに、道庁が反対していた「拓殖教育施設助成ニ関スル事項」（九二四万円）、「拓殖警察施設助成ニ関スル事項」（二八〇万円）、「拓殖衛生施設助成ニ関スル事項」（二〇〇万円）が政党によって決定案に追加された。[83]

だが、準備委員会の決定案というソフトが住民重視型総合開発を志向するものであっても、拓殖調査会というハードは、あくまで、北海道拓殖政策に対応していた。拓殖調査会には住民重視型総合開発の要請に対応する機能が備わっていなかったのである。本来、決定案は道庁と政民両党の北海道支部の合意でなければならなかった。中央政治に対して第二期拓計改訂を強力に働きかけるためには、「挙道一致」の結束が不可欠だからである。しかし、準備委員会の段階において、政民両党の北海道支部と道庁との対立が表面化し、実際の決定案からは道庁の意向が排除されていた。内務省との折衝に不可欠な道庁を敵とした時、政民両党の北海道支部の敗北は決定していたのである。

中央の拓殖調査会においても、政党と道庁は北海道における対立を繰り返した。九月二三日の拓殖調査会の第一回特別委員会において、「拓殖教育」、「拓殖警察」、「拓殖衛生」の導入を要請する松実に対して、橋本道庁課長が「拓殖計画といふものはあらゆるものを取り入れなければならぬといふことはどうかと思ふ。拓殖計画は拓殖計画としての立場から、立案しなければならぬ」と反論していることは、北海道拓殖政策の維持に固執する道庁の姿勢を象徴している。[84] 九月初頭から、政民両党の北海道支部は多くの上京委員(代議士、道議)を派遣して政党側の特別委員(政友会の松実と民政党の山本)を後方支援し、決定案実現に奔走した。だが、内務省側の委員も橋本と同様の立場であり、政党側の劣勢は明瞭となった。[85] 北海道では、地域住民が政党委員を後押しした。九月二四日には「第二次拓殖計画の如何によっては死活の岐路に立つ稚内町では、此際、更に町民の輿論を喚起すべく」、町民大会が開催され、四〇〇名が参加した。[86] 一〇月八日、佐上長官は潮恵之輔委員(斎藤内閣期の内務次官)の名を借りて、政民両党の北海道支部に対して妥協案を示した。一五日からの木下、東、山本(三長老)の調整の結果、政民両党の北海道支部は潮案容認を決定した。最終案(支出総額は九億五七四万円)は三一日の特別委員会において満場一致で可決され、一一月四日の拓殖調査会総会において承認された[87]。

木下らが佐上長官及び内務省との妥協を選択した背景には、八月二九日以降に北海道を直撃した台風による大水害の発生があったのではないか。木下の選挙区の道東地域（網走、十勝支庁）は特に被害が深刻だった[88]。木下は一〇月一二日の多田輝利（網走支庁興部村の村会議員、後年は道議）宛書簡の中で「本道凶作水害救済及拓計改訂進捗之為」に上京すると述べている[89]。衆議院総選挙が目前に迫っていたことを想起すると、木下は水害被害に直面していた自己の支持者たちに対して、不十分とは言え、政治的成果を明確に示す必要があったように思われる。

政民両党の北海道支部にとって、内務省及び道庁との妥協を焦った代償は大きかった。板谷が「既に準備委員会に於いて衆智を集めて道論を統一したる案が出来たる以上は是を根本方針として邁進する事が我々の責任だ」と述べているように[90]、潮案の容認は決定案を撤回することだったからである。一一月四日、松実は拓殖調査会総会に意見書を提出した。松実の意見書は決定案が「北海道の総意であって又最も意義ある案であります」と述べた上で、従来の拓殖計画が「新来の移民を待つに急にして、道民の保護、即ち既住民の生活の向上を来たし、福利を増進すべき施設は犠牲に供せられて居る」と主張した[91]。松実は住民重視型総合開発の立場から北海道拓殖政策批判を展開したのである。他方、内務省の認識枠組みも道庁と同様であり、拓殖調査会の改訂案からは「拓殖教育」、「拓殖警察」、「拓殖衛生」が削除され[92]、「国土保安」と「国土保全」という理念も消滅していた[93]。拓殖調査会において、住民重視型総合開発の排除は明らかとなったのである。

だが、これは政党に対する道庁の一時的勝利にすぎない。改訂案が一九三六年の二・二六事件以降の政治的混乱によって閣議に上程されなかったからである[94]。日中戦争の長期化にともなって道庁は北海道拓殖政策の放棄に向かうことになる。

結節

本章の考察の結果、一九三五年の北海道における第二期拓計改訂作業は道庁ではなく、政民両党の北海道支部によって主導されていたことが明らかとなった。そのことを通して、岡田内閣期の地方政治において、政民両党が地方行政に影響力を浸透させていたことの一端を指摘した。政民両党の北海道支部は準備委員会に多数の政党委員を送り込むことで北海道拓殖政策を基調とする道庁案を斥け、住民重視型総合開発を決定案に導入した。決定案は、地域住民の生活に直結する水害対策のために、森林政策（治山、国土保安）と河川政策（治水、国土保全）を一体の政策として捉えていた。地方政治において勝利した政民両党の北海道支部だったが、中央政治においては道庁の前に敗北した。拓殖調査会は決定案を排除し、北海道拓殖政策の維持が決定した。第二期拓計は一九四六年まで続くが、道庁は一九四〇年の北海道綜合計画において、戦時体制に適応する必要性から、事実上、北海道拓殖政策を放棄することになる（第七章を参照）。

だが、政民両党の北海道支部が提起した住民重視型総合開発は、戦後の北海道総合開発政策において、再生する。一九六二年の第二期北海道総合開発計画（北海道が立案）は「国土保全」の一環として、降雨による水害被災に対する「中小河川」の改修促進を要請している。当該期においても「中小河川」の多くは「市町村河川」であり、「大部分が未改修の天然河川」だった。同計画は「国土保全、施設を積極的に促進し、長期的に安定した産業基盤、生活基盤を確立することが本道開発の推進上における治水事業の課題である」と述べている[95]。すなわち、この主張は、一九三五年の改訂意見及び決定案を継承している。他方、第二期北海道総合開発計画の「国土保全」

の項目には、「治山」について「林業計画編に計上」とのみ、記されている[96]。同計画の「林業」の項目は「国土の保全」に言及する一方で、池田勇人内閣の所得倍増計画の観点から「生産量の飛躍的増大」を企図することを掲げていた[97]。第二期北海道総合開発計画は、「国土保全」のために「中小河川」対策を訴える一方で、森林政策と河川政策を一体の政策として捉える視点を有していなかった。換言すると、同計画には、「水害対策としての治山事業」という発想が見られない。このように、一九三五年の政民両党の北海道支部の地域開発構想には、一九六二年の北海道開発政策に先行する側面があったのである。

（1）　奥健太郎『昭和戦前期立憲政友会の研究』慶應義塾大学出版会、二〇〇四年、小山俊樹『憲政常道と政党政治』思文閣出版、二〇一二年、拙著『立憲民政党と政党改良』北海道大学出版会、二〇一三年、村井良太『政党内閣制の展開と崩壊　一九二七～三六年』有斐閣、二〇一四年。
（2）　松浦正孝『財界の政治経済史』東京大学出版会、二〇〇二年。
（3）　有泉貞夫「昭和恐慌前後の地方政治状況」『年報・近代日本研究(六)　政党内閣の成立と崩壊』山川出版社、一九八四年、粟屋憲太郎『昭和の政党』岩波書店、二〇〇七年(初版一九八三年)。
（4）　坂口満宏「日本におけるブラジル国策移民事業の特質」『史林』(九七―一)二〇一四年、一六九頁。
（5）　筆者は、第二期拓計改訂作業と政民両党の北海道支部との関係について言及したが、当該期の地域開発構想を明らかにするという課題を残している(拙稿「第二期北海道拓殖計画改訂問題の研究」『北大史学』(五二)二〇一二年)。
（6）　北海道編『新北海道史』(第五巻・通説四)北海道、一九七五年、八三五頁、田端宏・桑原真人・船津功・関口明編『北海道の歴史』山川出版社、二〇〇〇年、二八三頁、関秀志・桑原真人・大庭幸生・高橋昭夫編『新版北海道の歴史』(下)北海道新聞社、二〇〇六年、二一八頁。
（7）　高橋芳紀「戦前期東北開発政策をめぐる諸問題」東北学院大学大学院『経済研究年誌』(一七)一九九六年、三三一～三三五頁。
（8）　升味準之輔『日本政党史論』(第六巻)東京大学出版会、一九八〇年、二一八、二一九頁。
（9）　前掲・拙著『立憲民政党と政党改良』一四六、一四七頁。

(10) 前掲・奥『昭和戦前期立憲政友会の研究』一〇六頁。
(11)『東京朝日新聞』(一九三四年七月五日)。所属派閥は、前掲・奥『昭和戦前期立憲政友会の研究』五八、五九頁。
(12)『東京朝日新聞』(一九三四年七月八日)。所属派閥は、前掲・奥『昭和戦前期立憲政友会の研究』五八、五九頁。
(13)『北タイ』(一九三四年七月八日)。
(14)「拓計改訂裏面劇」(一)『樽新』(一九三五年一一月六日)。前掲『新北海道史』(第五巻・通説四)八三三頁も参照。
(15)『北タイ』(一九三四年八月一九日)。
(16)「北海道民大会申合」(一九三三年七月五日)「北海道拓殖計画改訂問題ニ関スル特別委員会議事録」(一九三五年三月一八日)一三頁、「北海道第二期拓殖計画ニ関スル調査資料」北海道大学附属図書館所蔵「高岡・松岡旧蔵パンフレット」(高岡・松岡パンフ H0444)。
(17) 立憲政友会北海道支部「北海道拓殖計画概要」木下成太郎先生伝刊行会編『木下成太郎先生伝』みやま書房、一九六七年、一二三六頁。
(18) 手塚雄太『近現代日本における政党支持基盤の形成と変容』ミネルヴァ書房、二〇一七年、六四、六五頁。
(19) 岡崎邦輔、望月圭介、前田米蔵、山本条太郎、山本悌二郎宛木下成太郎電報(一九三四年一二月一八日)前掲『木下成太郎先生伝』四六九頁。
(20) 前掲・手塚『近現代日本における政党支持基盤の形成と変容』六六頁。
(21)『北タイ』(一九三四年一二月八、九日)。
(22)『樽新』(一九三四年一二月八日)。
(23) 佐上信一の言「北海道拓計改訂座談会」北海タイムス社、一九三五年、一〇、一一頁、北海道大学附属図書館所蔵「高岡・松岡旧蔵パンフレット」(高岡・松岡パンフ H0077-002)。
(24) 東英治「拓殖計画改訂に対する要望」『道民』(二一〇—二)一九三五年、三頁。
(25)「北海道拓殖調査準備委員会規程」「北海道拓殖調査準備委員会 其一」一九三五年、北海道大学附属図書館所蔵「高岡・松岡旧蔵パンフレット」(高岡・松岡パンフ H0441)。
(26) 北海道拓殖調査準備委員会「北海道拓殖調査準備委員会決定案」二一〜五頁、北海道大学附属図書館所蔵「高岡・松岡旧蔵パンフレット」(高岡・松岡パンフ H0078-003)。

(27)『北タイ』(一九三五年三月三〇日)、『樽新』(一九三五年三月二二、二九、三一日)。
(28)『北タイ』(一九三五年四月一〇、一七日)、『樽新』(一九三五年四月二、一七、二四日)。
(29)巻頭言(鴻上覚一)「拓計改訂と政党の覚醒」『北方持論』(四―四)一九三五年、一頁。
(30)松実喜代太の言、北海道協会特別委員会「拓計改訂問題議事録」『道民』(二〇―六)一九三五年、一七頁。
(31)山崎浅一「更生の意気に燃ゆる北海道を代表して」『北方持論』(四―六)一九三五年、二頁。
(32)坂東幸太郎「凶作対策に就て」『北方持論』(四―一一)一九三五年、三頁。
(33)『東京朝日新聞』(一九三四年一〇月二四日)。
(34)「北海道団体独立申請書　理由」前掲『木下成太郎先生伝』六二頁。
(35)官田光史『戦時期日本の翼賛政治』吉川弘文館、二〇一六年、二二、二三頁。
(36)木下は国体明徴運動の中心となっている(岡田啓介宛木下成太郎書簡(一九三五年四月九日)前掲『木下成太郎先生伝』四六九、四七〇頁)。
(37)宛先不明木下成太郎書簡(一九三五年五月一一日)前掲『木下成太郎先生伝』四七二頁。
(38)前掲・村井『政党内閣制の展開と崩壊　一九二七~三六年』三四二頁。
(39)前掲・宛先不明木下成太郎書簡(一九三五年五月一一日)。
(40)『東京朝日新聞』(一九三五年五月一五日)。所属派閥は、前掲・奥『昭和戦前期立憲政友会の研究』五八、五九頁。
(41)『北タイ』(一九三五年五月一四日)。
(42)『北タイ』(一九三五年五月一七日)。
(43)官田光史「「挙国一致」内閣期における政界再編の展開」『日本歴史』(六一九)一九九九年、七七頁。
(44)『樽新』(一九三五年五月一六日)。
(45)『北タイ』(一九三五年五月一九日)。
(46)「内閣審議会の厳正批判」『政友』(四一九)一九三五年、一七頁。
(47)『樽新』(一九三五年五月二四日)。
(48)『北タイ』(一九三五年五月二七日)。
(49)『樽新』(一九三五年六月九日)。

(50)『北タイ』(一九三五年五月七、八日)。
(51)『北タイ』(一九三五年五月一九日)。
(52)『樽新』(一九三五年五月一九日)。
(53)『北タイ』(一九三五年五月一九、二五日)。
(54)『樽新』(一九三五年五月二五日)。
(55)『北タイ』(一九三五年五月三一日)。
(56)「立憲政友会々報」『政友』(四二〇) 一九三五年、五〇頁。
(57)『北タイ』(一九三五年六月七日)。
(58)『樽新』(一九三五年六月九日)。
(59)「立憲政友会々報」『政友』(四二〇) 一九三五年、五〇、五三頁。
(60) 岡崎邦輔宛木下成太郎書簡(一九三五年六月一二日) 前掲『木下成太郎先生伝』四七四、四七五頁。
(61) 前掲・官田『戦時期日本の翼賛政治』一九頁。
(62) 前掲・奥『昭和戦前期立憲政友会の研究』一一八頁。
(63) 旧政友派の前田米蔵は岡田内閣期以降、中島と密接な関係を結ぶ(同右、一一九頁)。
(64)『樽新』(一九三五年五月七日)。
(65) 前掲・拙著『立憲民政党と政党改良』一六四、一六五頁。
(66)『北タイ』(一九三五年四月二六日、五月一〇、一一日、六月四日)。
(67) 立憲政友会北海道支部、立憲民政党北海道支部「北海道拓殖計画改訂意見」一九三五年、二八頁(北海道大学附属図書館所蔵)。
(68) 本間義人『国土計画を考える』中央公論新社、一九九九年、一一〇、一一一頁を参照。
(69) 前掲「北海道拓殖計画改訂意見」三八頁。
(70) 北海道「第二期北海道総合開発計画:運輸通信、国土保全」一九六二年、五四、五五頁、北海道大学附属図書館北方資料室所蔵「高倉文庫パンフレット」(高倉パンフ 088-06)。
(71) 前掲「北海道拓殖計画改訂意見」四三~五〇頁。

(72)「農村衣食住改良模範研究所設置請願協賛尊名簿」二～五頁、「北海道拓殖調査準備委員会　其三」一九三五年、北海道大学附属図書館所蔵「高岡・松岡旧蔵パンフレット」(高岡・松岡パンフ　H0443)。
(73)八田満次郎宛東武書簡(一九三五年七月一日)同右、所収。
(74)『樽新』(一九三五年七月六日)、『北タイ』(一九三五年七月八、一四、一六日)。
(75)持田謹也「拓計改訂原案起草以来の経緯　(上)」『北タイ』(一九三五年九月四日)。
(76)『樽新』(一九三五年七月一八、二一日)、『北タイ』(一九三五年七月二四、二三日)。
(77)北海道庁「第二期北海道拓殖計画改訂案」前掲「北海道拓殖調査準備委員会　其一」。
(78)『樽新』(一九三五年八月二三、二四、二七、二八日)、『北タイ』(一九三五年八月二三、二七、二八、三〇日)。
(79)前掲『新北海道史』(第五巻・通説四)八三八頁。
(80)立憲政友会北海道支部、立憲民政党北海道支部「北海道拓殖計画改訂案修正説明書」一四頁、「北海道拓殖調査準備委員会　其二」一九三五年、北海道大学附属図書館所蔵「高岡・松岡旧蔵パンフレット」(高岡・松岡パンフ　H0442)。前掲「北海道拓殖調査準備委員会決定案」三一、三二頁。
(81)北海道民政党支部東京出張所草案「拓殖改訂要綱案」(一九三五年四月)「北海道拓殖計画改訂関係資料」北海道立文書館所蔵「橋本東三資料」(B0-49/5)。
(82)前掲「北海道拓殖計画改訂案修正説明書」一六頁。前掲「北海道拓殖調査準備委員会決定案」七六、七九頁。
(83)前掲「北海道拓殖計画改訂案修正説明書」一八～二一頁。前掲「北海道拓殖調査準備委員会決定案」八四～八八頁。
(84)『樽新』(一九三五年九月二四日)。
(85)『北タイ』(一九三五年九月八、一三日、一〇月一、二、三、九日)、『樽新』(一九三五年九月一三日、一〇月二日)。
(86)『北方持論』(四―一〇)一九三五年、四四、四七頁。
(87)『北タイ』(一九三五年一〇月三一日、一一月五日)。
(88)北海道庁『北海道凶荒災害誌』北海道社会事業協会、一九三七年、一五二〇頁。
(89)多田輝利宛木下成太郎書簡(一九三五年一〇月一二日)北海道立文書館所蔵「多田輝利所蔵木下成太郎書状」(B0-85/1)。
(90)『北タイ』(一九三五年一〇月二三日)。
(91)「松実喜代太意見書」「北海道拓殖計画調査会第三回総会議事録」(一九三五年一一月四日)五四～五七頁、アジア歴史資料

センター「昭和財政史資料」(第五号)(第一三四冊)(請求番号　平15財務00684100　国立公文書館所蔵)(レファレンスコードA09050271400)。
(92)『北タイ』(一九三五年一〇月一七日)。
(93)内務省「第二期北海道拓殖計画改訂案」(第一巻)一九三五年、北海道立文書館所蔵「橋本東三資料」(B0-49/15)。内務省「第二期北海道拓殖計画改訂案」(第三巻)一九三五年(北海道立文書館所蔵　B0-601.11ナイ)。
(94)前掲『新北海道史』(第五巻・通説四)八四一、八四二頁。
(95)前掲「第二期北海道総合開発計画：運輸通信、国土保全」五四、五五頁。
(96)同右、六二頁。
(97)北海道「第二期北海道総合開発計画：農業、林業、水産業」一九六二年、六四頁、北海道大学附属図書館北方資料室所蔵「高倉文庫パンフレット」(高倉パンフ　088-04)。

第七章　政党解消過程における二大政党の北海道支部

序　節

本章は一九三六年二月から一九四〇年八月までの二大政党の北海道支部を検討することによって、政党解消過程における中央と地方の関係の一端を明らかにすることを目的としている。

従来の北海道史研究において、政党の役割は北海道庁に比して、ほとんど着目されてこなかった。[1] 本章が対象とする時期の道庁長官は、佐上信一（一九三一年一〇月、第二次若槻礼次郎内閣下において就任）、池田清（一九三六年四月、広田弘毅内閣成立とともに就任）、石黒英彦（一九三七年六月、第一次近衛文麿内閣成立とともに就任）、半井清（一九三八年一二月、第一次近衛内閣崩壊直前に就任、平沼騏一郎内閣の下で留任）、戸塚九一郎（一九三九年九月、阿部信行内閣の成立とともに就任）の五名である。中央の政変の度に道庁長官が更迭されるという悪弊が続いていたと言える。このような不安定な状況下において、道庁長官が独力で北海道第二期拓殖計画（第二期拓計）を遂行することは困難であろう。[2] ゆえに、道庁長官は政民両党の北海道支部の支援を得る必要があった。ここで問題となるのは、第六章において指摘したように、一九三五年段階において、道庁と政民両党の北海道支部の関係が悪化していたことである。一九三七年七月の日中戦争勃発以降、北海道拓殖政策は戦時体制への対応を迫られる。本章では、道庁が政民両党の北海道支部との協調と北海道拓殖政策の放棄を選択したこととともに、政民両党の北海道支部の北海道開発構想が戦時体制下で凍結したことを指摘する。

当該期の政党史研究として、政友会については奥健太郎氏の『昭和戦前期立憲政友会の研究』がある。[3]筆者は『立憲民政党と政党改良』において、中央政治における民政党の動向を検討した。[4]だが、近衛新党運動の研究蓄積の豊富さに比して、[5]地方政治から見た政党史研究は立ち遅れている。本章では北海道政治の視角から中央の二大政党の動向を考察する。第一節では、考察の前提として、北海道における一九三六年二月の第一九回総選挙(第四回普通選挙)と一九三七年四月の第二〇回総選挙(第五回普通選挙)を検討する。第二節では、日中戦争期における政民両党の北海道支部の解散過程を検討する。主として、一九三九年五月の政友会分裂と北海道選出政友会代議士との密接な関係に着目し、「雑軍」と称される政友会中島派の動向を解明する一助としたい。他方で、町田忠治総裁時代の民政党と地方政治との関係の一端を指摘する。同時に、二大政党の北海道支部と戦時体制期の北海道拓殖政策との関係を明らかにする。

第一節　日中戦争以前における二大政党の北海道支部

本節では、一九三六年二月の第一九回総選挙(第四回普通選挙)と一九三七年四月の第二〇回総選挙(第五回普通選挙)を中心に、北海道政治における二大政党の動向を検討する。そのことによって、日中戦争期における政民両党の北海道支部と中央政治との関係を考察する前提とする。

第一項　北海道における第四回普通選挙と二大政党

一九三六年二月の第一九回総選挙（第四回普通選挙）において、民政党が二〇五議席を獲得したのに対して、政友会は一七一議席のみの獲得に終わり、敗北した。北海道では民政党が一〇議席を獲得したのに対して、政友会は七議席に終わった（議会解散は一月二一日）。まず、北海道における選挙結果について概観する[6]（表1を参照）。

表1　第19回総選挙

選挙区	選出地域	当選代議士名
第1区	札幌，小樽市，石狩，後志支庁	一柳仲次郎（民・4） 沢田利吉（民・3） 山本厚三（民・6） 岡田伊太郎（政・5）
第2区	旭川市，上川，宗谷，留萌支庁	東武（政・9） 林路一（昭・3） 浅川浩（民・5） 坂東幸太郎（民・5）
第3区	函館市，檜山，渡島支庁	大島寅吉（民・2） 渡辺泰邦（中・2） 登坂良作（政・2）
第4区	室蘭市，空知，胆振，日高支庁	手代木隆吉（民・4） 岡田春夫（民・2） 南条徳男（政・1） 深沢吉平（民・1）*2 北勝太郎（中・1）
第5区	釧路，帯広市，十勝，釧路国，根室，網走支庁	南雲正朔（民・1） 東条貞（政・2） 三井徳宝（政・4）*1 尾崎天風（政・2）

＊1　三井の選挙違反により，政友会の木下成太郎が繰り上げ当選（1937年2月24日）。
＊2　深沢の選挙違反により，政友会の板谷順助が繰り上げ当選（1937年2月27日）。
「政」は政友会，「民」は民政党，「昭」は昭和会，「中」は中立，数字は当選回数。当選順に掲出した。
出所）「総選挙結果一覧」『政友』（428）1936年，10，11頁，宮川隆義編『歴代国会議員経歴要覧』政治広報センター，1990年，北海道議会事務局政策調査課編『道議会百十年小史』北海道議会事務局，2011年より作成。

道中心部の第一区（札幌、小樽市、石狩、後志支庁）において、前回選挙で三議席を獲得した政友会が一議席に後退したのに対して、民政党は上位三位を独占した。前回トップ当選の寿原英太郎（前代議士）、丸山浪弥（前代議士）、木下三四彦（前道議）の政友会候補は、揃って落選した。民政党の勝因が候補者を一柳、沢田、山本の三者に限定したことにあり、政友会の敗因が候補者乱立にあったことは明らかである。これに加えて、自然状況もまた、政友会に不利に作用した。二月五日の『小樽新聞』は一月三一日から二月一日にかけて、後志地方が「かつてない猛烈な吹雪、従つて選挙戦線に異状を来して万事休す、といつたような状態」であり、「各候補者も、この大雪ではと演説会日割のやり繰りで大弱り、各所に貼つた演説会のビラも大吹雪で吹き飛んでしまつたのもあり、ただ、候補者の立看板が軒よりも高い積雪の上に立ち列んでいるのが変つた選挙情景だ」と報じている。一九日も早朝から猛吹雪となり、大暴風雪は後志地方の演説に力を入れていた寿原にとって打撃となった。寿原は同日の『小樽新聞』において当選確実を報じられながら、落選した。[7]

道北部の第二区(旭川市、上川、宗谷、留萌支庁)において、政友会は東がトップ当選を果たしたのみで、民政党は浅川と坂東が三、四位当選を果たした。政友会の痛手は二位当選の林が政友会を脱党し、昭和会に合流したことだった。政友会の田中喜代松(前代議士)は落選し、前回選挙において三議席を獲得した政友会は一議席に終わり、二議席の民政党(前回総選挙は坂東の一議席)の後塵を拝した。民政党の勝因は一月三〇日の支部幹部会において非公認候補の反橋信一(上川支庁選出道議)を辞退させ、候補者乱立を避けたことである。反橋は西岡斌(宗谷支庁選出道議)、栗山弘忠(留萌支庁選出道議)とともに民政党支部に反抗しており、支部としては統制を回復させたと言える。[8]選挙戦において、浅川と坂東は「国家本位か、政権争奪か」を掲げ、[9]民政党本部の選挙戦略を実践している。[10]

道南部の第三区(函館市、檜山、渡島支庁)において、民政党は大島がトップ当選を果たし、現状を維持した。他方、前回二議席の政友会は、登坂が三位当選を果たしただけだった。中立の渡辺(元民政党代議士、後年、中野正剛の東方会に合流)が二位当選を果たした。政友会の須田孝太郎と民政党の白尾宏は揃って落選した。民政党の誤算は恩賀徳之助(前代議士)の立候補辞退である。民政党本部は恩賀の出馬を要請していたが、恩賀は承諾せず、二月二日の同党支部幹部会において白尾の出馬が急遽決定した。[11]これは白尾の出遅れとなっただろう。

道央部の第四区（室蘭市、空知、胆振、日高支庁）において、前回二議席の民政党は一、二位を独占し、前道議の深沢が四位で初当選を果たした。前回三議席の政友会は南条（戦後政治において、自由民主党代議士として活躍。当選一一回。第一次岸信介内閣の建設相）が三位で初当選したのみであり、前代議士の板谷順助、松尾孝之、山本市英、松実喜代太、前道議の東英治は揃って落選した。残る一議席は中立の北（一九三八年に立憲協同党を創立）だった。なお、中立で立候補した赤松克磨も落選している。政友会の敗因は第一区と同様、候補者乱立にあった。特に、松実と東はほぼ同一の選挙地盤（新十津川村、滝川町）であり、二月七日の『北海タイムス』（政友会系新聞）までが両者の「共喰い」と評している。第四区において、各候補に共通の敵は猛吹雪だった。一月三一日、南条は「正午頃より猛烈に襲ひ来たつた吹雪のため」、日程変更を余儀なくされている。二月一三日の『北海タイムス』は山本市英の選挙地盤の岩見沢町に各候補が殺到し、「大雪の中を馬橇にゆられ乍ら馳駆しつつあるが、候補者や舌の闘志の苦労は並大抵ではない」と報じている。民政党は山本厚三支部長自らが岩見沢、美唄両町において応援演説を行うなど、必勝態勢で臨んだ。この結果、当選を確実視されていた板谷は落選した(12)。

道東部の第五区（釧路、帯広市、十勝、釧路国、根室、網走支庁）において、政友会は二、三、四位を占め、強固な地盤を示した（前回、前々回選挙も三議席）が、木下成太郎支部長（前代議士）は落選した。民政党は前回と同様に一議席だったが、南雲（釧路市の弁護士）がトップ当選を果たした。同党の梅谷周造（前道議）と田中一磨（帯広市の弁護士、十勝民政支会長）は落選した。民政党の誤算は、議会解散日の一月二一日に実力者の小池仁郎（当選七回）が急死したことである。梅谷は小池の選挙地盤（根室町）を継承したが、出遅れを挽回することはできなかった。木下支部長は釧路市を中心に守備的な戦いを行っていたが、予期せぬ落選となった(13)。

このように、政友会支部は候補者を乱立したことで同士討ちとなり、民政党支部はその間隙を突く戦略が成功した。二月二五日の『小樽新聞』は「民政党支部が山本支部長の手腕力量に絶対的の依頼を払ひ、縦横無碍の手腕を振はしめ、各候補の決定並に配陣にあたつて極力濫立を防ぎ、戦線を統一した結果」と誇っている。他方で、二三日の同紙によると、木下政友会支部長は「かなり統制には努力をしたが、何れも前回の大勝の夢を追ふものの多いため、中々引込むものもなく、結局濫立となつて敗れたわけだ。驕兵を御するのも骨が折れるよ」と語っている。二四日の『北海タイムス』は「木下支部長が第一区の如き、第四区の如き、勝敗を外に濫立した候補に対して何等の統制を図らなかったことについては民政党幹部が悉く、木下様々と感謝しているから、支部長としての責任を問はれても亦已むを得ないことだろう」と批判している。(14)寿原、板谷、木下のような実力者の相次ぐ落選は、政友会支部にとって大きな打撃だった。

一九三六年二月の第四回普通選挙は北海道政治が前回総選挙以来の政友会の絶対的優位が崩壊し、民政党の相対的優位へと移行する契機となる。

第二項　林銑十郎内閣期における政友会の北海道支部の粛党運動

一九三六年三月、二・二六事件の混乱の中、広田弘毅内閣は成立した。七月一七日、政友会支部は同党の最高実力者の鳩山一郎を迎え、大会に代わる臨時総会を札幌市に開催し、全道から党員約二〇〇名を集めた。総会宣言には第二期拓計改訂案の「追加補修」(「綿羊増殖施設の拡張」、「馬鈴薯、酒精の生産企業促進」)の点から、「今次道会議員選挙は、此意味に於いて、亦、一層重大性を加ふ。吾人、深く道民の省察に待つと共に、同志、互に相戒め、粛選の実を徹底せしめて、苟くも違戻、冒瀆の挙なきを努めんとす」と主張した。決議(乙号)の第一項には「昨年、政府の北海道拓殖計画調査会に於いて決したる拓殖計画改訂案を支持し、極力之が達成を期すると共に時代の要求する各種新設の追加を求むること」を掲げている。(15)政友会支部は未解決の第二期拓計改訂問題を道議選に持ち込んだが、田中義一内閣時代（一九二八年）のように、民政党の攻撃に拘泥することはなかった（第三章を参照）。

八月一〇日の第一一期道会議員選挙において、政友会は民政党の三〇名（三議席増）に対して二八名（四議席減）を獲得するに止まり（社会大衆党一名、中立六名）、第一党の座から陥落した。政友会の誤算は都市部における敗北である。札幌、函館、室蘭、釧路、帯広市では政友会が議席を獲得できなかった（民政党は二、三、一、一、一議席を獲得）。政友会が民政党を上回ったのは小樽市のみであり（政友会二、民政党一）、旭川市では二大政党が一議席ずつ分け合っている。郡部における巻き返し（例えば、上川支庁は政友会五、民政党一、十勝支庁は政友会三、民政党一）によって政友会は民政党との議席差を縮めたが、政友会支部の敗北意識は深刻だった[16]。

一九三七年一月、陸軍と政党の対立によって広田内閣は崩壊し、宇垣一成への大命降下となった。宇垣内閣に関して政友会支部の東、民政党支部の山本は支持を明言していた。宇垣が陸軍の強硬な反対によって組閣に失敗したことは、政党に対する北海道の有権者の失望をもたらした。一月三〇日の『北海タイムス』は、札幌市において「政党なども好意を寄せている以上、何故率先して民衆運動を起すなり、国民の輿論を聴くなり、もつと熱を以て組閣工作を助けなかつたか、と党人の意気地なさに対する非難の声も相当昂まつている」と報じている[17]。

林銑十郎内閣は二大政党の閣僚を取らず、二月三日には政党内閣を否認する政綱を発表した。同日の政友会支部緊急幹部会において、木下支部長は「現在、我党は総裁があつて無きが如く、従つて中心勢力といふものがなく」、「各地方支部がそれぞれ目醒めて、本部を鞭撻し、元の自由党の気分を喚起して行つたなら大政友会の更生は決して不可能ではない。それにはもう少し門戸を開放し、広く識者を抱擁して従来の行詰りを打開する必要がある。それを本道が先がけてやる方針の下に、在京中、各方面の識者にも亦、軍部の者にも官僚の主なる者にも喚びかけた処、何れも一切の指図に従ふといつていた」と報告した[18]。木下の論旨は、覚醒した地方支部による本部鞭撻（「元の自由党の気分」の喚起）による「大政友会の更生」という視点が特徴的である。同時に、前年一二月の中島知久平の近衛新党運動（政民合同を前提に、官僚、軍部、財界の人材を結集）との連動性が見られる。

宇垣内閣の不成立は政友会において、宇垣に接触していた鳩山の威信低下をもたらした。[19] 二月一〇日、山本悌二郎、宮田光雄、川村竹治ら「政友会革新派」が鈴木総裁排斥運動を開始し、政友会の鳩山優位体制は崩れる。[20]

同日の『北海タイムス』は、八日の政友会支部緊急総務会が「自由党以来の大政友会は今やその行くべき目標だにないといふ嘆くべき現状にあり」、「本道支部が常に全国党員をリードしている関係に鑑み、革新の大旗は先づ本道から掲ぐべしといふ大決心の下に、而して大政友会更生のために実行運動の火蓋を切り、檄を全国に飛ばして、三百万同志の奮起を促すこととなり、檄文の起草委員に松実喜代太、伊藤八郎両総務を挙げた」ことを報じている。一三日の政友会支部幹部会において、木下は「自由党以来伝統の歴史を述べ」た。同幹部会は檄文を政友会本部、同党所属貴衆両院議員、全国府県支部、全国新聞社、道内新聞社、道内各政友倶楽部に送附することを決定した。[21] 政友会支部は田中内閣時代の一九二八年一〇月、本部に反抗して北方党を企図するなど、強い自立性を発揮していた（第三章を参照）。林内閣成立を機に、政友会支部は衆議院絶対多数を持ちながら、政権を獲得できなかった鈴木喜三郎総裁と鳩山ら同党執行部に対する攻撃を開始した。政友会執行部が政治的成果を挙げられなかったことは、岡田啓介内閣期の一九三五年五月段階から鈴木総裁に反逆していた木下（第六章を参照）に政治的好機を与えることになったのである。

政友会支部の檄文には「政友会を更生する緊急方策」として「自由党時代の凛然たる気魄と政友会立党の大精神とを再認識し、一路、立憲政治の恢弘に邁進すべし」、「総裁後任の推薦は、必ずしも、之を急ぐを要せず、先年、西園寺公の総裁辞任に際し、姑らく総務合議制を以て党務を代行したるの前例あり、先づ、党の宿弊を清拭して、内外の倚信を収め、徐に大器を求むるを可とす」と明記された。その上で「自由党創立よりすれば、五十有六年、政友会結党よりすれば、三十有七年にして、今や、我党荒廃の危機此一時に迫る」、「我等、北海道在住の党員を組織して、粛党の先駆に敢て、犬馬の労を致さんと決意」したと主張する[22]。政友会支部は、一貫して、政友会の歴史を自由党まで回帰させて語っている。自由党は地方から中央へと発展した歴史があり、政友会支部は地方から粛党運動を推進しようとしたのである。

ここで着目したいのは、中島派が発信した政友会の歴史の嚆矢が伊藤博文による創立時だったことである。自由党と政友会の連続性を自明視した政友会支部の主張は、民党的要素を払拭するために創立された政友会の正統性の否定につながる危険性がある。政友会支部は西園寺公望総裁時代の先例を引用して総裁代行制を要請していたが、これは実現を見る。二月二八日、政友会は鳩山、中島、前田米蔵、島田俊雄の代行委員を決定し、総裁代行制に移行した。反鳩山という一点で結集した「政友会革新派」は「中島派」へと発展することになる[23]。

前田ら党中央の中島側近は北海道に代表される地方政治のエネルギーを反鳩山に転換させ、党内地位の向上に利用した。右の戦略は党の外延にいた木下のような異分子を党の中心に呼び寄せることとなり、政友会分裂を促進させることになる。

第三項　北海道における第五回普通選挙と二大政党

一九三七年四月の第二〇回総選挙（第五回普通選挙）において、民政党が一七九議席を獲得したのに対して、政友会は一七五議席を獲得し、二大政党の勢力は伯仲した（解散日は三月三一日）。だが、北海道では、民政党が前回と同様の一〇議席（解散前から一議席増）を獲得したのに対して、政友会は六議席（二議席減）に終わり、二大政党の議席差は拡大した[24]。前回総選挙と道議選の結果を照応させると、北海道における民政党の党勢拡張と政友会の退潮は明らかである。

表2　第20回総選挙

選挙区	選出地域	当選代議士名
第1区	札幌，小樽市，石狩，後志支庁	山本厚三(民・7) 板谷順助(政・6) 沢田利吉(民・4) 一柳仲次郎(民・5)
第2区	旭川市，上川，宗谷，留萌支庁	東武(政・10) 林路一(昭・4)*3 坂東幸太郎(民・6) 松浦周太郎(民・1)
第3区	函館市，檜山，渡島支庁	大島寅吉(民・3) 渡辺泰邦(東・3) 田代正治(政・1)
第4区	室蘭市，空知，胆振，日高支庁	赤松克磨(国・1) 手代木隆吉(民・5) 北勝太郎(中・2) 岡田春夫(民・3)*1 南条徳男(政・2)*2
第5区	釧路，帯広市，十勝，釧路国，根室，網走支庁	遠山房吉(民・1) 木下成太郎(政・7) 東条貞(政・3) 南雲正朔(民・2)

*1　岡田の死去により，政友会の松尾孝之が繰り上げ当選(1937年12月)。
*2　南条の選挙違反により，民政党の深沢吉平が繰り上げ当選(1938年2月)。
*3　林の死去にともなう1939年5月の補欠選挙の結果，政友会の村上元吉が初当選。
「政」は政友会，「民」は民政党，「昭」は昭和会，「東」は東方会，「国」は国民協会，「中」は中立，数字は当選回数。当選順に掲出した。
出所)「第二十回総選挙の結果」『政友』(428) 1936年，10，11頁，宮川隆義編『歴代国会議員経歴要覧』政治広報センター，1990年，北海道議会事務局政策調査課編『道議会百十年小史』北海道議会事務局，2011年より作成。

選挙戦突入直後の四月二日、木下政友会支部長は第二期拓計改訂の実現に関して、山本民政党支部長と会談した。だが、山本支部長は「地盤の協定に就いても話をしたかつて？　そんな事は出来る性質のものではない」と語っている。第二期拓計改訂問題は二大政党の地盤協定にまで及んでいない。政友会支部は前回総選挙の敗因となった候補者乱立を克服すべく、厳選主義を徹底した。だが、民政党支部の出足は早く、三日の緊急最高幹部会では、一〇名の公認候補を決定している。[25]政友会支部の出遅れは、木下が民政党支部との地盤協定を期待していたことに基因するのではないだろうか。以降、北海道における選挙結果について概観する(表2を参照)。

道中心部の第一区(札幌、小樽市、石狩、後志支庁)において、民政党は山本(一位)、沢田(三位)、一柳(四位)が連続当選を果たし、三議席を維持した。政友会は第四区から選挙区を移した板谷の二位当選のみである。四月三日の

『北海タイムス』は「今回の一戦は雪辱の意気に燃えたち、最後の切札たる板谷順助氏を擁立して、善き戦ひに民政KOの『昭和七年』を再現せんと企図し、着々準備が進められている」と報じていた。政友会新人候補の小川原政信(前道議)は「演説会自身百十四回、別働隊百十二回といふ素晴らしい転戦ぶり」だったが[26]、札幌市に強固な地盤を有する一柳の牙城を崩せなかった。政友会の誤算は佐藤一雄(前道議)が一二日になって突如脱党し、中立として立候補したことである。一四日の『小樽新聞』によると、佐藤は「昭和六年政界革新の希望を抱いて立憲政友会に入党しましたが、既成政党の更生は到底望むべからざる幾多の病弊あることを知り、努力の無駄なる事を痛感するに至りましたので、断然旧き殻を脱して、新しき方向に革新政治の道を拓き、公人として意義あり、効果ある活躍をなさんことを期し、今回、政友会を脱党することに致しました」と語っている[27]。佐藤の造反は林内閣の「既成政党」批判が政友会に打撃を与えていたことを示す一例だろう。

道北部の第二区(旭川市、上川、宗谷、留萌支庁)において、政友会の東のトップ当選と昭和会(林内閣の与党)の林の二位当選は前回と同様である。民政党は坂東と松浦(前道議)が三、四位当選を果たし、現状を維持した。しかし、留萌支庁管内では「鰊漁期の繁忙期に加へ、管内は目下、融雪期で自動車も馬橇も通せず、交通の不便もあり、管内に於ける今回の選挙運動は難事」な状況だった。ゆえに、留萌支庁に強固な地盤を有する東でさえ、四月一八日の段階では「稀有の混乱なので、楽観を許さない状態に置かれている」と評されていた。二六日になると、東、林、坂東の当選が確実視され、松浦と社会大衆党の木下源吾が最後の一枠を争った。松浦は、坂東、反橋信一(前道議)と同志討ちを展開しながらも当選を果たした。民政党は浅川浩(前代議士)から松浦への世代交代に成功したのである[28]。

道南部の第三区(函館市、檜山、渡島支庁)において、民政党の大島のトップ当選と東方会の渡辺の二位当選は前回と同様である。政友会は田代(前道議)が民政党の大田半三郎(前道議)との接戦を制して初当選(三位)を果たし、一議席を死守した。田代は、木下支部長が政友会の一議席確保のため、選挙戦渦中の四月一六日に急遽擁立を決定した実力候補である。一九日段階において、田代は出馬断念を表明しており、二〇日の『北海タイムス』は「昨年の総選挙においても登坂、須田両候補の得票によつてその絶対的地盤の強力さを示した政友派の完全なる退却」と評していた。だが、同日に田代は一転して決起し、第三区は混戦状態となった。三〇日段階では田代に対して「一日の強味」を持つ大田優位が伝えられていた。大田の誤算は政友会候補を不在と速断し、田代出馬以前に民政党候補の幡野直次（前道議）と同士討ちを展開していたことにあった。北海道における最高棄権率は渡島支庁の四割五分（前回選挙から約倍増）で、檜山支庁の四割一厘が続いた。[29]このことは、両支庁を地盤とする大田に不利に作用しただろう。政友会の混乱の主因は本部の候補者調整力の欠如にあった。政友会の広部太郎（前道議）は一三日に上京し、鳩山、島田の両代行委員と折衝したが公認を得られず、一八日には出馬辞退に追い込まれた。二〇日の『小樽新聞』において、広部は「将来、道南を北海道支部から独立させ、更に支部の改革運動に邁進する考へです」と語っている。[30]政友会の総裁代行制は候補者調整に混乱をもたらし、そのことは支部に対する反感に直結したのである。

道央部の第四区（室蘭市、空知、胆振、日高支庁）において、前回落選の赤松（国民協会）がトップ当選を果たし、中立の北も三位当選を果たした。前回三議席の民政党は手代木（二位）と岡田（四位）が連続当選を果たしたが、元代議士の深沢吉平が落選し、一議席を減じた。政友会は前回同様、南条が五位で連続当選を果たしたのみで、元代議士の松尾孝之、山本市英、元道議の東英治は揃って落選した（松実喜代太は出馬を断念）。板谷の従来の選挙地盤は、赤松と北に侵食される結果となった。政友会支部は候補者調整の段階において、板谷の支持票の配分に失敗したのである。[31]

道東部の第五区（釧路、帯広市、十勝、釧路国、根室、網走支庁）において、前回一議席の民政党は遠山がトップで初当選を果たし、南雲も四位で連続当選を果たした。前回三議席の政友会は前代議士の木下支部長（二位）と東条（三位）が当選したものの、民政党に並ばれる結果となった。四月五日、十勝民政支会幹部会（帯広市）は遠山と田中一麿（帯広市会長）の二派に分裂し、候補者を決定できなかった。他方、七日の十勝政友支会は十勝から一名の候補擁立を決定したにもかかわらず、九日の政友会支部総務、顧問、常議員、党務、政務調査連合会は、十勝から候補者を出さないことを決定した。政友会支部は実力者三名の確実な当選を企図したのである。だが、このことは十勝の民政党を結束させる結果となる。一一日、田中は、遠山との協議の際、政友会候補不在を見て「恵まれた好機を潔ぎよく、遠山房吉氏に譲る」ことを決意した。前回総選挙において、北見地方総投票数の三万六九一二票中、東条と尾崎天風（前代議士）は二万九五一三票を獲得していた。七日、北見民政倶楽部連合会は網走町の広谷利三郎（弁護士）と野付牛町の河西貴一（道議）の両者を擁立することを不利と考え、一名の擁立を決定した。一二日の民政党支部緊急幹部会は遠山と河西の公認を本部に要請し、翌日には承認を得た。二〇日以降、木下、東条、南雲の三候補は十勝に入ったが、遠山は防戦に努めた。釧路市を選挙地盤とする南雲も地の利を活かして善戦し、三〇日には、尾崎と河西の苦戦が伝えられた。河西を北見地方から擁立することで東条と尾崎のいずれかを追い落とそうとした民政党支部の戦略は成功したのである[32]。

第五回普通選挙を政友会の視点から見ると、北海道は党勢を減退させた地域の一つだった[33]。普通選挙導入以降の北海道政治の歴史を見ると、全選挙区において政友会の議席数が民政党を上回ることができなかった先例はない（第三章、第四章、第五章を参照）。政友会が民政党に敗北した前回選挙と一九三〇年の第二回普通選挙（第四章を参照）においても、第五区では政友会の議席数が民政党を上回っていた。第五区という最後の拠点が陥落したことは、同区を地盤とする木下支部長に大きな危機感を与えたことだろう。

一九三七年六月、中島が第一次近衛文麿内閣に鉄相として入閣した結果、政友会では中島派が鳩山派に対する優位を確立させた[34]。以降、木下は中島派の一員として政友会解党運動を推進する。

第二節　日中戦争と二大政党の北海道支部の解散

本節では、一九三七年七月の日中戦争勃発から一九四〇年八月の政党解消までの北海道政治における二大政党の動向を検討する。そのことによって、当該期における政民両党の北海道支部と中央政治との関係を明らかにする。

第一項　北海道生産力拡充協議会と政友会の派閥対立

一九三七年七月七日に日中戦争が勃発した結果、第二期拓計は戦時体制への対応を迫られた。第二期拓計改訂問題は、広田内閣と林内閣の崩壊によって置き去りとなっていた[35]。九月一九日、政民両党の北海道支部の代議士と道庁幹部の会合は「拓殖計画改訂の促進を図ると共に、現下、非常時に対応すべく、本道に於いて、重要物資の生産拡充を図るの要あり」という結論に達し、北海道生産力拡充協議会（北海道選出代議士及び道議と道庁幹部で構成される）の設置を決定した[36]。一〇月二二日、第一回北海道生産力拡充協議会は北海道選出代議士一〇名、道議一七名、石黒長官ら道庁幹部によって組織された。代議士では民政党支部から山本支部長、松浦、手代木、遠山、南雲、政友会支部から木下支部長、東、田代、南条が参加、残る一人は中立の北である。だが、二三日の『北海タイムス』によると、「会議はとかく本質論を忘れて枝葉末節にこだわり、協議の方法論、議事進行に関する動議も出た結果」、具体策を得ることができなかった。会議後、東は「本道だけが平時と同様な安易な開発方法を続けて行くといふ訳には行かぬ」、「予想される日支事変の長期戦に備へねばならぬ。拓殖計画と云ふ平時の開発綜合国策が生産力拡充といふ非常時の綜合国策に転換する時が来たのだ」と述べている。(37) 政民両党の北海道支部には平時から非常時へと北海道拓殖政策を転換させる役割が要請されていた。

一九三八年一月二一日の閣議決定（第一次近衛内閣）の結果、北海道は昭和一七年度までにパルプ総生産量三六万トンを受け持つことになった。同日の生産拡充協議実行委員会には、民政党支部から山本支部長、手代木、沢田、大島、政友会支部から木下支部長、南条、板谷が参加した。同委員会は生産拡充五箇年計画案を樹立し、拓殖事業費と別個に、生産拡充計画費を拓殖費追加予算として要求することを決定した。(38) ここで、第七三議会における北海道選出代議士に着目したい。二月三日の衆議院予算総会において、民政党の沢田は「北海道ハ御承知ノ通リ、単ニ金バカリニアラズシテ、石炭、鉄、硫黄ノ如キハ、日本ノ全産額ノ五割ヲ出シテ居ルト思ヒマス。ソレカラ、石油、銅、亜鉛、鉛、「クローム」、其他、沢山ノ鉱物ガアリマスガ、或ハ石炭ノ増産ノ必要ヲ認メラレテ居リ、又、将来、是等ノ物資ハ、悉ク戦時体制ノ下ニ於テ、増産ヲセナケレバナラヌト云フコトハ当然デアリマス」と述べている。(39) 四日の衆議院予算委員第三分科会において、政友会の板谷は、「我ガ北海道ニ於キマシテモ、政府ノ国策ニ順応スルト云フ方針ノ下ニ、官民一致ヲ致シマシテ、所謂、衆智ヲ集メテ、生産拡充ノ委員会ヲ開イタノデアリマス」と発言している。(40) 沢田と板谷は戦時体制下における北海道の重要性を主張したのである。三月七日、北海道選出代議士は結束して賀屋興宣蔵相を訪問し、生産拡充計画費として二六〇万円を要求している。(41)

このように、北海道選出代議士は日中戦争遂行のための資源供給地として、北海道の価値を訴えていた。政民両党の北海道支部による住民生活を重視した北海道開発構想（第六章を参照）は、戦時体制下において凍結を余儀なくされたのである。

なお、第七三議会では国家総動員法制定をめぐり、近衛新党問題が浮上した。ここでは、奥健太郎氏の『昭和戦前期立憲政友会の研究』から中央政治における北海道選出政友会代議士の動向を考察したい。二月二日、政友会では東北及び北海道選出代議士会が開催され、新党樹立を目的とした政友会解党が提唱された。同会合には、北海道選出代議士四名(木下、板谷、東、田代)が参加している。一六日には、川村、木下、熊谷直太を発起人とする「政友会有志の現状打開懇談会」が開催され、強力政党実現を協議した。同会合には北海道選出代議士四名(木下、東、南条、松尾)が参加している。三月二八日には、宮田、川村、木下を発起人とする「解党派」が中島鉄相の決起を要請した。同会合には北海道選出代議士六名(木下、東、田代、南条、松尾、東条)が参加している。[42]北海道選出代議士において、木下と東が政友会解党と中島擁立に積極的だったことがわかる。他方、板谷と東条は一度しか参加していない。板谷と東条は北海道政治における政友会の頽勢に関して木下と危機感を共有する一方で、同党を解党させることには抵抗があったのだろう。

五月二五日の政友会全国支部長会議(木下も参加)では、「地方党情の不振は地方党員の責任も勿論あるが、本部の指導鞭撻にも待つものが多い、党の一糸乱れざる結束は一つに党首の指導精神に懸つている、現在の代行制度は変則である、一日も速やかに総裁専任制に立ち還らんことを望む」ことが諮問され、「内外の時局重大なる今日、我党は速に総裁を推戴し、挙党一致、君国の為め、重責を全うせんことを期す」ことが決議された。[43]地方政治における政友会の党勢不振という観点から、総裁選出が要請されていたのである。二八日の代行委員会は明確な対応策を決定できなかった。だが、六月一日の代行委員会においては、前田だけではなく、中立の島田も中島を総裁に推薦した。他方で鳩山は三日に声明書を出し、公選によって総裁を決定することを表明した。四日の代行委員会は、党大会開催と公選による総裁決定方針を発表した。これ以後、鳩山派と中島派は多数派工作に奔走し、政友会の「夏の陣」が勃発した。この時、北海道選出代議士は鳩山派の東条、中島派の木下、田代、松尾、中立派の板谷、東に分裂した（第六章において指摘したように、木下と東は岡田内閣時代から対立していた）。結局、自らの形勢不利を悟った鳩山は一三日の代行委員会において、公選論を取り下げ、一四日の代行委員会では党大会中止と代行委員制継続が決定した。総裁就任への確固たる意志がなかったこともあり、中島は公選中止を容認した。[44]結局、全国支部長会議の要請は先送りにされたのである。

本章が着目したいのは、六月一〇日の政友会支部幹部会の申し合わせである。右の申し合わせには「北海道支部は今次総裁選任に際し、我党多年の伝統的精神を尊重し、党最高機関たる代行委員多数の意向を参酌し、中島知久平君を推薦し、これが機宜の措置は支部長に一任す」とあり[45]、政友会支部は正式に中島擁立を表明した。この段階において、鳩山擁立を表明したのは東条のみであり、板谷は中島推薦に反対してはいなかった。[46]「夏の陣」の段階において、政友会支部は木下の主導下にあったのである。鳩山が一三日に公選論を取り下げた背景には、地方支部の圧力があった。この段階において、地方支部を政治力の背景とする前田ら中島側近の戦略は順調に推移していたと言える。

九月一三日、木下は四名の代行委員と砂田重政幹事長宛電報の中で「過般支部長会議決定ノ方針ニ準ジ、代行諸君ハ自己主義ヲ擲チ、坦々タル公道ヲ闊歩シテ党内ヲ粛正シ、其中心ヲ確立シ、一党ヲ指導シテ国家ノ急ニ応ズベキ方途ヲ樹テ、一日モ早ク、全国党員カ誠忠ヲ尽スベキ大旗ノ下ニ活動スル様、御尽力ヲ敢テ要求ス」と述べた。[47]中島派の木下が全国支部長会議の決定を背景に、総裁選出を政友会執行部に要請していたのである。一〇月一四日、木下、田辺七六（山梨）、堀切善兵衛（福島）、貴族院議員の川村、宮田、小久保喜七は新党問題に対応する形で政友会総裁を設置するように要求することを決定した。[48]一五日、木下は全国の政友会支部長に宛てた書状の中で「今春の全国支部長会議に於て、決議致候総裁設置の件は、進行の途上、不斗も紛糾を来して一時中止と相成、爾来、荏苒、今日に至り居候得共、時局は益々重大を加へ、且つ議会開会も眼前に迫り、此儘の状態にては到底政党の本分難尽、洵に不堪憂慮候。就ては此際、該問題の進捗を計ると共に、支部長各位の忌憚なき意見交換相試み度」と述べ、二五日に芝公園紅葉館へと参集するように呼びかけた(49)。二一日、木下は政友会長老の小川平吉の協力を得ている(50)。当該期の政友会において、木下は全国の地方支部を動員して中島擁立の推進力とするという役割を担っていた。二五日の会合に参集した支部長は、一三二名(木下を含む)だった。右の会合では「総裁候補者の単一化を一任せられたる代行委員各位は、其責任と時艱の重大なるに鑑み、直ちに之を解決せられん事を要望す」という申し合わせが行われた。木下は一二名の実行委員の中心となり、四名の代行委員と会見を行った。その際に、木下らは一一月一〇日までに総裁を設置することを要請した(51)。これに対して、鳩山は一一月一四日、自らが総裁出馬を断念することで中島の総裁就任を阻もうとした(52)。木下は同志の田辺七六に対する前日の電報の中で「言ヲ左右ニシテ弥久長日遷延ヲ計ルハ、彼等相当ノ用意ヲ以テ全国的ニ魔手ヲ延ハシ、府県会開催期ヲ利用シテ各国支部長更迭ヲ図リ、彼ノ有利ナル立場、若クハ紛糾ヲ増大シテ党内解決ヲ困難ナラシメントスル奸策ノ伏在スルヲ憂フ」と述べている(53)。鳩山は支部長の一斉更迭の可能性を示唆することで、木下らの中島擁立運動を封殺したのである。

政友会本部の派閥対立が膠着状態となった結果、同党支部は日中戦争後を見据えた策動を開始した。一二月一一日、政友会支部役員総会は「戦後の経営に対処すべく生産力拡充の積極的方策を樹て、独り軍需産業のみならず、平和産業に対しても大に考慮する所あるべし」、「国勢推移の現実に鑑み、生産力拡充を基調として北海道拓殖計画を再検討し、其施用を拡大強化し、北門宝庫開拓の使命を達成すべし」という決議を行った。ここで言う「生産力拡充」は、戦後経営に対応したものである。一一月二〇日の民政党支部大会に代わる全道評議員会も「開拓の聖詔に則り、北海道拓殖計画を時代の進運と併進せしめ以て是が達成す」という決議を行っている(54)。

だが、戦時から平時への移行を期待する政民両党の北海道支部の思惑は、日中戦争の長期化によって破綻する。

第二項　北海道綜合計画と二大政党の北海道支部の解散

一九三九年一月四日、第一次近衛内閣は総辞職し、平沼騏一郎内閣と交代した。一九日、政務官ポストが一名しか割り当てられなかったことに不満を持った政友会東北団体所属代議士は東北会（木下は主宰者の一人）として、本部の統制に服さないという決議を行った。東北会は二〇日の党大会を欠席し、別会場で独自の大会を開催した[55]。かつて星亨は党中央の主導性を確保するため、大井憲太郎による自由党の地域ブロック連合化（北海道と東北の連合）を排斥したが[56]、木下が東北会に期待したのは、大井的自由党の再生だったのではないだろうか。平沼内閣の成立は中央政治から遠隔の地域の中島派を急進化させる結果となったのである。ここで着目したいのは、木下以外の北海道選出政友会代議士の対応である。一九日には中立派の東が「新団体結成の非を唱へ、急遽帰京して不平派を鎮撫する」と語り、二一日には鳩山派の東条が「支部及び北海道代議士としてどう行動するかは、東さんがけふ午後帰京するので、その上で、皆が集つて相談することとなつている。私個人としてはこの種の行動は反対だ」と語っている。二二日の北海道選出政友会代議士の会合（東を含む）は、東北会とともに行動しないことを決定した[57]。右の決定は、政友会支部における木下の影響力低下を示唆している。

三月二一日の代行委員会は幹事長の人選に関して、鳩山と中島、前田、島田が対立した。翌二二日の代行委員会は四月中に臨時大会を招集し、総裁問題を解決することを決定した。多数を制した中島派は陣営の結束を誇示しながら、総裁公選を主張した。他方で、鳩山派は公選回避に努める一方で、中立的な諸勢力を取り込みつつ、総裁の座を約束して久原房之助を陣営に引き込んだ[58]。本章において指摘した北海道支部内の動揺に象徴されるように、多数を制した中島派の結束は脆かった。この意味において、鳩山の戦略は妥当だったように思われる。四月一九日、木下は中島に対する電報の中で、鳩山との会談に際し、「交渉上絶対譲歩シテハナラヌ。公選論ハ彼カ自薦ニ反シ、貴兄ハ前田・島田ノ推薦ニ基クモノ故、此点重大ナル拠点ノ相違アル事ヲ記憶サレタシ」と進言している。[59] 木下は、代行委員の選出過程（中島は前田と島田の推薦、鳩山は自薦）に中島総裁の正統性を求めるという戦略を取っていた。二二日、中島派の堀切が党大会開催を一方的に宣言した結果、鳩山派と中島派は権力闘争に突入した。二八日、中島派が党大会開催のために党本部を占拠する一方で、鳩山派は鈴木前総裁を動かし、四代行委員の罷免とともに、久原、三土忠造、芳沢謙吉の三名を新代行委員に指名した。鳩山は中島総裁の正統性の源泉だった代行委員制を解体したのである。三〇日、中島派は党大会を強行開催、中島を総裁に選出した。総裁承諾に消極的だった中島を説得したのは木下だった。[60]

北海道から党大会に参加した木下と田代は中島総裁に賛意を示したが、中立派の板谷は大会に出席したものの、中島の総裁推薦に参加しなかった。中立派の東と中島派の松尾は、電報によって中島の総裁推薦賛成を表明した。だが、松尾は板谷とともに鳩山派に参加する。[61] 東は五月一日の田辺中島派幹事長の慰労会において「鳩山はさきに政友会の大正事変に当つて床次外百何人といふものを連れ出した張本人である。そしてまた床次を置き捨てにして戻つて来た男である。かういふ鳩山君を推戴してはたまつたものでないと思つていたのに、今回中島新総裁を迎へることになつて吾々はまことに愉快にたへない」と語っていた。[62] 反鳩山感情から、東は旧敵の木下と提携したが、九月に病死する。

五月二〇日、鳩山派は鈴木前総裁の指名という形式で久原を総裁に推薦し、政友会は中島派（九八名）、久原派（七〇名）、中立派（一二名）に分裂した。[63] 三〇日、村上元吉（政友会支部幹事長）は、中立派となった。最終的に、北海道における中島派は木下と一年生議員の田代のみとなった。東条、板谷、松尾、村上が前年六月一〇日の支部の決定に反逆したことは、木下にとって大きな誤算であっただろう。他方、道議レベルにまで政友会分裂は及んでおらず(64)、木下が支部の動揺を抑制したと考えられる。

ここで着目したいのは、第二次近衛内閣下で基本国策要綱の一環とされた国土開発計画と北海道との関係である。国土開発計画は一九三九年一〇月から昭和研究会において進められた日本以外の領土をも含んだ国土の総合利用計画である。一九四〇年一月、昭和研究会が「国土計画に関する覚書」を完成させる一方で(65)、戸塚長官は北海道綜合計画の策定を開始した(66)。同年六月には、北海道綜合計画委員会(会長は戸塚長官)として具体化する。同委員会は八部の委員会(森林、農業、工業、鉱業、水産、交通、利水、文化)で構成された(67)。五月六日の『小樽新聞』によると、木下支部長は「今日では拓殖計画は行き詰つてしまつた。石黒時代から拓計の根本改革を俺は唱へたが」、「兎も角、何もやらなかつた。それから半井となり、是れは長く居らなかつたので、今度、戸塚に引き継がれたものだが、今度の綜合計画は官民一致で成立させたい」、「官僚議事では駄目だ。軍、官、民が三位一体となつて努力する。先づ代議士、道会議員等を加へて一応幹事案を作るか、それを委員会に附するのだな。委員会は貴衆両院議員、会議所、各官衙の局長、司法官、連隊区司令官、海軍人事部長、民間有志代表、事業界、財界の代表、開発会社、大学その他の学者等で構成し、これで案を練る。又中央にも委員会を作る。此処で道の成案を更に検討して成案とするのだ。案の目標は生産拡充の土台となるものを先とする」、「政党政派だなんてことも問題ではない」と述べている(68)。木下は、日中戦争以降における生産力拡充の試み(第二期拓計の根本改革)が進展していないという認識の下に、北海道綜合計画に期待を寄せていた。木下の綜合計画委員会構想には一九三五年の北海道拓殖調査準備委員会(北海道)及び北海道拓殖計画調査会(中央)からの連続性が見られるが(第六章を参照)、一九三五年と異なるのは、新たに軍部関係者の任命を要請していることである。中央政治において政友会中島派は軍部との一体化を志向したが、木下は北海道政治においても実践しようとしていた。

一九四〇年六月一八日、戸塚長官は北海道綜合計画委員を公表した。北海道選出代議士は民政党から山本、沢田、手代木、政友会中島派から木下、政友会久原派から板谷と東条、政友会中立派から村上が任命されている。超党派の代議士の選出や第七師団参謀長が任命されているのは、木下の意向が部分的に実現したことを示している。[69]

北海道綜合計画委員会発足直後から、木下は北海道綜合計画の遂行主体を実現させるため、近衛新党の結成を企図する。近衛新党運動の渦中において、七月一六日に政友会久原派は解党し、三〇日には政友会中島派も解党した。政友会支部臨時総会において、木下支部長は「即ち、世界の新情勢に対応する強力なる新政治体制を確立するには政党の一元化を必要とするに鑑み、政友会本部は既に本月三日の全国支部長会合において事実上、解党の肚を決定したこと」を報告した。[70] 七月三日の「政友会所属両院議員並に全国支部長連合総会」（木下も参加）において、中島総裁は近衛新党の必要性に関して言明していた。[71] 政友会中島派の近衛新党運動への関与は広く知られているが、[72] 運動の背景として地方支部からの解党要請も看過できないだろう。当該期における政友会支部は、本部（政友会中島派）から独立した行動を取っていた。五月五日の政友会支部の議員総会は、第一二期道議選（八月一〇日）の公認方法を従来の慣例を改め、すべて支部の選考を経て公認とすることを決定していた。[73] 民政党が解党を決定した八月一五日、政友会支部は木下を中心に最終協議を行い、「新体制促進に進む」こと、「自今、「支部」といふ言葉を用ひざること、又、世間の誤解を防ぐため、支部に集合しないこと」等を申し合わせた。[74] 政友会支部は近衛新党の前提として、主体的に解散を選択したのである。

ここで、民政党支部の解散について検討したい。民政党では近衛新党運動を推進する永井柳太郎らの脱党問題に直面していた。北海道においては、七月二五日に手代木が脱党している。[75] なお、手代木は三月五日の民政党代議士会において「反軍演説」を行った斎藤隆夫の無罪論を唱えており、[76] 斎藤除名を推進した永井と距離があり、反町田総裁（町田は斎藤除名を容認）という観点から永井派と一時的に共闘したものと思われる。政友会支部と対照的に、民政党支部は近衛新党運動と距離があった。それは、町田総裁の立場と同様であった。八月一五日の『小樽新聞』は「新体制運動の起つてより、本部には永井一派の分裂あり、本道選出代議士の手代木は永井氏と行動を共にして脱党し、民政党支部は本部の静観主義に追随して動揺しなかったが、十五日解党、支部も解党するに至つた」と評している。(77)政権担当期から本部への従属性が強かった民政党支部（第四章を参照）は、町田総裁ら本部の解党決定に抗することができなかった。八月一五日、町田総裁が解党を決定した時、民政党支部は解散を余儀なくされたのである。

他方、八月一三日の民政党支部幹部会は「立憲民政党が八月一五日解党と同時に北海道支部も自然解消することとなりたるが、本道開発綜合計画の実現は一日も忽かにすべからざる喫緊事なるを以て、この際、北海道拓殖研究会を創立し、本道の使命完遂に寄与せんとす」ことを決定した。(78)北海道拓殖研究会の創立は、解散以降も北海道綜合計画への関与を継続しようという民政党支部の意欲を示している。一九三九年一二月一〇日の民政党支部大会に代わる評議員会は、決議の第一項に「北海道拓殖計画が時局に即応する如く改訂し、これが実現を期す」ことを掲げていた。(79)北海道政治の第一党だった民政党支部は中央政治から距離を置き、第二期拓計改訂問題に関与する余裕があった。このこともまた、北海道政治の頽勢挽回のために本部の改革（結果的には、分裂と解党をもたらしたが）に没頭していた政友会支部と異なっていたのである。

最後に、道庁の意向について概観する。北海道綜合計画は従来の北海道拓殖政策とは別の方向をめざしていた。(80)戸塚長官は一九四〇年一〇月に発表した「国土計画としての北海道綜合計画の必要性」の中で、「土地の利用区分」について「私の考へでは、その中で山林地帯だけは、国土保安上、絶対に必要な限度を確守しなければならぬと思ひます」、「或る時期に総ての土地が、最も有効に利用せられたと致しますれば、その時に於いて、この綜合計画は完成したものと言へませう」と述べている。(81)政民両党の北海道支部は一九三五年の第二期拓計改訂運動の際に「国土保安」という発想を有しており（第六章を参照）、土地の有効利用という発想については、政民両党の北海道支部が一九二五年の第二期拓計策定時から主張していた（第二章を参照）。日中戦争下の一九四〇年、道庁は政民両党の北海道支部の北海道開発構想を受容し、一九三五年に見られた両者の対立は解消された。この結果、北海道拓殖政策から北海道総合開発政策への転換は北海道政治において自明なものとなったが、戦時体制下ゆえに、一九三五年の政民両党の北海道支部が重視していた「住民の生活」という側面は排除されていた。北海道において、近衛新党運動は北海道拓殖政策の行き詰まりを打開する期待を担っていた。

だが、木下が期待した北海道綜合計画の強力な遂行主体、近衛新党が中央政治に誕生することはなかった。この結果、北海道拓殖政策から北海道総合開発政策への転換という課題は、戦後の北海道政治へと持ち越されるのである。

結節

本章が対象とした北海道政治は政友会に対する民政党の相対的優位の時代だった。政友会支部は選挙戦の敗北の責任を中央の執行部に求め、同党の分裂と解党を加速させる役割を担った。対照的に、民政党支部は、町田忠治総裁の党運営を北海道から支えた。

一九三六年二月に岡田啓介内閣下で実施された第四回普通選挙は、北海道政治が一九三二年二月の第三回普通選挙以来の政友会の絶対的優位が崩壊し、民政党の相対的優位へと移行する契機となった。民政党は北海道において一〇議席を獲得し、七議席の政友会に勝利した。政友会支部の敗因は候補者調整に失敗したことであり、民政党支部によってその間隙を突かれた。一九三六年八月に広田弘毅内閣下で実施された第一一期道会議員選挙においても、政友会は民政党の三〇名に対して二八名を獲得するに止まり、敗北した。一九三七年一月に宇垣一成内閣が不成立に終わったことは、政友会において宇垣と接触していた鳩山一郎の威信低下をもたらした。林銑十郎内閣が二大政党を無視する形で成立したことは、相次ぐ敗退に直面して、鳩山ら党執行部に対する不信感を強めていた政友会支部を粛党運動に駆り立てる結果となった。この直後、一九三七年四月に林内閣下で実施された第五回普通選挙において、政友会は大敗した（民政党の一〇議席に対して、政友会は六議席）。普通選挙導入以降の北海道政治史において、全選挙区において政友会の議席数が民政党を上回ることができなかった先例はなかった。選挙戦において、政友会支部では脱党して立候補する者が出現する一方で、同党の総裁代行制は候補者調整を混乱させた。本章において考察した北海道の事例から明らかなことは、総選挙によって二大政党に打撃を与えようとした林内閣の意図が政友会に限定すれば、部分的に成功していたことである。日中戦争期の中央政治における政友会支部の急進的な行動の前提として、第五回普通選挙は重要だろう。

一九三七年七月の日中戦争勃発以降、北海道では平時から戦時に対応した地域開発計画の策定の必要性が生じた。政民両党の北海道支部は、一九三七年一〇月の北海道生産力拡充協議会、一九四〇年六月の北海道綜合計画委員会に関与していた。同時に、木下成太郎政友会支部長は中央政治において中島知久平の総裁擁立を企図した。木下は第一次近衛文麿内閣の成立とともに台頭してきた中島派の中核となった。一九三八年六月の政友会支部幹部会は中島支持を決定しており、「夏の陣」の段階において木下支部長の統制力は機能していた。一九三九年一月の平沼騏一郎内閣成立とともに、木下は東北会の主宰者の一人となり、鳩山に対する叛意を示した。しかし、東武ら北海道選出代議士は木下に従わず、政友会支部の結束は動揺した。一九三九年五月の政友会分裂の際、東条貞、板谷順助、松尾孝之は前年六月の支部決定に反逆し、鳩山派に参加した。北海道における中島派は木下と田代正治のみとなった（村上元吉は中立派、東は病死）。北海道の事例は、中島派が地方の力を結集させることに失敗していたことの一側面だろう。このため、中島派は鳩山派に対して決定的打撃を与えることはできず、政友会分裂に至った。だが、ここで留意しなければならないのは、政友会分裂が代議士に限定されており、道議にまで及んでいなかったことである。北海道政治における政友会の影響力は依然として看過できないものであったが、木下は北海道綜合計画を遂行する政治主体として近衛新党に期待し、自主的に政友会支部の解散を選択した。他方、三度の選挙戦に勝利した民政党支部は政友会支部と異なり、本部に対して自己改革を促す必要がなく、近衛新党運動に関与することもなかった。当該期の民政党支部は北海道政治の中心となる反面、政友会支部のように中央政治において重要な役割を果たすことはなく、民政党本部の解党決定に従属する結果となった。

本章が対象とした北海道の事例は、なぜ政友会中島派が近衛新党運動を推進する一方で、民政党が一貫して同運動から距離を取っていたのかという問題に対する一つの解答を示唆しているのではないだろうか。当該期の政友会は北海道に関して言えば、党勢不振が深刻であり、解決策として中央政界の再編成を希求した。ゆえに、木下政友会支部長は中島擁立、近衛新党運動を主導したのである。結果的に、木下の急進的な行動は政友会の自壊を早め、政党解消の重要な一因となった。政友会分裂以降における中央政治の流動化の背景として、当該期における政友会の地方支部の動向は看過できないのではないだろうか。他方、解党時の民政党に着目すると、北海道に関して言えば、当該期に党勢を拡張してきた支部は、ほぼ無傷だった。他の地方支部についても検討の必要があるが、近衛新党運動推進派が「敵」とするに値する力が民政党には残っていたように思われる。

近衛新党運動は二大政党の北海道支部の解散をもたらしたが、北海道綜合計画を遂行し得る強力な政治主体は遂に創出されなかったのである。

（1）北海道編『新北海道史』（第五巻・通説四）北海道、一九七五年、八三五頁。関秀志・桑原真人・大庭幸生・高橋昭夫編『新版北海道の歴史』（下）北海道新聞社、二〇〇六年、二一七頁。
（2）戦後、池田清は、第一次近衛内閣が成立した結果、北海道に「三年いたいというわたしの希望なんか吹き飛んでしまったのです」と回想している。池田の回想によると、広瀬久忠内務次官から「内務大臣が、ほかに適当な人がおらぬからご苦労だけれども、大阪に行ってくれ、と言っているのだ」という電話があったと言う（北海道総務部文書課編『北海道回想録』北海道、一九六四年、三二一頁）。
（3）奥健太郎『昭和戦前期立憲政友会の研究』慶應義塾大学出版会、二〇〇四年。
（4）拙著『立憲民政党と政党改良』北海道大学出版会、二〇一三年。
（5）伊藤隆『近衛新体制』中央公論社、一九八三年、升味準之輔『日本政党史論』（第七巻）東京大学出版会、一九八〇年、雨宮昭一『近代日本の戦争指導』吉川弘文館、一九九七年、古川隆久『昭和戦中期の議会と行政』吉川弘文館、二〇〇五年。
（6）「総選挙結果一覧」『政友』（四二八）一九三六年、一〇、一一頁。
（7）『樽新』（一九三六年二月五、一九日）、『北タイ』（一九三六年二月二〇日）。
（8）『北タイ』（一九三六年二月一日）。
（9）『樽新』（一九三六年二月一〇日）。
（10）前掲・拙著『立憲民政党と政党改良』一七一頁。
（11）『北タイ』（一九三六年二月一、四日）。
（12）『北タイ』（一九三六年二月七、二一、二三日）、『樽新』（一九三六年二月一六、一九日）。
（13）『北タイ』（一九三六年一月二六日）、『樽新』（一九三六年一月二九日、二月一六、一九日）。
（14）『樽新』（一九三六年二月二五、二三日）、『北タイ』（一九三六年二月二四日）。
（15）「立憲政友会記事」『政友』（四三二）一九三六年、四一～四三頁。
（16）『樽新』（一九三六年八月一四日）、『北タイ』（一九三六年八月一二日）。
（17）『北タイ』（一九三七年一月二六、三〇日）。
（18）『北タイ』（一九三七年二月四日）。
（19）前掲・拙著『立憲民政党と政党改良』二〇九頁。

(20) 前掲・奥『昭和戦前期立憲政友会の研究』一二一、一二三頁。
(21)『北タイ』(一九三七年二月一〇、一四日)。
(22)「政友会北海道支部の檄文」(一九三七年二月一三日) 木下成太郎先生伝刊行会編『木下成太郎先生伝』みやま書房、一九六七年、五四〇、五四一頁。
(23) 前掲・奥『昭和戦前期立憲政友会の研究』一二八、一二四、一二五頁。
(24)「第二十回総選挙の結果」『政友』(四四二) 一九三七年、四〇、四一頁。
(25)『樽新』(一九三七年四月三、五日)。
(26)『北タイ』(一九三七年四月三、三〇日)。
(27)『樽新』(一九三七年四月一四日)。
(28)『北タイ』(一九三七年四月一〇、二七、一五日)。
(29)『北タイ』(一九三七年四月一七、一八、二〇、二一、三〇、二五日、五月二日)。
(30)『樽新』(一九三七年四月二〇日)。
(31)『樽新』(一九三七年四月二一日、五月三日)、『北タイ』(一九三七年四月一五日)。
(32)『北タイ』(一九三七年四月七、九、一〇、一四、八、一三、二一、二二、二四日)、『樽新』(一九三七年四月二四、二六日)。
(33) 政友会の敗北は、北信地方(長野、新潟、富山、石川県)や近畿地方(滋賀県、京都、大阪府)においても深刻である(前掲「第二十回総選挙の結果」四一〜四六頁)。
(34) 前掲・奥『昭和戦前期立憲政友会の研究』一二六、一二七頁。
(35)『北タイ』(一九三七年一月二四日、四月六日)。
(36)「拓殖時事」『拓殖月報』(四五) 一九三七年、一頁。
(37)『北タイ』(一九三七年一〇月二三、二四日)。
(38)『北タイ』(一九三八年一月二二日)。
(39) 沢田利吉の言「予算委員会議録」(第一〇回)(一九三八年二月三日)『帝国議会衆議院委員会議録』(昭和篇八四) 東京大学出版会、一九九五年、四二三頁。
(40) 板谷順助の言「予算委員第三分科会議録」(第一回)(一九三八年二月四日)『帝国議会衆議院委員会議録』(昭和篇八六) 東

京大学出版会、一九九五年、五五頁。
(41)『北タイ』(一九三八年三月八日)。
(42) 前掲・奥『昭和戦前期立憲政友会の研究』一三一～一三五頁。
(43)「立憲政友会支部長会議」『政友』(四五二)一九三八年、六九、七一頁。
(44) 前掲・奥『昭和戦前期立憲政友会の研究』一三六～一四一頁。
(45)『北タイ』(一九三八年六月一一日)。
(46)『小樽新聞』は「板谷の態度も三土忠造崇拝といふだけで中島推薦には反対してをらないことだ。東条の反対、これは木下にとつては再三のことであり、それに支部の大勢を打ちこはす程のことは東条としては出来ない処である。ただ一人の異論者があつたとしても大勢は大勢だとどうにもなるまい。要するに支部長木下はどうするといふのが北海道支部はどうすると同意語であらう」と観測している(『樽新』(一九三八年六月一四日))。
(47) 中島知久平、前田米蔵、鳩山一郎、島田俊雄、砂田重政宛木下成太郎電報(一九三八年九月一三日)前掲『木下成太郎先生伝』五四二頁。
(48) 前掲・奥『昭和戦前期立憲政友会の研究』一四一頁。
(49) 全国政友会支部長宛木下成太郎書簡(一九三八年一〇月一五日)前掲『木下成太郎先生伝』五四三頁。
(50) 小川の日記には「午後木下成太郎氏、北海より今朝上京来訪す、内外時局談あり。時事と共に党事を慨嘆し、匡救を図る」とある(「小川平吉日記」(一九三八年一〇月二一日)小川平吉文書研究会編『小川平吉関係文書』(一)みすず書房、一九七三年、四一九頁)。
(51) 前掲『木下成太郎先生伝』五四三、五四四頁。
(52) 前掲・奥『昭和戦前期立憲政友会の研究』一四二頁。
(53) 田辺七六宛木下成太郎電報(一九三八年一一月一三日)前掲『木下成太郎先生伝』五四五頁。
(54)『樽新』(一九三八年一二月一二日、一一月二一日)。
(55) 前掲・奥『昭和戦前期立憲政友会の研究』一四二頁。
(56) 前田亮介『全国政治の始動』東京大学出版会、二〇一六年、三八頁。
(57)『樽新』(一九三九年一月二一、一二三日)。

(58) 前掲・奥『昭和戦前期立憲政友会の研究』一四三～一四五頁。
(59) 中島知久平宛木下成太郎電報(一九三九年四月一九日)前掲『木下成太郎先生伝』五四七頁。
(60) 前掲・奥『昭和戦前期立憲政友会の研究』一四六、一四七頁。
(61)「立憲政友会の臨時大会」『政友』(四六三)一九三九年、一九頁、前掲・奥『昭和戦前期立憲政友会の研究』一四〇、一三九頁。
(62)「東武氏演説」『政友』(四六三)一九三九年、二二頁。
(63) 前掲・奥『昭和戦前期立憲政友会の研究』一四六、一四九頁。
(64) 小樽新聞社『北海道樺太年鑑』(昭和一六年版)一九四一年、一五七頁。
(65) 御厨貴『政策の総合と権力』東京大学出版会、一九九六年、二一三頁。
(66)『北タイ』(一九四〇年一月一四日)。
(67) 前掲『新版北海道の歴史』(下)二一八頁。
(68)『樽新』(一九四〇年五月六日)。
(69)『樽新』(一九四〇年六月一八日)。
(70)『北タイ』(一九四〇年七月一一日)。
(71)「新政治体制確立に関する経過」『政友』(四七七)一九四〇年、五頁。
(72) 前掲・伊藤『近衛新体制』一〇三頁、前掲・雨宮『近代日本の戦争指導』二七四頁。
(73) 前掲『北海道樺太年鑑』(昭和一六年版)一六九頁。
(74)『北タイ』(一九四〇年八月一七日)。
(75) 近衛新党運動と永井派については、前掲・拙著『立憲民政党と政党改良』二四八、二四九頁を参照。『北タイ』(一九四〇年七月三〇、二六日)。
(76) 伊香俊哉「新体制運動前史覚書」『立教日本史論集』(三)一九八五年、七一頁。
(77)『樽新』(一九四〇年八月一五日)。
(78) 同右。
(79)『樽新』(一九三九年一二月一一日)。

（80）　前掲『新版北海道の歴史』（下）二一八頁。

（81）　戸塚九一郎「国土計画としての北海道綜合計画の必要性」一九四〇年、五頁、北海道大学附属図書館所蔵「高岡・松岡旧蔵パンフレット」（高岡・松岡パンフ　H0078-005）。北海道綜合計画には水害対策としての側面もあった（「（秘）北海道綜合計画土木部参考案」（利水部）（一九四〇年七月）北海道立文書館所蔵「寺田真一資料」（B0-57/14））。

結　章

ここでは本書において検討した政党間競合と北海道拓殖政策との関係（一八九九～一九四〇年）を整理した上で、戦前の政党政治における中央と地方の関係の一端とともに、政党の北海道開発構想を明らかにすることで結論とする。

第一節　政党間競合と北海道拓殖政策

本書が第一に明らかにしたのは、北海道拓殖政策が政党政治の発展と不可分の関係にあったことである。星亨の主導の下で、立憲政友会は対抗政党の憲政本党に先行して、北海道における党勢拡張に成功した。北海道選出政友会代議士は、桂園体制期において、北海道拓殖政策を超党派的問題として認識していた。一九一五年三月の第一二回総選挙を機に、立憲同志会が北海道への党勢拡張に成功すると、北海道拓殖政策は政党間競合と無関係ではなくなった。政党政治の発展とともに、政権に近い政党は、北海道の有権者から北海道拓殖政策の遂行を期待されるようになった。

一九二〇年二月、原敬内閣による北海道第一期拓殖計画(第一期拓計)改訂は、道路、港湾、鉄道等の交通基盤整備に寄与した。原の政友会は道庁を影響下に置き、一九二〇年五月の第一四回総選挙において憲政会の打倒に成功した。反面、国策としての北海道拓殖政策を選挙に利用するという悪例を後年に残した。原内閣期は政治条件(政友会による一党優位政党制の確立)ばかりではなく、社会(北海道移民の増加)、経済(大戦景気)、外交(国際協調)条件においても、北海道拓殖政策の推進が可能だった時代である。

一九二一年一一月の原首相の暗殺、一九二四年一月の政友会分裂によって政友会の一党優位政党制は崩壊し、北海道拓殖政策に有利な政治条件は失われた。一九二四年五月の第一五回総選挙以降、憲政会は北海道政治において第一党となり、北海道拓殖政策の政治主体は憲政会と政友会に分裂した。社会(北海道移民の減少)、経済(戦後恐慌と震災恐慌)面においても、北海道拓殖政策の推進は困難となっていた。このような悪条件の下で、一九二五年五月、護憲三派内閣は北海道第二期拓殖計画(第二期拓計)の策定に着手した。

本書が第二に明らかにしたのは、北海道拓殖政策が二大政党制下における激しい政党間競合の影響を受け、国策としての価値を低下させたことである。

護憲三派内閣崩壊以降の政党間競合は北海道にも波及した。一九二六年一〇月の北海道拓殖計画調査会における憲政会支部と政友会支部の対立は、二大政党制の下で北海道拓殖政策が停滞する端緒となった。一九二七年二月、第二期拓計は憲政会単独内閣下において、財源面に欠陥を残した状態で完成した。

憲政会から政友会に政権が交代しても、第二期拓計問題は進展しなかった。政友会支部は田中義一内閣が掲げた積極政策を背景に、一九二八年二月の第一六回総選挙(第一回普通選挙)と同年八月の第九期道会議員選挙において、第二期拓計改訂案(公債を財源とする)を立憲民政党の打倒手段に利用した。民政党の反撃の結果、政友会は北海道政治における絶対的優位を確立できなかった。慢性化する経済不況（金融恐慌）と対外情勢の変動（満州問題の浮上）の結果、田中政友会内閣は、北海道拓殖政策を重視する姿勢を示さなくなった。

一九二九年七月、浜口雄幸内閣の成立の結果、民政党は政友会に代わって政権政党となった。一九三〇年二月の第一七回総選挙（第二回普通選挙）において、民政党は政友会に対する相対的優位を確立し、北海道政治の二大政党化は決定的となった。浜口内閣は緊縮財政の下で拓殖費を削減し、昭和恐慌の深刻な影響もあり、第二期拓計は危機的な状況に陥った。民政党政権期において、二大政党の北海道支部は中央政治における政党間競合の影響から、北海道拓殖政策の危機への有効な対策を打ち出せなかった。

北海道政治において、政友会が民政党に対する絶対的優位を確立したのは、犬養毅政友会内閣期における一九三二年二月の第一八回総選挙（第三回普通選挙）でのことだった。犬養内閣崩壊以降、政民両党はともに斎藤実内閣の与党となり、北海道における政党間競合も沈静化した。

二大政党制の絶頂期において、道庁長官は政権交代にともなう党派人事に左右される不安定な存在だった。道庁が政党の支配から解放されるのは、斎藤内閣期の官吏分限令改正を待たなければならなかったのである。

本書が第三に明らかにしたのは、政党内閣崩壊以降における二大政党の北海道支部が災害に対する危機意識の共有から強固な提携を実現させ、北海道拓殖政策の転換を企図していったことである。

斎藤内閣成立直後の一九三二年八月、北海道は凶作と水害という未曽有の危機に直面した。北海道政治において絶対的優位を確立していた政友会支部は、民政党支部との対立から提携に転じた。佐上信一道庁長官とともに、斎藤内閣に対して復旧、復興対策を働きかけた。その上で、一九三三年七月には「拓殖計画改訂綱領」を完成させ、官民合同の調査会設置を要請した。この要請は岡田啓介内閣の下で、北海道拓殖計画調査会と北海道拓殖調査準備委員会（以降、「準備委員会」と呼ぶ）の設置という形で実現した。一九三四年二月、木下成太郎政友会支部長は大同団結運動を主導し、北海道政治における政民連携の成果を中央政治にまで波及させようとした。

政民両党の北海道支部による第二期拓計改訂運動が最大の高揚を見せたのは、岡田内閣期の一九三五年である。政民両党の北海道支部は住民生活を重視した北海道開発構想を準備委員会の決定案とすることに成功し、北海道拓殖政策の転換を企図した。だが、そのことは中央政治において、北海道拓殖政策の現状維持を企図する道庁及び内務省の容認するところとならなかった。

相次ぐ総選挙の結果、北海道は再度、政党間競合の舞台となった。岡田内閣期の一九三六年二月の第一九回総選挙（第四回普通選挙）と林銑十郎内閣期の一九三七年四月の第二〇回総選挙（第五回普通選挙）において、民政党は政友会に対して相対的勝利をおさめた。この結果、政友会支部は急進的な政界再編を希求するようになり、北海道から政友会の解党を促進した。他方で、一九四〇年八月の近衛新党運動を受け、民政党支部は町田忠治総裁の解党決定に従って解散した。

一九四〇年、第二次近衛文麿内閣期の北海道綜合計画において、政民両党の北海道支部と道庁の対立は解消され、北海道拓殖政策の転換は既定路線となった。だが、近衛新党運動の失速の結果、北海道綜合計画を遂行する政治主体は形成されなかった。

本書において明らかにしたことを踏まえると、政党政治下において北海道拓殖政策を推進するためには、二大政党制よりも一党優位政党制のほうが有効であったように思われる。二大政党制の絶頂期において、北海道拓殖政策は政党間競合の犠牲となった。他方、原内閣下において第一期拓計は進捗し、中間内閣期における政友会の一党優位制的政治状況下において、第二期拓計改訂運動は高揚した。政党間競合の激化は、北海道拓殖政策の進展を妨げる結果となったのである(1)。

地域全体の開発政策を進展させるためには、政党間競合の激化を避ける必要が生じる。ここに、戦前の中央政治において一党優位政党制が有力な選択肢として考えられ続けた一因があるように思われる。

第二節　戦前の政党政治における中央と北海道

本書における北海道政治史の検討を通して、政友会と憲政会(民政党)における中央、地方関係の一端が明らかとなった。

政友会支部は本部に対して主体的に行動し、時には本部の決定に反抗した。田中内閣期の一九二八年一〇月、政友会支部は選挙公約(第二期拓計改訂)を遵守するために解散問題を引き起こし、民政党支部との合流による北方党の結成を企図した。浜口内閣期には民政党政権打倒に奔走する犬養総裁ら本部に反抗し、民政党支部との提携を企図した。一九三七年以降、政友会支部は鈴木喜三郎総裁の執行部に対して粛党運動を展開し、一九三九年の政友会分裂の中心となった。一九四〇年八月、政友会支部は近衛新党運動の推進のため、自主的に解散した。

他方、憲政会(民政党)支部は本部に対して受動的に行動する傾向にあり、時には政友会支部との提携に悪影響を与えた。一九二六年一〇月の第二期拓計策定作業の際、憲政会支部は本部の意向に従って、政友会支部との提携を破棄した。浜口内閣期の一九三一年一月、民政党支部は第二期拓計の危機を認識しながら、本部への配慮から政友会との提携を実現させることができなかった。一九三五年五月、民政党本部の政民連携破棄にもかかわらず、同党支部は政友会支部との提携を優先させ、第二期拓計改訂運動を推進した。これは例外であろう。一九四〇年八月、民政党支部は北海道政治の第一党でありながら、町田総裁の解党決定に抵抗することなく、解散を選択した。

右の差異は、政友会が地方から中央に、憲政会(民政党)が中央から地方に影響力を浸透させていたことに基因するのではないだろうか。政友会は星が前身の憲政党の北海道支部を発足させて以降、競合政党に先んじて、北海道への党勢拡張に成功した。後発の憲政会(民政党)は同志会時代から、本部が北海道支部を統制し、政友会支部に対抗する必要があった。二大政党の北海道支部の差異は、両者の歴史的背景から生じているように思われる。(2)

本書の考察を通して、地方政治の動向が中央における政界再編成の試みと不可分の関係にあったことが明らかとなった。第二期拓計の改訂要請は、一九三四年の大同団結運動や一九三五年の非政友連合運動をもたらした。北海道綜合計画遂行のための強力な政治主体の創出という要請は、一九四〇年の近衛新党運動の推進力となった。右の運動には、政友会支部長の木下が中心的な役割を果たしていた。北海道の事例は、中央政治の動向が地方からの要請に左右されていたことの一端である。

終　節　二大政党の北海道支部の北海道開発構想

本書における考察の結果、政友会と憲政会(民政党)北海道支部の北海道開発構想が明らかとなった。

一九二五年六月、政友会と憲政会の北海道支部は第二期拓計案を提示した。同案の目的は、国家による不在地主の荒廃地の強制買収と自作農創設にあった。一九二六年の「北海道(農地特別)民有未墾地処理法案」においては、国家が地主から買収する土地を一二〇万町歩の農耕地に限定していた。資源の有効利用という発想が二大政党の北海道支部から提示されていたことは、戦後の北海道総合開発政策の源流という観点から意義がある。

一九三五年八月、政友会と民政党の北海道支部が中心となって立案した第二期拓計改訂案は、水害対策として、森林と河川の一体的保護（「国土保安」と「国土保全」）を要請していた。一九三五年の北海道開発構想は住民生活の重視に主眼を置いており、今日の地域開発政策が学ぶべき重要な先例である。(3)

（1）　政党内閣の崩壊以降、政権争奪批判が新聞社及び知識人の間において喧伝されたが（拙著『立憲民政党と政党改良』北海道大学出版会、二〇一三年、一一七～一二〇頁）、これは政党政治に対する不信任ではなく、政党間競合の弊害に対する攻撃だったのではないだろうか。

（2）　政民両党の北海道支部が解散したことは、旧政党勢力が北海道政治において無力化したことと同義ではない。近年の研究において、政党解消後における旧政党勢力の政治的役割は、再評価されている（古川隆久『戦時議会』吉川弘文館、二〇〇一年、同『昭和戦中期の議会と行政』吉川弘文館、二〇〇五年、官田光史『戦時期日本の翼賛政治』吉川弘文館、二〇一六年）。一九四二年四月の翼賛選挙と北海道政治の考察については、今後の課題とする。

（3）　一九四五年八月の敗戦とともに、移住地としての北海道の重要性は高まる（小林好宏『北海道の経済と開発』北海道大学出版会、二〇一〇年、二七、二八頁）。北海道選出代議士が本書において検討した戦前の経験をいかにして戦後の北海道総合開発政策に活かしたかということの考察については、今後の課題としたい。

あとがき

筆者が北海道の近代史に関心を持ったのは、北海道大学大学院文学研究科博士後期課程の時代である。当時の筆者は立憲民政党を中心に中央政治史を研究しており、北海道史の研究に着手することができなかった。だが、「自らの政党史研究が北海道史に少しでも寄与できないだろうか？」という思いは強くあった。

同時に、中央政治史の検討過程において、北海道の重要性が浮上してきた。拙著『立憲民政党と政党改良』（北海道大学出版会、二〇一三年）は、民政党側からの立憲政友会との提携の試み（協力内閣運動、宇垣新党運動）や民政党三代総裁の町田忠治の政策中心路線を検討した。だが、同書は、政友会側からの民政党との提携の試み（本書において指摘した木下成太郎の大同団結運動）の検討や、こうした運動と地方政治の動向との関係を明らかにするという課題を残していた。北海道は「北海道拓殖政策」という他府県にはない独自の政策課題があり、二大政党の提携が実現しやすい地域であった。ゆえに、著者は、中央政治における民政党の研究が一段落した二〇一二年から、北海道から戦前日本の政党政治を再評価する作業を行ってきた。

当初は、筆者の専門である昭和戦前期を研究対象としてきたが、時代は大正、明治期と遡り、政友会北海道支部の発足が本書の始点となった。本書における初出論文は以下の通りである。

第一章…「政党政治の確立と北海道第一期拓殖計画」『道歴研年報』（第一八号）二〇一七年。

第二章…「北海道第二期拓殖計画策定と二大政党」『ヒストリア』（第二六二号）二〇一七年。

第三章…「田中義一内閣と北海道第二期拓殖計画」『北海道・東北史研究』(第一一号)二〇一八年。

第四章…「立憲民政党政権と北海道政治」『日本歴史』(第八二九号)二〇一七年。

第五章…「斎藤実内閣期における北海道政治」『史学雑誌』(第一二六編　第一〇号)二〇一七年。

第六章…書き下ろし。

第七章…「政党解消過程における二大政党の北海道支部」『北大史学』(第五七号)二〇一七年。


いずれの論文も、本書の執筆に際して、大幅な加筆修正を行った。そのことを通して、戦前日本の二大政党と北海道政治の関係の全体像を把握することに努めた。なお、筆者の今後の課題は以下の通りである。

本書には北海道拓殖政策を中心に考察を進めたため、北海道政治史全体の流れを把握しやすいという利点がある一方で、北海道の地域社会の個性が等閑視された面もある。そこで、現在の著者は昭和戦前期の普通選挙(第一回～第五回普通選挙)という視角から、選挙区ごとに(北海道第一区～第五区)、政党と北海道の地域社会(道央、道北、道南、道東)との関係を検討している。本書が縦軸とすると、現在の研究は横軸と言えるだろう。本書においても言及したが、民政党は北海道において党勢を拡大させていた。今後は北海道の選挙という視角から、大学院生時代からのテーマである民政党の研究を深めるとともに、本書から着手した政友会の研究も進めていきたい。現在は、北海道における二大政党の対抗勢力(労働農民党、日本農民党、昭和会、社会大衆党、東方会、国民協会、中立)にも研究対象を拡大させている。また、アイヌ民族と政党との関係については、本書において、全く言及できなかった。今後の課題としたい。当然のことながら、本書は北海道史に関する膨大な研究蓄積の上に成り立っている。今後も、地方史料の発掘調査とともに、北海道史に関する様々な先行研究を学んでいきたい。

本書が完成できたのは、筆者の大学院生時代からご指導いただいている川口暁弘先生のご尽力によるところが大きい。筆者が北海道大学大学院文学研究科に助教として勤務してからは、北大史学会の編集作業や生活面において、あたたかいご助言を賜っただけでなく、本書の出版を強くすすめていただいた。川口先生に深く感謝を申し上げる。二〇一六年の置戸町への史料調査や北海道歴史研究者協議会の会計作業などにおいて大変お世話になった白木沢旭児先生、二〇一五年の北海道史研究協議会に本書の原型の一部(第三章と第四章)を報告する機会を与えていただき、『北海道・東北史研究』に投稿した拙稿を査読していただいた谷本晃久先生、北海道史研究協議会の報告の際に貴重なコメントをいただいた関秀志先生、拙著『立憲民政党と政党改良』に様々な研究課題をご教示くださった季武嘉也先生にも御礼申し上げる。なお、本書の校正に御尽力いただいた円子幸男氏が急逝された。円子氏に御礼申し上げるとともに、心からご冥福を御祈りする。急遽、校正作業を引き継いでいただいた今中智佳子氏に御礼申し上げる。

本書の刊行にあたり、平成三〇年度国立大学法人北海道大学「学術成果刊行助成」をいただいた。北海道大学に御礼申し上げる。また、本書の執筆過程において平成二五～二八年度の『科研費　若手研究(B)』の助成を得た(課題番号　25770226)。日本学術振興会に御礼申し上げる。

最後に、筆者の研究を見守ってくれる父の敏、北海道に関する様々な話をしてくれる母の和子、農業移民の観点から北海道史研究に取り組んでいる弟の将文(北海道大学大学院文学研究科専門研究員)にも、いつものことながら、感謝の意を表する。

本書が日本政治史、北海道史を研究される方だけではなく、北海道に関心のある方に広く読まれることを願っている。

「北海道一五〇年」の大晦日　芦別市にて

井上敬介

井 上 敬 介(いのうえ けいすけ)

1978年　北海道芦別市に生まれる。
2009年　北海道大学大学院文学研究科博士後期課程修了。博士(文学)。
2016年から現在まで　北海道大学大学院文学研究科助教(日本史学講座)。
著　書
『立憲民政党と政党改良』北海道大学出版会，2013年

戦前期北海道政党史研究
――北海道拓殖政策を中心に

2019年3月29日　第1刷発行

著　者　井 上 敬 介
発行者　櫻 井 義 秀

発行所　北海道大学出版会
札幌市北区北9条西8丁目北海道大学構内(〒060-0809)
Tel. 011(747)2308・Fax. 011(736)8605・http://www.hup.gr.jp

アイワード／石田製本

ISBN978-4-8329-6844-8

事項索引

あ　行

旭川大隈伯後援会　24
阿部信行内閣　203
池田青年普選同志会　36
池田普選期成青年独立党　36
池田勇人内閣　197
一党優位政党制　1-3, 39, 50, 87, 115, 236, 238, 239
犬養毅内閣　1, 9, 142, 163, 237
宇垣新党運動　2, 166
大隈伯後援会　23
大蔵省　108, 133, 153, 158, 159, 164
岡田啓介内閣　1, 2, 9, 119, 163, 173-175, 177, 182, 185, 196, 210, 226, 237, 238
渡島開発期成同盟会　46
帯広民政同志会　144

か　行

革新倶楽部　48
北見民政倶楽部　215
北見立憲青年党　36
凶作水害善後対策道民大会　145, 147, 151
凶作水害対策常任委員　148
行政調査会　71
清浦奎吾内閣　40, 42
協力内閣運動　111, 133, 134
挙道一致　130, 146, 149, 150, 164, 194
釧路憲政同志会　41
釧路政友倶楽部　37, 44
桂園体制　14, 16-18, 20, 49, 50
計画期成北海道民有志大会　64
憲政会　1, 3, 5, 6, 9, 21, 27-30, 32-36, 39-50, 59, 60, 64, 77-79, 94, 236, 239, 240
憲政会北海道支部　11, 27, 41, 42, 45, 48, 62, 66-70, 73-75, 77, 78, 88, 93, 178, 236, 239
憲政党　15, 49, 240
憲政本党　16, 235
国体明徴運動　182, 199
国土開発計画　223
国土保安　192, 193, 195, 196, 226, 241
国土保全　189, 190, 193, 195-197, 241
国民同盟　144
近衛新党運動　2, 165, 204, 210, 224-226, 228, 232, 238-240
米騒動　30

さ　行

斎藤実内閣　2, 6, 9, 139, 141, 142, 144, 145, 150, 153, 156, 162-165, 173, 237
資源局　67
自作農創設維持事業　154
社会大衆党　213
自由党　211
住民重視型総合開発　174, 178, 181, 191, 192, 194-196
自由民主党　2
昭和会　116, 176, 206, 213
昭和研究会　223
所得倍増計画　197
新得青年党　36
政友会四国会議　37
政友倶楽部　20
政友本党　40-48, 50, 56, 65-67, 76, 77, 94
政友本党北海道支部　40
釧勝根北四ヶ国会議　125, 134

た　行

第一次桂太郎内閣　16
第一次加藤高明(護憲三派)内閣　1, 8, 14, 39, 48-50, 59, 61-64, 69, 78, 87, 236
第一次近衛文麿内閣　203, 215, 217, 221, 227, 229
第一次西園寺公望内閣　17
第一次山本権兵衛内閣　20, 23-25
第一次若槻礼次郎内閣　8, 70, 72

第三次桂太郎内閣　21-23, 25
大同倶楽部　17-19, 50
大同団結運動　2, 8, 141, 151, 160, 162-166, 172, 175, 238, 240
第二期北海道総合開発計画　190, 196, 197
第二次大隈重信内閣　23, 24, 26-28
第二次桂太郎内閣　19
第二次加藤高明内閣　8
第二次近衛文麿内閣　2, 9, 223, 238
第二次西園寺公望内閣　21
第二次北海道更生道民大会　155, 164
第二次若槻礼次郎内閣　8, 131, 135, 203
第四次全国総合開発　189
高橋是清内閣　33, 39
拓殖改訂要綱案　193
拓殖計画改訂綱領　157, 163, 164, 237
拓務省　6
田中義一内閣　1, 6, 8, 67, 77, 87-91, 96-98, 101, 102, 105-110, 117, 209, 210, 236, 237, 239
千島開発促進協議会　132
中央倶楽部　19, 20, 50
張作霖爆殺事件　108
寺内正毅内閣　27-29
東方会　213
東北振興調査会　59, 174
十勝政友支会　215
十勝民政支会　215

な　行

内閣審議会　182, 183, 185, 187
内務省　4, 6, 70, 71, 73, 74, 92, 158, 170, 176, 183, 194, 195, 238
二大政党制　1-3, 8, 9, 50, 61, 87, 135, 236-238
二大政党の北海道支部　61-63, 66, 73, 77, 78, 87, 89, 119, 135, 173, 203, 216, 221, 237
日中戦争　195, 204, 216, 217, 220, 223, 226, 227
根室立憲青年会　36, 37
農地調整法　60, 69, 78
農林省　154
野付牛民政倶楽部　125

は　行

浜口雄幸内閣　1, 6, 8, 108, 109, 118-123, 126-128, 130, 237, 239
林銑十郎内閣　209, 210, 213, 216, 227, 238
原敬内閣　14, 21, 30-33, 35, 38, 39, 48, 50, 88, 110, 140, 236, 238
非政友連合運動　185, 186, 240
平沼騏一郎内閣　203, 221, 227
広田弘毅内閣　203, 208, 209, 216, 227
普選派青年党四箇国演説会　36
戊申倶楽部　18
北海道会　4, 16, 26, 28, 32, 49, 70, 74, 121, 122, 127, 129, 130, 134, 135, 152, 158, 164
北海道開発三大要策　27, 28, 33
北海道開発審議会　71, 83
北海道開発庁　3
北海道協会　61, 64, 67, 69, 80, 81, 132
北海道凶作水害善後対策要項　149
北海道更生要策　154, 155, 158
北海道十年計画　4, 19
北海道新拓殖計画対案　62
北海道生産力拡充協議会　216, 227
北海道政治の二大政党化　87, 93, 110, 120, 121, 123, 126, 127, 135, 237
北海道総合開発審議会　3
北海道総合開発政策　3, 7, 8, 226, 241
北海道綜合計画　196, 221, 223-226, 228, 233, 238, 240
北海道綜合計画委員会　224, 227
北海道第一期拓殖計画　4, 5, 8, 10, 13, 17, 19, 21, 26, 30, 33, 35, 36, 39, 46, 48-50, 62, 152, 236, 238
北海道第二期拓殖計画　4, 6-8, 10, 39, 48, 49, 59-62, 64-67, 73-79, 87-92, 96, 98, 101, 102, 106-110, 119, 120, 126, 128-135, 139, 140, 142, 145, 147, 156, 157, 160, 163-165, 173, 175-178, 184, 185, 187, 194, 196, 203, 208, 212, 216, 223, 225, 226, 236, 237, 239, 240
北海道第二期拓殖計画改訂運動　9, 129, 135, 140, 141, 151, 156-158, 161, 162, 165, 175, 181, 182, 186, 225, 238, 239
北海道第二次拓殖計画案　62
北海道拓殖銀行　153, 156
北海道拓殖計画案　88
北海道拓殖計画案説明書　63
北海道拓殖計画改訂意見　188-191
北海道拓殖計画調査会(1926 年)　59, 64, 66,

70, 78, 236
北海道拓殖計画調査会(1935年)　156, 174, 176, 192, 223, 237
北海道拓殖計画特別委員会　88
北海道拓殖政策　1, 3-8, 14, 19, 21, 24, 30, 33, 38, 39, 48-50, 60, 64, 80, 87-89, 110, 120, 135, 145, 157, 174, 178, 180, 181, 191, 192, 194-196, 204, 217, 225, 226, 235-238
北海道拓殖促進期成同盟会　66, 77
北海道拓殖促進期成同盟会大会　73
北海道拓殖促進道民大会　26, 28, 65
北海道拓殖計画調査会(1926年)　71-74
北海道拓殖計画調査会(1929年)　107, 108, 110, 117, 118
北海道拓殖計画調査会(1935年)　183, 194-196
北海道拓殖計画調査準備委員会　7, 71, 174, 178-181, 188, 190, 191, 194, 196, 223, 237
北海道拓殖計画調査準備委員会決定案　140, 192
北海道庁　3-8, 10, 59, 63, 71, 77, 78, 107, 132, 133, 139-141, 146, 150-155, 158, 159, 162-165, 169, 174, 180, 190, 191, 193-196, 203, 204, 225, 226, 236-238
北海道農地特別処理法案　60, 61, 63, 66-70, 75-78, 80
北海道(農地特別)民有未墾地処理法案　68, 69, 240
北方拓発　131-135
北方党　89, 210, 239
本別普選同盟会　36

ま　行

幕別青年党　36
満州事変　132
芽室青年党　36

ら　行

立憲国民党　20
立憲政友会　1-3, 6, 10, 13-24, 26-30, 32-36, 38-50, 53, 54, 59, 60, 64-67, 70, 73, 74, 76, 77, 88-91, 93-101, 103-106, 108-111, 115, 119-124, 126-128, 130, 134, 135, 137, 139, 142-145, 150, 155, 156, 158, 163, 164, 173-175, 177, 179, 180, 182-187, 190, 194, 204-211, 213-218, 220, 222, 226-228, 230, 235-240
立憲政友会北海道支部　6-8, 11, 14, 23, 26, 29, 32, 33, 37, 41, 43, 48, 49, 62, 65, 66, 68, 69, 73-75, 77, 78, 87-94, 96-98, 100-103, 105-110, 120, 122, 123, 127, 129-135, 140, 141, 144-148, 150-152, 155-165, 174, 176, 178, 179, 181, 182, 184-188, 190-197, 204, 207, 208, 210-212, 214-217, 219-221, 224-228, 231, 236, 238-241
立憲同志会　1, 3, 6, 21-24, 26, 27, 29, 30, 34, 46, 50, 53, 235, 240
立憲同志会北海道支部　23, 25
立憲民政党　1-3, 6, 77, 88, 90, 93-98, 100, 101, 104, 105, 107-111, 115, 119-127, 129, 131, 134, 135, 137, 139, 142-145, 158, 163, 164, 166, 172, 173, 175, 179, 186, 187, 191, 194, 204-209, 211, 213-215, 224-228, 237-240
立憲民政党北海道支部　6-8, 11, 77, 88, 92, 95, 97, 98, 101, 103, 105, 110, 120, 122, 123, 125-135, 140, 141, 144-148, 150, 151, 155-165, 174, 178, 179, 181, 188, 190-197, 204, 207, 212, 215-217, 220, 224-228, 238, 239, 241
ロンドン海軍軍縮条約　128, 137

人名索引

あ　行

青木周三　71, 161
青木精一　155
青木三哉　65
赤木朝治　71, 72
赤松克麿　207, 212, 214
秋田清　117
浅川浩　34, 35, 42-45, 47, 93-95, 123, 124, 126, 131, 142, 166, 205, 206, 213
浅羽靖　16-20, 22, 23, 25, 51
東英治　65, 102, 143, 178, 188, 207, 214
東武　7, 8, 17, 18, 20, 22-26, 29, 34, 35, 40, 42-45, 47-49, 63, 65, 73, 76, 81, 84, 91-96, 99, 100, 106, 108, 109, 114-116, 123, 124, 132, 143, 147-150, 156, 159, 161, 176, 177, 179, 185-187, 190, 192, 194, 205, 206, 209, 212, 213, 216-219, 221, 222, 227, 228
安達謙蔵　25, 27, 30, 43, 76, 97, 120, 121, 123-125, 128, 133, 134, 144
阿部寿準　71
綾部健太郎　148
阿由葉宗三郎　33
荒川昌二　71
有泉貞夫　2, 61, 119, 121, 134, 140
有馬学　111
有賀長文　150
安東俊明　25
安藤正純　185
井内歓二　34
五十嵐佐市　23-25, 28
池田清　203, 229
池田秀雄　121, 122, 128, 130, 132, 134
伊坂秀五郎　176, 184
石黒長平　34, 40
石黒英彦　203, 216
石橋湛山　5-7
石原健三　25
磯部尚　176
板垣退助　13, 15
板野友造　184
板谷順助　3, 42, 91-93, 103, 104, 106, 111, 117, 124, 130, 131, 143, 148, 149, 176, 179, 185, 188, 190, 195, 205, 207, 208, 212-214, 217-219, 222, 224, 227, 231
市瀬恭次郎　71
一柳仲次郎　28, 33, 34, 42, 43, 65, 67, 79, 94, 96, 97, 99, 105, 120, 123-125, 131, 133, 142, 205, 212
出塚助衛　184
伊藤仁太郎　184
伊藤八郎　91, 188, 210
伊藤広幾　34, 35
伊藤博文　211
犬養毅　126, 239
井上準之助　128, 144
井上知治　176, 184
植田重太郎　25, 35
上野貫一　188
上畠彦蔵　25
上原平太郎　176, 184
宇垣一成　209, 210, 227
潮恵之輔　71, 72, 194
内ケ崎作三郎　5, 7
内田信也　175
内山吉太　16, 20
梅谷周造　207
江木翼　44
榎本守恵　10, 79, 111
遠藤吉平　17-19
大井憲太郎　221
大浦兼武　17, 18, 21-23, 25-27, 49
大口喜六　176
大久保虎吉　34, 35, 45
大隈重信　23
大島寅吉　128, 143, 161, 205, 206, 212, 213,

217
太田鉄太郎　99, 212
大田半三郎　44, 124, 213, 214
岡崎邦輔　102, 116, 177, 187
岡田伊太郎　34, 35, 40-43, 91, 93, 94, 97, 103, 105, 126, 142, 143, 158, 205
岡田啓介　163, 175, 183, 214
岡田春夫　124, 131, 205, 212
岡本幹輔　34, 43, 93-95
小川平吉　90, 91, 106, 112, 220, 231
小川原政信　213
奥健太郎　89, 204, 218
奥田千春　43
奥野小四郎　42, 44, 144
尾崎天風　143, 144, 184, 185, 205, 215
長田桃蔵　184
織田信恒　191
恩賀徳之助　143, 186, 206

か 行

笠井信一　32
加勢清雄　71, 72, 74
桂太郎　17-19, 22, 23, 41
加藤英治　36
加藤粂四郎　148, 150
加藤政之助　67
加藤高明　23, 44, 71
金井正夫　184
金子元三郎　16, 25, 27-29, 71, 72, 74, 150, 179
兼田秀雄　176
賀屋興宣　159, 217
河合才一郎　35, 188
川越丈雄　71
川崎克　101
川崎卓吉　71, 72
河島醇　19, 25, 26
河田烈　71
河西貴一　215
川村竹治　210, 218, 219
官田光史　182
菅野光民　27
神部為蔵　42, 43, 93, 95, 124, 126, 131
気賀高次　113
菊地三之助　125
北垣国道　4
北勝太郎　205, 207, 212, 214, 216
北林屹郎　25, 44, 95, 124
木下源吾　213
木下成太郎　20, 22, 23, 31, 34, 35, 37, 40, 41, 44, 49, 65, 81, 89, 91-96, 98, 102-110, 117, 118, 124, 126, 134, 138, 141, 143, 145-149, 151, 155, 156, 159, 160, 162-166, 172, 174-177, 179, 182-187, 194, 195, 199, 205, 207-212, 214-224, 226-228, 231, 237, 240
木下三四彦　44, 205
木村久寿太　150
久原房之助　187, 188, 221, 222
久保平太郎　43
熊谷五右衛門　184
熊谷直太　218
蔵園三四郎　176, 184
倉本要一　184
栗林五朔　34, 35, 40-43, 67, 71, 72, 111
栗山弘忠　206
黒金泰義　45, 46
黒沢酉蔵　128, 131
黒住成章　29, 34, 35, 40, 42, 44, 91-93, 95
黒田英雄　159
桑山鉄男　71
小池仁郎　25, 27-29, 34-37, 42, 44, 65, 71-74, 77, 78, 93, 96, 124, 125, 131, 134, 143, 144, 151, 166, 207
郷誠之助　150
小久保喜七　219
児玉九一　71
児玉右二　184
後藤新平　19
後藤文夫　140, 148-150, 154, 163, 164, 168, 174, 176
小橋栄太郎　17-19, 51
小林寅吉　18-20
小谷木常祐　100
小山松寿　148, 150
近藤永助　100
近藤豊吉　91, 94, 102, 124

さ 行

西園寺公望　210, 211
斎藤隆夫　128, 224
斎藤実　148, 150-152, 156, 159, 172

坂口満宏　6
佐上信一　132, 140, 146, 149-151, 154, 157-159, 161-165, 168, 169, 172, 174, 176, 178, 181, 188, 190, 191, 194, 195, 203, 237
桜井良三　43
佐々木鉄之助　128
佐々木平次郎　28, 29, 34, 42, 43, 56, 93, 95, 103-106, 124, 143, 186
佐藤栄右衛門　20, 25
佐藤一雄　213
佐藤昌介　25, 26
沢田牛麿　90-92, 97, 107, 121
沢田利吉　42, 44, 77, 123, 124, 129, 131, 132, 147, 158, 205, 212, 217, 223
幣原喜重郎　128, 129, 132, 133
島田俊雄　102-104, 185, 211, 214, 218, 221, 222
島村鋭郎　186
清水唯一朗　9, 39
庄晋太郎　184
昭和天皇　108
白石義郎　17-19, 51
白尾宏　206
白鳥圭志　60
季武嘉也　19, 112
鈴木喜三郎　89, 91, 92, 97, 102, 110, 148, 156, 163, 164, 175, 181-185, 187, 210, 222, 239
鈴木辰三郎　184
鈴木富士弥　71
鈴木義隆　176, 184
須田孝太郎　206, 214
砂田重政　219
寿原英太郎　143, 205, 206, 208
関春治　36, 37
園田安賢　4, 19
反橋信一　206, 213

た　行

高岡熊雄　6, 7
高岡直吉　79
高木益太郎　97
高倉新一郎　68
高倉安次郎　35, 37, 68
高島晴雄　43
高野源之助　16
高橋是清　40, 102, 150, 151, 153-156, 159, 160, 164, 169, 170
高橋直治　16-18, 20, 22
高橋文五郎　34
高橋文平　100
高橋光威　91
高橋芳紀　59, 79, 174
武内作平　71
田代正治　212-214, 216, 218, 222, 228
多田輝利　195
立川平　176
田中一麿　144, 207, 215
田中義一　65, 88, 90, 92, 93, 102-105, 107, 111
田中清輔　81, 91, 93, 112, 179, 188
田中喜代松　102, 116, 142, 143, 206
田辺七六　219, 220, 222
樽崎平太郎　34
俵孫一　26, 32, 33, 54, 61, 64, 66, 69, 71, 74-77, 81, 100, 101, 105
檀野礼助　93, 95
千葉兵蔵　37, 96, 114
塚本博愛　25
津崎尚武　176
対島嘉三郎　16
土川信男　88
土屋清三郎　160
手代木隆吉　42, 44, 95, 124, 133, 143, 145, 158, 159, 163, 205, 212, 214, 216, 217, 224, 225
出町初太郎　125, 188
寺田市正　184
寺田省帰　28, 29, 34, 91, 93, 112, 123
田昌　71
東条貞　65, 91, 96, 124, 131, 144, 205, 212, 215, 218, 219, 224, 227, 231
遠山房吉　125, 144, 212, 214-216
土岐嘉平　33, 62-64, 67, 81
床次竹二郎　40, 104, 116, 127, 160, 171, 172, 175, 176, 185, 187, 222
登坂良作　143, 186, 205, 206, 214
戸塚九一郎　203, 223, 225
富合才一郎　186
富田幸次郎　2, 9, 172
友田文次郎　28, 34, 43, 56
豊田収　176

な　行

永井秀夫　3, 7
永井柳太郎　133, 224, 225
長岡隆一郎　71, 72
中川健蔵　64, 71, 73, 77, 90
中島義一　91
中島知久平　187, 188, 210, 211, 215, 218-222, 224, 227, 231
長島隆二　176
中西六三郎　16, 23-25, 27, 29, 34, 35, 40, 41, 43-47, 56, 57, 93, 94, 97
中野正剛　124, 131, 133, 134, 138, 206
中橋徳五郎　37, 91
中村嘉寿　176
中村純九郎　25, 26
半井清　203, 223
南雲正朔　205, 207, 212, 215, 216
納谷信造　48
南条徳男　205, 207, 212, 214, 216-218
西岡斌　146, 206
西久保弘道　26, 32
沼田嘉一郎　176, 184
野坂良吉　96, 125

は　行

橋本東三　67, 71, 73, 74, 107, 108, 191, 193, 194
幡野直次　214
八田満次郎　190
鳩山一郎　89, 177, 188, 208, 210, 211, 214, 218-222, 227
馬場鍈一　64, 67, 80
浜口雄幸　44, 64, 72-74
浜田国松　150
林儀作　91, 116, 143, 186
林路一　93, 102-108, 116, 117, 123, 143, 155, 158, 160, 162, 167, 176, 184, 185, 205, 206, 212, 213
原敬　1, 13, 17-20, 22, 23, 25-27, 29, 31-33, 37-40, 44, 50, 236
坂東幸太郎　23, 24, 34, 42, 43, 56, 71, 72, 93, 94, 124, 131, 142, 143, 166, 180, 205, 206, 212, 213
坂東秀太郎　188
匹田鋭吉　176, 184
樋口典常　176
平工剛郎　3
平出喜三郎　16, 20, 25, 34, 35, 43, 93, 94
広瀬久忠　229
広谷利三郎　215
広部太郎　214
深沢吉平　128, 146, 188, 193, 205, 207, 212, 214
藤井真信　159
藤井達也　176
伏見岳人　18
藤原銀次郎　150
船津功　13
星亨　14-17, 33, 49, 221, 235, 240
堀切善兵衛　90, 219
本多貞次郎　176, 184
本間久三　129

ま　行

前田卯之助　29, 35, 95, 124
前田駒次　32, 96, 102
前田政八　93, 94, 125
前田米蔵　211, 218, 219, 221, 222
前田亮介　3, 13
升味準之輔　2, 61, 120
町田忠治　2, 9, 11, 204, 224-226, 238, 239
松井源内　16
松井春夫　67
松浦周太郎　212, 213, 216
松尾孝之　143, 185, 207, 212, 214, 218, 222, 227
松尾尊兊　36
松下熊槌　28
松下孝昭　28
松田学　20, 23, 24
松野鶴平　185, 186
松実喜代太　21, 31, 34, 35, 40, 42, 43, 69, 71-74, 76, 91-93, 102-105, 108, 124, 131, 143, 154, 155, 157-159, 179-181, 188, 191, 192, 194, 195, 207, 210, 214
松山常次郎　176, 184
丸山浪弥　35, 41, 42, 44, 70, 71, 76, 102, 116, 121, 143, 179, 188, 205
三浦重吉　45

三木武吉　71
御厨貴　80
水上政治　99, 123
水野錬太郎　94, 183
三井徳宝　21, 22, 91, 93, 95, 102-104, 124, 143, 144, 167, 205
三土忠造　76, 88, 91, 92, 102-104, 106, 108, 116, 153, 154, 161, 162, 169, 222, 231
宮尾舜治　33
宮田光雄　210, 218, 219
向井倭雄　176, 184
村上元吉　142, 179, 188, 212, 222, 224, 228
村田不二三　28, 33, 44, 123, 124
持田譲也　44, 91-93, 102, 103, 106, 109, 112, 179, 188, 191
望月圭介　175, 177, 183
森源三　16
森肇　176
森正則　43, 93, 103-106

や　行

安井英二　71, 72
安田仙蔵　21
柳田藤吉　16
山内鉄蔵　140
山県有朋　23
山崎浅一　180
山崎達之輔　175
山崎幹根　3
山中恒三　71, 74
山之内一次　25
山本市英　128, 143, 158, 185, 188, 207, 214
山本厚三　33, 34, 42, 43, 65, 67, 69, 79, 93, 94, 123, 124, 131, 133, 142, 143, 147, 150, 151, 154, 155, 159-162, 170, 179, 186, 188, 191, 192, 194, 205, 207, 209, 212, 216, 217, 223
山本条太郎　177
山本達雄　148, 150, 154, 159, 160
山本悌二郎　91, 177, 210
湯沢誠　80
横田千之助　29, 40
横田虎彦　17, 18, 51
横山勝太郎　97
芳沢謙吉　222
吉田三郎右衛門　28, 29
吉田茂　3
吉田成之　35
吉野恒三郎　125
吉野幸徳　32

わ　行

若月剛史　106
若槻礼次郎　44, 70-72, 133, 134, 145
渡辺幸太郎　184
渡辺兵四郎　17
渡辺泰邦　124, 126, 134, 205, 206, 212, 213
渡辺与七　176, 184